Best of Öde Orte

Selten haben Bücher die deutsche Öffentlichkeit mehr provoziert als die *Öden Orte 1* bis *3*. Bürgermeister betroffener Städte gaben heftige Dementis in der Lokalpresse zum Besten, denn ihr Gemeinwesen werde nur »schlechtgeredet, niederkartätscht und in den Schmutz der üblen Gesinnung gezogen«. Aber so ist es nun mal: Aufklärung hat es schwer – aber macht Spaß! Und allen Widrigkeiten zum Trotz: Die Bände *Öde Orte 1* und *2* sind nach mehreren Auflagen nun vergriffen.
Best of Öde Orte fasst nunmehr die absoluten Highlights aus der Reihe *Öde Orte 1* bis *3* in einer wohlerwogenden, klassischen Auswahl zusammen.

Best of Öde Orte

Ausgewählte Städteverrisse

Herausgegeben von Jürgen Roth
und Rayk Wieland

RECLAM
LEIPZIG

Besuchen Sie uns im Internet:
www.reclam.de

Reclam Bibliothek Leipzig, Band 20116
1. Auflage, 2005
Grundgestaltung Taschenbuch:
Gabriele Burde | Kurt Blank-Markard
Umschlaggestaltung: Simin Bazargani
Gesetzt aus Stempel-Garamond
Satz: Reclam Verlag Leipzig
Druck und Bindung: Reclam, Ditzingen
Printed in Germany
ISBN 3-379-20116-2

Inhalt

Notwendige Vorbemerkung 11
Von Jürgen Roth und Rayk Wieland

Aachen
Au hur! 14
Von Elke Wittich

Ahlen
Die Ahlen-Archive 20
Von Thomas Roth

Baden-Baden
Der Kaffeehauskünstler 25
Von Carsten Otte

Berlin-Köpenick
Vorstadt mit Vorsatz 29
Von Rayk Wieland

Berlin-Steglitz
Wo ich wohne 34
Von F. W. Bernstein

Bielefeld
Ein keineswegs zu knapp bemessener, trotzdem nur wenig erhellender Streifzug durch die Geschichte einer schwer zu begreifenden Stadt 37
Von Fritz Tietz

Bochum
Sprachlos 44
Von Jürgen Roth

Boltenhagen
Rezept für den Aufbau Ost 46
Von Hartwig Suhrbier

Bonn
Rhein in Flammen 47
Von Thomas Roth

Bottrop
Arbiträr 52
Von Hans-Christian Schmitz

Bremen
Bremen sehen und dann weiterfahren 54
Von Jürgen Roth

Celle
Fachwerkperle im Heidesand 56
Von Susanne Fischer

Cottbus
Gurken auf dem Mond 59
Von Christof Meueler

Darmstadt
Proktothanatos 62
Von Mark Obert

Drügendorf
Ein Lagerbier? Zum Trinken? 67
Von Jürgen Roth, Michael Rudolf, Michael Sailer und Kay Sokolowsky

Duisburg
Christkindchen backt 71
Von Michael Ringel

Emsland
Durchs Emsland 75
Von Thomas Schaefer

Erfurt
Auf der Flucht 76
Von Simone Burdach und Lissy Schmidt

Essen
Im Felde unbesiegt 78
Von Ludger Claßen

Frankfurt am Main
Frankfurt ist Bielefeld am Main 80
Von Christian Y. Schmidt

Freiburg
Wo sind die Salmonellen zu Hause? 87
Von Dietrich zur Nedden

Fürth/Odenwald
Aufklärung über den Rasen in Fürth 91
Von Katharina Rehse und Jürgen Roth

Füssen
Man gerät da hin und trifft drei Männer und was dann noch geschieht 94
Von Michael Sailer

Göttingen
Guernica 103
Von Peter Köhler

Grafrath
Die andern ham's 107
Von Simone Schmid

Greiz
Gleitmittel Gottes 108
Von Michael Rudolf

Halle
In Halle werden die Dummen nicht alle 111
Von Michael Rudolf

Hamburg
Mein Hamburg 113
Von Harry Rowohlt

Hamburg-Harburg
Lecters Lektionen 114
Von Fritz Tietz

Hannover
Die Stadt everybody loves to hate 119
Von Dietrich zur Nedden

Kassel
Geburtsort der Parkscheibe 123
Von Peter Köhler

Kaufbeuren-Neugablonz
Wir schmücken die Frauen der Welt 127
Von Barbara Kalender und Jörg Schröder

Kiel
Quelle oder Keil? 132
Von Kay Sokolowsky

Koblenz
Das Deutsche Eck in mir 136
Von Rolandt Saß und Harald Schamkowski

Köln
Noch 'n Kölsch, bitte! 144
Von Peter O. Chotjewitz

Konstanz
Neunzehn Variationen 149
Von Björn Schroth

Leipzig
Potenzprobleme 155
Von Rainer Moritz

Lübeck
Meerumschlungene Hochkultur 159
Von Eckhard Henscheid

Ludwigshafen
Offener Brief an Herrn Bundeskanzler a. D. Dr. H. Kohl 163
Von Oliver Maria Schmitt

Mannheim
Der Q-Quotient 169
Von Jürgen Roth

Mönchengladbach
Magnesium oder: Mein ist das MG 173
Von Björn Blaschke

München
Semantisch uneindeutig, auch sonst: eher mies 178
Von Jürgen Roth

Nagold
Fuchtel, Raub, Rückgauer 183
Von Rudi Deuble

Nürnberg
S'wädschowiddä oder: Der lange Abschied 187
Von Klaus Bittermann

Oberharz
Braune Lage 191
Von Thomas Schaefer

Oberursel
Schöne neue Heimat 193
Von Hans Zippert

Oed
Oed 197
Von Eckhard Henscheid

Paderborn, Externsteine, Hermannsdenkmal
Bei Gott 198
Von Thomas Schaefer

Passau
Zwischen *Holiday Inn* und holy Innviertel 204
Von Willi Winkler

Peenemünde
Liebe auf den ersten Blick 208
Von Tom Wolf

Pirmasens
Zum Spaß gebaut oder: Unfrohe Hommage à Ludwig IX. von Hessen Darmstadt 212
Von Dieter Steinmann

Potsdam
Die gescheiterte Mondäne 217
Von Stefan Schwarz

Prälank
Blick in die östliche Ebene 220
Von Hermann Kant

Pullach
Fahren Sie bloß nicht nach Pullach 224
Von Barbara Häusler

Rathenow
Der Springbrunnen 228
Von Rayk Wieland

Recklinghausen
Taubenkotze 229
Von Peter Köhler

Rostock
Zwanzig Meter über NN 233
Von Bruno Langen

Rügen
Eine Rüge 235
Von Rayk Wieland

Rüsselsheim
Standardstadt aus Stein 238
Von Michael Tetzlaff

Saarbrücken
Die dunklen Seiten Europas 242
Von Christian Jöricke

Sachsenhausen
»Erlebniscity« 245
Von Rayk Wieland

Sachsenwald
Lärmt nicht so! 249
Von Kay Sokolowsky

Stuer
Allerlei Kleinvieh 256
Von Peter Wawerzinek

Stuttgart
Offenes Gedicht 262
Von Jürgen Roth

Sylt
Die Insel: Fragmente 264
Von Kay Sokolowsky

Trier
Titten, Duttn, Möpse 267
Von Christian Y. Schmidt

Tübingen
Weg damit! 270
Von Jürgen Roth

Wildenroth et al.
Vom armen H. T. 272
Von Horst Tomayer

Worms
Was will Worms? 276
Von Jürgen Roth

Zwickau
Unangenehme Erinnerungen 284
Von Michael Rudolf

Autorinnen und Autoren 287

Notwendige Vorbemerkung

Von Jürgen Roth und Rayk Wieland

Drei Bände *Öde Orte*, die in den letzten Jahren in unablässiger Folge erschienen und das deutsche Geistesleben in einzigartiger Weise penetrierten, sind nicht genug. Das Publikum fordert einen vierten. Weil aber sowohl der erste als auch der zweite Band vergriffen ist und in den Buchhandlungen bereits Unruhen drohen, hat sich der Verlag nach ausgedehnten Strategiegesprächen für einen Notbehelf entschieden, einen vierten Band, der die fürs Überleben akut relevanten Traktate der *ÖO*-Serie versammelt.

Mit äußerstem Bedacht und nach elaborierter Selbstbefragung haben wir, die Herausgeber, uns entschlossen, dem Rettungseinsatz zuzustimmen, allerdings mit dem Vorbehalt, daß nur die elementaren, für die Erstversorgung unabdingbaren Texte in dieses Erste-Hilfe-Bändchen kommen – und, wie es der Reclam-TÜV vorschreibt, in der Originalverpackung der jeweiligen Autoren, also auch mit dem ursprünglichen Ablaufdatum.

Drei Bände *Öde Orte* – unterdessen zum Klassiker avanciert ist der ausgeklügelte Plan, deutsche Städte mit nichts als dem nackten und zutreffenden Wort bloßzustellen und irreversibel zu erledigen. In Nordrhein-Westfalen gehört die Grundübung »Attackieren Sie ihre Stadt!« zum Curriculum des Deutschunterrichts. »Dreißig Buchideen – Schreibanlässe kurz vorgestellt« unterbreitet eine Pädagogeninitiative. Unter der Überschrift »Öde Orte« heißt es: »Bei Reclam (Leipzig) gibt es mittlerweile drei Bände ›Stadtkritiken‹ unter diesem Titel. Von einigen dieser Texte angeregt, können Jugendliche ihre eigene Stadt satirisch-polemisch attackieren – eine Haltung, die sie etwa ab der zehnten Klasse recht gern annehmen.«

Drei Bände *Öde Orte* – sie haben aus dem anfangs unscheinbaren, bescheidenen Titel eine international aktive Marke werden lassen. Übersetzungen in dreiundvierzig finnisch-ugrische Sprachen stehen an. Im New Yorker Hauptquartier der Vereinten Nationen lagert die Trilogie palettenweise im Keller. Drei Dinge, die Reinhold Messner auf einen einsamen Berg mitnehmen würde: *Öde Orte, Öde Orte 2* und – Surprise! Surprise! – *Öde Orte 3*. Besäße er den hier vorgelegten Best-of-Sampler, er könnte ohne weitere Umstände Platz schaffen für einen tibetischen Langhaarschneider und einen Sack Socken.

Eine große Arbeitserleichterung wird dieses Buch für Waschmittelverkäufer wie Hans-Olaf Henkel, Dieter Hundt und Gertrud Höhler sein, die in ihrem Kampf um ein komplett wegrationalisiertes Deutschland kompakte und durchweg talkshowkompatible Argumentationsketten finden.

Auch die Gewerkschaften werden profitieren. Endlich wird ein Werk mal nicht geschlossen, sondern ausgebaut, und zwar a) ohne kostspielige, sinnwidrige Innovationen und b) ohne Aushöhlung des ins Gerede gekommenen Flächenverrißvertrages.

Was der Deutsche Fußball-Bund im Rahmen der Vorbereitung auf die WM 2006 mit dem hier vorliegenden Deutschland-Handbuch anfangen wird, ist derzeit noch offen. Aber im Hinblick auf das Motto der Veranstaltung, »Zu Gast bei Freunden«, liegt die Antwort auf der Hand wie der Ball auf dem Elfmeterpunkt. *Best of Öde Orte* – ein dezenterer Willkommensgruß an die Delegationen aus aller Welt ist selten entboten worden!

Auch die Kirchen dieses Landes sind mit im Boot. Sie stützen sich bekanntlich seit langem nur auf ein einziges Buch, das sie auf ihrem Büchertisch unterm Spitzdach auslegen. Inwieweit die »Bibel« als direkter Vorläufer dieser Ausgabe gelten kann, wird das Dritte Vatikanische Konzil zu klären haben.

Zuletzt die immer wieder gern beantwortete Frage: Wo bleibt das Positive? Streicht man auf einer Straßenkarte des ADAC alle hier nacherwähnten Ortschaften behutsam mit dem Edding aus, dann bleibt, was von Deutschland zu bleiben verdient und wofür es zu Recht weltweit Anerkennung eingeheimst hat: Straßen. Landstraßen. Kreisstraßen. Umgehungsstraßen. Bundesstraßen. Und, Ehre, wem Ehre gebührt, Bundesautobahnen. Billige Polemik? Gott bewahre! Wer einmal mit Tempo 180 an Braunschweig vorbeifuhr und die Stadt im impressionistischen Gestöber des Rückspiegels implodieren sah, wer je im Stau am Frankfurter Kreuz sinnend den Blick von der Europastadt ab- und den herzrot aufglühenden Rücklichtern der Vorderleute zuwandte, wer ein einziges Mal auf dem Parkplatz der majestätisch hochgelegenen Raststätte Würzburg einen erquickenden Sekundenschlaf einlegte, der weiß:

Deutschland ist schön.

Kassel-Wilhelmshöhe, Gleis 12 a, im November 2004

Au hur!

Von Elke Wittich

In Aachen oder drum herum aufzuwachsen bedeutet vor allem eins: pausenlos einen Ausweg suchen. Denn das Leben dort wird auf die Dauer ziemlich unerträglich, was an vielen verschiedenen Dingen liegt, hauptsächlich jedoch daran, daß Aachen ein Dorf ist, das Stadt spielt.

Sehen wir uns Aachen näher an. Selbstredend liegen den folgenden Einzeluntersuchungen streng objektive Kriterien zugrunde.

Geruch

Aachen riecht wie jede andere Stadt auch, allerdings wegen seiner Schokoladenfabrik an manchen Stellen kakaoiger als gewöhnlich. Am Elisenbrunnen, einer der sogenannten Touristenattraktionen, duftet es nach faulen Eiern, eine Heilquelle sprudelt da. Aachen ist nämlich eigentlich ein richtiger Kurort und dürfte den offiziellen Vornamen »Bad« tragen, worauf man jedoch verzichtet – auf Grund der Lexika, der *ALDI*-Filialen-Listen, der Anthologien usw.; in denen immer an erster Stelle genannt zu werden die Aachener für ungeheuer wichtig halten. Was daran so großartig sein soll, weiß zwar niemand ganz genau, doch in Aachen gibt man sich halt schon mit sehr wenig sehr zufrieden.

Ungenügend.

Optik

Aachen ist eine schöne Stadt; eine mit kleinen verwinkelten romantischen Gäßchen, herrlichen alten und liebevoll, ja sorgfältig restaurierten Häusern, wunderschönen gepflegten Parks, dekorativen Brunnen und idyllischen Flecken sonder Zahl, die zum Verweilen einladen. Das allein würde bereits für ein sattes Ungenügend reichen, erschwerend kommt jedoch der rot-grüne Terror hinzu. Autofahrern das Leben zu versauen, mag in Städten mit U-, S- und Straßenbahnen angehen, in einem »Urbanität« simulierenden Nest, in dem bloß ferrarirote Busse des Verkehrsverbundes ASEAG richtigen Nahverkehr vorspiegeln (und das in der Regel nur bis kurz vor Mitternacht), bedeutet solche Politik: die Hölle. Straßen wurden unzulässig verengt, Parkplätze sündhaft verteuert oder abgeschafft, kilometerlange Radwege angelegt – mit dem eher zweifelhaften Erfolg, daß das schwer beeindruckte Umland sich seither dem sinistren Vorbild anzunähern versucht. Nicht weit hinter Aachen, in Herzogenrath, baute man z. B. die schön-gerade Landstraße in einen Hindernisparcours um, Tempo-30-Schilder und Blumenkübel einbegriffen. Ergebnis: Gleich in der ersten Nacht brummte ein niederländischer Autofahrer in einen entgegenkommenden Bus (okay, es war noch nicht richtig Nacht, aber immerhin schon dunkel und kurz vor der Geisterstunde, dem Zeitpunkt, an dem knallrote ASEAG-Busse spätestens zu Hause sein müssen, denn andernfalls verwandelten sie sich in Ferraris oder etwas ähnlich Schlimmes) und verstarb noch an Ort und Stelle.

Ungenügend.

Kultur

Kulturell wäre in Aachen zwar vielleicht gerne jede Menge los, aber das, was tatsächlich los ist, reicht den Durchschnitts-Einwohnern durchaus. »Sprudelnde Vielfalt« nannte das städtische PR-Büro, anspielend auf Aachens zahlreiche schmuckvolle Brunnen, einst das örtliche Kulturvorkommen, das grob ein Theater, eine Mundart-Puppenspielbühne, einige richtige Kinos, zwei Off-Kinos (Blues Brothers! Underground!!) und viele schöne Geschäfte umfaßt. Indes schien diese Städtegrundausstattung (inklusive Fußgängerzone, Hallenbad und Bürgerhaus) nicht zu reichen. Also äffte man andere bedeutende bundesdeutsche Kommunen nach und legte sich ein Autonomes Zentrum zu – allerdings etwas spät. Während andernorts schon Sushibars, Arbeitslosencafés und Ecstasy-Kontrollstationen aufgestellt worden waren, zierte erst das Aachen der neunziger

Jahre ein Tempel der Gegenkultur (Filme über Zapata, Punkbands und Kiezküche).

Aber wozu überhaupt Kultur in einer Stadt, in der es einen Dom hat? Und den Karneval, der Aachen immerhin einmal pro Jahr zu Fernsehweihen verhilft? Die »Verleihung des Ordens wider den tierischen Ernst« wurde, weil sich die ARD weigerte, den reaktionärkonservativen Schwachsinn live auszustrahlen, irgendwann an RTL verkauft. Das Kölner Haus sendete zwar direkt, trotzdem gab es ein Problem, denn hinterher liefen Sexfilme, und in solch ekliger Nachbarschaft wollte man sich auf gar keinen Fall präsentiert sehen – Aachen ist schließlich eine stockkatholische Stadt und Hauptsitz des obskuren, gleichfalls stockkatholischen Opus-Dei-Ordens, dem unter anderem der langjährige Bürgermeister Malangré angehörte.

Mangelhaft.

Essen

Den Pluspunkt, der Aachen für die Erfindung der Printe gebührt, eines auch außerhalb der Weihnachtszeit äußerst beliebten speziellen Lebkuchengebäcks, ohne das echte Sauerbratensauce einfach nicht denkbar wäre, ziehen wir sofort wieder ein. Alle anderen in Aachen präferierten und geliebten Speisen (Bitterballen, Reisfladen, Bamirolle) wurden nämlich entweder von den belgisch-niederländischen Nachbarn geklaut, oder sie sind ungenießbar: Das Aachener Lokalgericht heißt Puttes. Und Puttes ist gebratene Blutwurst.

Knapp vier minus.

Sprache

Das Öcher Platt klingt noch fürchterlicher als das Kölsch. »Gs« werden rücksichtslos in »Js« umgetauscht, weshalb Gregor auf den Namen Jrejor hört. Das »Sch« hingegen spricht man hin und wieder wie »Ch«, das »Ch« zum Ausgleich wie das »Sch« aus, wohingegen »mir« und »mich« grundsätzlich falsch gebraucht werden. Überdies neigt der Aachener zu seltsamen Zustandsbeschreibungen. An die

Stelle des überall geläufigen Satzes: »Mir ist kalt« tritt wegen übelster Wetterumstände (Aachen ist ein Regenloch) häufig die Wendung: »Ich hab' kalt!«

Eine der Grundzutaten des Öcher Platts ist das »Au hur«. Es kommt flexibel zum Einsatz, etwa bei Begrüßungen (»Na, Au hur, wie is et disch?«), als Lob (»Du bis misch 'ne Au hur!«), als Ausdruck tiefster Verachtung (»Und dann hab' ich an ihr jesacht, nä Au hur, jetz isset endjültich vorbei!«) oder, puristisch, als Fluch (»AU HUR!«). Eine Freundin, die nach einer langen feuchten Nacht nackt (oder nackend, wie der Aachener sagt) unter einem regionalen Prachtexemplar landete, schwört noch heute heilige Eide, daß es im entscheidenden Moment ausrief: »Au hur, misch kommt et!«

Ungenügend.

Sport

Sportlich gesehen hat Aachen das Internationale Reitturnier vorzuweisen. Anläßlich seiner Austragung beflaggt man die Stadt schwarz-gelb, druckt endlose Listen der geladenen Prominenz in der Lokalzeitung ab, zählt danach auf, was die geladene aufgelistete Prominenz über die Stadt zu sagen hat, meist Dinge über die wunderschöne Atmosphäre und wie bezaubernd Aachen und seine Einwohner seien – geladene Prominenz äußert sich meistens nämlich sehr taktvoll –, und dann ist das Reitturnier auch schon vorbei. Und dann wird wieder hauptsächlich Fußball gespielt, allerdings, von Restdeutschland weitgehend unbemerkt, in der Regionalliga. Um dem drohenden Abstieg in diese zu entgehen, verpflichtete man 1988 den türkischen Meistertrainer Mustafa Denizli und ekelte ihn ziemlich schnell wieder weg, denn der Mann sprach weder richtig Deutsch noch richtig Öcher Platt. Während der Trennungspressekonferenz erklärten »die Verantwortlichen« Denizlis Dolmetscher, der, wie immer, seine Füße auf einen Stuhl gelegt hatte, daß damit jetzt endgültig Schluß sei, »die Zeiten sind vorbei!« Der sofortige Abstieg – die gerechte Strafe – folgte »auf dem Fuß«. Seitdem hofft man jedes Jahr zu Saisonbeginn auf den Wiederaufstieg, aber der liebe Fußballgott ist gerecht. Ansonsten wird in der ersten

Tischtennisbundesliga gespielt und andauernd die Deutsche Meisterschaft der Turmspringer errungen, aber das interessiert selbst in Aachen keine Sau.

Ungenügend.

Große Söhne der Stadt

Der größte Sohn der Stadt ist der Ex-Präsident des Deutschen Fußball-Bundes (DFB), der ehemalige Kartoffelhändler Egidius Braun, der allerdings nicht aus Aachen stammt und deshalb trotz aller Öcher Versuche nicht zählt. Der zweitgrößte wäre gerne ein gewisser Wendelin Haverkamp, der sich für einen Kabarettisten hält und die Gags für Jürgen von der Lippe schreibt, aber tatsächlich gebührt der Silberrang dem früheren Europa-Abgeordneten Dieter Schinzel: Der nämlich sitzt wegen einer Falschgeld-Affäre in irgendeinem bayerischen Knast, trotz wütender Proteste seines Bruders, des Ex-Schlagersängers Christian Anders, der sich sogar nackt vor dem Gefängnistor ankettete – was schlimm aussah, aber immerhin Jungmädchen-Träume verspätet wahr werden ließ.

Ferner gibt es noch irgendwen, der Krimis schreibt, die in Aachen spielen und deswegen bei einem Aachener Verlag erscheinen, und ungeheure Mengen Deutscher Meister im Turmspringen. Sowie den streng genommen Gailenkirchener und schlechtesten Journalisten der Welt, den mdr-Sportchef Wilfried Mohren.

Große Töchter der Stadt gibt es hingegen überhaupt keine.

Ungenügend.

Resümee

Die Tatsachen, die harten Fakten sind, wie man konstatieren darf, erschütternd. Warum also leben überhaupt noch Menschen in Aachen? Sind sie über die Epochen hinweg resistent geworden? Oder fürchten sie den Wegzug, weil »ihr« Aachen Ausgewanderten zu Weihnachten Printen-Päckchen hinterhersendet, so daß auf Jahre hinaus weiter die Gefahr besteht, als Öcher aufzufliegen? Oder existiert andernorts ein geheimes Zuzugsverbot? Weil der Aachener, wo immer er auftaucht, umgehend zur Klumpenbildung schreitet? Und, wie etwa in Berlin, den »Verein der Aachener zu Berlin im Exil« gründet?

Wir wissen es selber nicht.

Die Ahlen-Archive[1]

Von Thomas Roth

Die Ahlener waren sich [ihrer] Normalität immer bewußt.
Antonius John

Ahlen? Kein Thema, leider. Heutzutage wird diese im südwestlichen Münsterland liegende Stadt außerhalb der Region kaum mehr zur Kenntnis genommen. Dabei hat sie Beachtliches zu bieten – wie anders könnte sie sich so beharrlich im Kräftedreieck Telgte–Oelde–Warendorf behaupten.

Der Gang durch die Gemeinde gleicht dem Gang durch ein florierendes Gewerbegebiet. Betriebe wie das Fortbildungszentrum der deutschen Juweliere, der Donum-Vitae-Kreisverband Warendorf sowie der zuletzt als »wahrer Besuchermagnet« bekanntgewordene Ahlener Kleintierzoo sichern ein nachhaltiges Wirtschaftswachstum. Doch auch der Dienstleistungssektor und das Freizeitangebot können sich sehen lassen: Das Heimatmuseum samt »angeschlossenem Freizeitheim« (H. Jaeger), ein Kunstmuseum mit Restaurant *Chagall*, eine Parfümfirma und zahlreiche Parkmöglichkeiten laden ebenso zum Verweilen ein wie die Fußgängerzone und der in den 1980er Jahren restaurierte Marktplatz. Und wenn der Besucher noch etwas Zeit mitbringt, bietet sich ihm die Gegend um Ahlen an, die nicht nur den Wanderer mit Wegen, sondern auch den Kunstliebhaber mit Wasserschlössern, Herrenhäusern und Mühlen erfreut und dem Sprachliebhaber die schönsten Impressionen liefert: Pustekrey, Seppenhagen, Vorhelm, Hundsfott.

Freilich sind die Stadt und ihre Bewohner – dies macht ein Gang in die Archive und der Blick in die Historie deutlich – auch von den düsteren Epochen unserer abendländischen Geschichte nicht verschont geblieben. Im 9. Jahrhundert schon von den Sachsen gegründet, mußte Ahlen ab 1224 mit

1 Aus dem Internet

dem Stadtrecht zurechtkommen, wurde im Dreißigjährigen Krieg siebzehn Mal verwüstet, nach dem Krieg durch Pestzüge verheert, im 19. Jahrhundert von den Franzosen mit einer Verwaltungsreform gegängelt, anschließend ans deutsche Eisenbahnnetz angeschlossen, um dann vom Steinkohlebergbau erfaßt zu werden, der wiederum die Kommunisten in die Stadt brachte und – wie uns die aufgeklärte Lokalgeschichtsschreibung erklärt – mit ihnen schließlich jene Zeit, die auch heute noch die Stadtchronik in die düstersten Farben taucht. Für das Jahr 1938 notiert sie: »Während der Ausschreitungen zur Reichspogromnacht wird die jüdische Synagoge in Brand gesteckt und der jüdische Kaufmann Siegmund S. auf offener Straße erschlagen. Fertigstellung des Anschlusses an die Autobahn Köln–Hannover–Berlin.«

Doch auch nach dem Krieg zeigte sich, was nachgerade als Grundlage des Ahlener Selbstverständnisses zu bezeichnen ist: die Fähigkeit, zum Alltag zurückzukehren und zu einer »Geschichte des Normalen und Nichtaußergewöhnlichen« (A. John). Es war diese Fähigkeit, um die auch der Ahlendiskurs lange kreiste. Ahlen – dies hat der Nestor der Ahlengeschichtsschreibung Antonius John betont – bot gerade durch seine »Normalität« einen »sinnvollen Hintergrund« für epochale Ereignisse. Und wer einen Sinn für diese Dialektik hatte, der hat Ahlen auch zu würdigen gewußt: von John über Augustinus und Adenauer bis zu Augustin Wibbelt (1662–1947), dessen Ode an Ahlen heutzutage nahezu unbekannt ist, weil Wibbelt nicht nur Pfarrer, sondern auch Münsterländer Mundartdichter war und seine Heimat nie verlassen hat.

Mit Wibbelt aber bricht die allgemeine Ahlenüberlieferung ab. Warum die Stadt im aktuellen »städtespezifischen Diskurs« (W. Krümmer) kein Thema mehr ist, läßt sich nicht ohne Spekulation beantworten. Doch wird man nicht zu weit gehen, wenn man der in Öffentlichkeit und Presse zur Schau getragenen fragwürdigen Lust am Grellen und Übersteigerten Schuld an dieser Entwicklung zuspricht. Wer etwas über das Ahlenbild der Gegenwart erfahren möchte, muß also unter die Oberfläche dieser Berichterstattung vordringen, in die Archive alltäglichen Wissens, wie sie sich heute im Internet finden, dem mittlerweile unbestrittenen »Leitmedium gesellschaftlicher Selbstvergewisserung« (W. Krümmer) und »reflexiver Modernisierung« (U. Beck).

Wie wird nun das moderne Ahlen reflektiert? Auf den ersten Blick wirkt alles normal. Im Gästebuch der städtischen Homepage – heutzutage eine der wichtigsten Quellen »subdiskursiver Recherche« (W. Krümmer) – schreibt etwa Maria M.: »Hi, my name is Maria M. and I come from Denmark.« Das in dieser Wortmeldung zum Ausdruck kommende Vertrauen in die Verläßlichkeit Ahlens zeigt sich auch bei Frauke L. – »Ich habe 1967 am Städtischen Gymnasium das Abitur gemacht und würde gern wissen, ob der Jahrgang ein Treffen organisiert« – und in mehreren Beiträgen aus B. »Hallo!« heißt es da, »Ich dachte auf dieser Seite gibt es Info's übers Grönemeyerkonzert ... ich freue mich riesig auf Herbert seine Vorpremiere hoffentlich kann ich 2 Karten ergattern.«

Doch es gibt auch Nachrichten, die eine dunklere Tonlage erkennen lassen: »Habe Ahlen vor 45 Jahren wegen der Bundeswehr verlassen und bin Soldat geworden. Wohne jetzt im Harz.« Angesichts solcher Äußerungen erscheinen die optimistischeren Stimmen plötzlich wie reminiszent, Ausdruck eines bemühten Festhaltens an einer liebgewonnenen Normalität, die längst brüchig geworden ist.

Negative Zeichen gibt es nämlich zahlreich: Die Zeche ist inzwischen zu, die Panzergrenadierkaserne ist der einzig potente Arbeitgeber, und der Industrie- und Handelskammer zufolge »beträgt der Gewerbesteuerhebesatz in 2002: 425%«. Zur wirtschaftlichen Krisis kommt der sozialökologische Klimawandel. Der Link zum Thema »Leben« ist tot, Polizeieinsätze prägen das Stadtbild, und das alternative »Bürgerzentrum Schuhfabrik« (BüZ), einst Zeichen einer neuen Ahlener Selbstverständlichkeit, ist von der Schließung bedroht. Dessen Internetforum ist folglich auch Ausstrahlungspunkt einer ahlenkritischen Absetzbewegung. »Ohne das BüZ«, vernimmt man hier, sei Ahlen nicht nur unattraktiv, sondern »noch töter« und also eine »Geisterstadt«. Melanie C. schließlich formuliert das Credo derer, die den Ort zu verlassen beschließen: »Mir bedeutet die Stadt nicht viel.«

Zwar verdeutlichen Äußerungen wie diese auch die zunehmende Eigendynamik der Diskreditierung, doch wird man vom Befund eines allgemeinen Ahlener Abwärtstrends nicht absehen können. Auch der Leiter des örtlichen Linux-Klubs muß mittlerweile zugeben, daß Ahlen »eher ländlich ist«. Einrichtungen, die bislang als unerschütterlich galten, verstärken die finstere Stimmung. Im Ahlenchat wurde kürzlich der wachsende Unmut in Panzergrenadierkreisen erkennbar, der sich nicht nur am Truppenübungsplatz entzündete (»winzig«), sondern auch an der Kantinenwurst (nicht »o. k.«) und an Rucksäcken (»scheiße«).

Das skeptische Selbstbild der Ahlener stützt eine neue, deutlich abschätzige Außensicht, die jede »Grundportion Fairneß« (W. Krümmer) vermissen läßt. Nachdem schon Grass sein »Treffen« lieber in Telgte stattfinden ließ, wird Ahlen mittlerweile auch im Genre der Internetreiseberichte mit demonstrativer Nachlässigkeit bedacht. »Nachdem wir an einer Tanke kurz nach Ahlen unsere Getränkevorräte auffrischen mußten«, heißt es typisch lapidar (und es folgt daraus nichts), und wenn Ahlen nähere Erwähnung findet, dann unter der Charakterisierung als »Kaff« oder »Kuhdorf«. Nichts veranschaulicht die dramatische Radikalisierung der Ahlenantipathie deutlicher als die jüngst berichtete Episode, wonach auswärtige Besucher durch die Stadt zogen und den hilflos aus den Häusern herausschauenden Menschen zuriefen: »Ahlen, Ahlen, Scheiße aus Westfalen!«

Hier zeigt sich eine bedenkliche – wenn auch aus sprachwissenschaftlicher Sicht interessante – Verschiebung des assoziativen Feldes. Die Verknüpfung von »Ahlen« mit Attributen wie »schön«, »lebenswert«, »ereignisreich« scheint immer seltener vorgenommen zu werden (die hiesige Recherche erbrachte lediglich Hinweise auf ein Methadonprogramm, die Verglasung des örtlichen Parfümwerks und die Sondermarkenangebote des lokalen »Briefmarken-Teams«). Dagegen ergibt die Kombination der Suchbegriffe »Ahlen« und »Scheiße« über Google zirka 1200 Fundstellen. Übereinstimmend berichten die Kommentatoren von widriger Anfahrt (»Stau in Soltau«) und einem unerfreulichen Empfang – man werde, einmal in der Stadt, von Polizisten über schlammige Wege eskortiert und schließlich im örtlichen Stadion untergebracht, wo eine »scheiß Atmosphäre« herrsche. Als »Scheiße« wird auch der weitere Aufenthalt bewertet, »scheiße« sei das Freizeitangebot, der »Platzzustand« sowie »das Wetter« seien »scheiße«. Resümierend sei hier der Beitrag eines gewissen »Ralf« vom »Vechte-Fohlen-Fanclub« wiedergegeben: »Parkplatz scheiße – Stadion scheiße – Linienrichter scheiße – Schiri scheiße – Spiel scheiße – das ganze Dorf scheiße.«

Kristallisationspunkt der Ahlenkritik, ja eine Art Chiffre für den allgemeinen Niedergang scheint der »LR Ahlen« zu sein, über den es im Netz immer wieder heißt, er habe »verloren« und »die ganze Zeit über zu wenig getan«. Allenthalben sieht man über dem »Verein« – wie es in Anlehnung an die klassische Apokalyptik heißt – »die Lichter ausgehen«.

Auf der anderen Seite gibt es Anzeichen dafür, daß gerade der »LR« die Dynamik der Diskreditierung durchbrechen will. »Wir werden einen Weg suchen, um aus dieser Scheiße wieder rauszukommen«, erklärte der Vizepräsident des Vereins vor der Presse – eine unmißverständliche Anspielung auf das berühmte Ahlener Programm, mit dem die CDU 1947 die Neuordnung der Wirtschafts- und Sozialverfassung nach dem Krieg regelte und das Fundament für den Wiederaufbau Deutschlands legte. Sechsundfünfzig Jahre später soll offenbar der »LR« zum Schrittmacher eines lokalen Wiederaufbaus und zum Ausgangspunkt einer überregionalen Neubewertung werden. Der kürzlich eingesetzte Ahlener Cheftrainer, Werner »Krämer« Lorant, räumte bei seinem Amtsantritt sogleich mit der apokalyptischen Grundstimmung auf und präsentierte der Öffentlichkeit die Prolegomena zu einem *neuen* Ahlener Programm. »Endstation?« erwiderte er auf den Einwurf eines Journalisten, »wieso Endstation? Völliger Unsinn. Wer sagt das? Endstation. Klingt ja, als ob nichts mehr käme. Wenn das hier meine Endstation wäre, würde ich direkt aufhören.«

Ein neuer Anfang ist gleichsam gemacht.

mehr alle Tische belegt. Pierre Boulez soll doch auch eine Wohnung in Baden-Baden besitzen, oder? Aber der ist noch nie vorbeigekommen. Ist halt ein Musiker. Was versteht der schon von Kunst? Und von Kuchen? Dem einundzwanzigsten Jahrhundert, sagt Zedenick, fehlen die Visionen. Die gewöhnlichen Tortenesser interessieren sich nicht für die Kunst, und die Größen des Kunstmarktes halten derzeit Diät. Sie stellen sich lieber ein Museum in den Kurpark, als daß sie hin und wieder eine wirklich gute Torte essen. Kunst und Kuchen, ein altmodisches Konzept? Dreimal K. Ist die Alliteration etwa ein Stilmittel des vergangenen Jahrhunderts?

Das Geschäft geht schlecht und schlechter, und der Kaffeehauskünstler ist sich sicher: Baden-Badens Millionäre haben den Beuys nie gemocht – und all die anderen abstrakten Werke wohl auch nicht. Also hängt Zedenick neben den Kippenberger auch mal einen Ölschinken, die Kopie eines holländischen Meisters. Irgendeine Gartenlandschaft. Emil M. Zedenick, der lebensfrohe Trotzkopf, kämpft um sein Lebenswerk, aber er hat keine Chance. Er muß sich entscheiden. Für oder gegen die Kunst. Er braucht einen weiteren Kredit, und der Mann von der Bank rät, sich zunächst einmal von den Warhols zu trennen. Die würden bei einer Versteigerung zighunderttausend Euro bringen. Der Kaffeehauskünstler ist am Boden.

Zedenick hängt seine Bilder ab und versteckt sie im Keller seiner Villa. Verkaufen will er noch nicht. Ins *Café Kaiser* stellt er eine Büste Napoleons. Das scheint der Kundschaft zu gefallen, doch auch der Imagewechsel, diese so niederschmetternde Korrektur des Kunstundkuchenkonzeptes, bringt keine Trendwende. Nur noch selten schaut einer der vielen Fernsehschauspieler, die in Baden-Baden ihren Lebensabend verbringen, im *Café Kaiser* vorbei. Sind die denn alle mittlerweile gestorben?

Die Krise hat die Kurstadt erreicht. Inzwischen sagt Zedenick: zweimal K! Und er meint: Kurstadtkrise. Es hilft alles nichts, er muß die Kunst verkaufen, um sein Kaffeehaus zu retten. Mit gebückter Haltung steht er nun hinter dem Tresen. Traurig verkauft er seine Torten, weiterhin die feinsten in Baden-Baden. Sein Haar ist so hellgrau wie die Nadelstreifen seines Anzugs, der, so sieht es aus, auch nicht mehr jeden Tag aufgebügelt wird. Es wachsen dem Kaffeehauskünstler sogar graue Haare aus der Nase. Das wäre vor zehn Jahren undenkbar gewesen. Aber Emil M. Zedenick, der Mann aus einer anderen Zeit, will nicht aufgeben. Mich haut nichts um, sagt er, nur der Tod. Ab und zu erzählt er von den vergangenen Jahrzehnten, als die Millionäre ihre Millionen noch ausgaben, als die Betuchten ins *Café Kaiser* strömten, die Reichen und die ..., nein, sagt er, schön waren die wenigsten. Und junge Leute hat Zedenick auch schon seit Jahren nicht mehr gesehen. Wenn er von der Vergangenheit spricht, ist der Kaffeehauskünstler aufgeregt. Dann verschluckt er Silben und Wörter.

Eines Tages ist das *Café Kaiser* geschlossen. Der Kaffeehauskünstler erscheint nicht mehr. Statt dessen liegt ein Zettel im Schaufenster, der der verbliebenen Kundschaft mitteilt, daß eine bekannte Bäckereikette aus Karlsruhe den Betrieb übernehmen wird.

Vorstadt mit Vorsatz

Von Rayk Wieland

> Köpenick – das ist mehr als nur ein Bezirk Berlins und auch mehr als nur der Hauptmann von Köpenick, auf den wir natürlich stolz sind, so wie auf seine Streiche, über die die ganze Welt vor nunmehr 90 Jahren schallend lachte.
>
> *Dr. Klaus Ulbricht, Bezirksbürgermeister*

Ah ja: So wacker und so vital-jovial also, so schlicht und aber auch so unfähig, einen halbwegs geraden Satz aufzusagen, muß er wohl traditionsgemäß auftreten, der von Amts wegen das Bezirksoberhaupt verkörpern darf in dieser Vorstadt, die »natürlich stolz« darauf ist, seinerzeit von dem doch recht einfältigen falschen Hauptmann Voigt übertölpelt und der kompletten Stadtkasse – 4000 Mark und 37 Pfennig waren drin – beraubt worden zu sein, und die dem fabelhaften Hochstapler erst unlängst ein Denkmal setzen ließ: dem eigenen Klein- und Untertanengeist zum ewigen Ruhme. Die es dabei auch nicht belassen kann, sondern außerdem ein »Hauptmann-Museum«, »Stadtführungen, auch mit dem Hauptmann von Köpenick« und alljährlich das »Hauptmannspektakel« auf dem traditionellen Köpenicker Sommer ein- bzw. ausrichtet, auf daß die Kunde von der fortdauernden Subalternität der Stadtteilführungskräfte den herbeigelockten Besuchern bärengroß auf die Nase gebunden werde. Die überdies nicht umhinkonnte, eine Grundschule nach der vermaledeiten Figur zu benennen, den heftigen Protesten der Elternschaft zum Trotz, die es nicht hinnehmen mochte, daß ihre Kinder in einer Einrichtung festsitzen sollten, die unter der Namenspatronität eines notorischen Kleingauners steht. Und die obendrein – man glaubt es nicht und will's schon gar nicht wissen – diesem zähen und albernen Renommierdreck noch die sogenannten »Köpenicker Weltwunder« meint beifügen zu müssen, sieben an der Zahl und von wahrlich weltverwunderlicher Spaß-, Spieß- und Spukhaftigkeit: »1) Das Gefängnis befand sich in der Straße mit dem Namen ›Freiheit‹. 2) Der Ratskeller befand sich im Obergeschoß. 3) Eine Frau, Adelheid von Flemming, gründete in Köpenick einen Jungmännerverein. 4) Im Jahre 1882 begann der Lehrer Maximilian Dummer seinen Schuldienst. 5) Als Arzt hielt ein Doktor Adolf Todt 28 Jahre lang den Köpenickern die Treue. 6) Das Krankenhaus stand an der Friedhofsmauer. 7) Seit 1871 hieß der Bürgermeister Gustav Borgmann, der zum Pensionsantritt eine wohlgefüllte Stadtkasse übergab.« Ein Glück fürwahr, daß es nur sieben klassische Weltwunder und nicht 140 gibt, zweifellos hätten die komischen Köpenicker noch 133 weitere Minimirakel vorzuweisen. Denn so kurios und skrupulös weltbewegend geht's und ging's hier nämlich, über Jahrhunderte schon, immer zu und ab und jedem auf die Nerven. Das heißt natürlich nicht jedem, sondern bloß manchen bzw., bei Licht besehen, den wenigsten – ja, Gott sei's geklagt, kaum einem.

Nichts gegen die Köpenicker, einige meiner besten Freunde und nächsten Anverwandten sind durchaus Ächtung, äh: Achtung heischende Respektspersonen, doch der große Rest des Vorstadtschlages, nach jahrelanger Inspektion sei's kundgetan, ist allerdings komplett am Arsch und blöd. Menschen, die sich entschlossen haben, die Nachteile des Stadtlebens mit den Nachteilen der semiprovinziellen Abgeschiedenheit zu verbinden, und die alltäglich über eine Stunde »nach Berlin« und wieder zurück kutschieren müssen, um trinkbaren Wein und tragbare Schuhe einzuholen, können kaum auf Absolution hoffen, zumal sie's noch mit dem ominösen Stolz des vermeintlich Privilegierten tun. Das sogenannte richtige Leben im falschen, nach Adorno noch den allermeisten im real existierenden Spätkapitalismus verwehrt, hier scheint's irgendwie doch vonstatten zu gehen. Richtiger lebt wohl niemand im Falschen als der richtige Köpenicker in seinem falschen Bezirksrevier. Falsch ist in der Tat alles, was sie haben und worauf sie »natürlich stolz« sind: vom oben erwähnten Schuster-Hauptmann bis zum Image von der »grünen Lunge« Berlins, die offenbar der völlig zerlatschte, überrannte und mehr und mehr versteppende Müggelwald vorzustellen hat. Falsch auch die Fischerkatenkiez-Romantik, welche bloß die unzumutbare Wohnqualität in den paar Häuserchen am Spree- und Dahmeufer kaschieren soll; ebenso falsch die Legende vom Künstler- und Dichterbezirk, die gepflegt wird wie sonst nur der älteste Hut, weil um die Jahrhundertwende ein paar Freunde des künstlichen Satzbaus (Bölsche, Hille) versehentlich in Friedrichshagen gelandet sind und weil nach dem Krieg Johannes Bobrowski die kümmerliche Tradition – vergeblich – fortzusetzen gedachte. Bekanntlich gibt's zwei Sorten Dichter und Künstler – diejenigen, die *nach* Köpenick kommen und folglich keine sind, und diejenigen, die *aus* Köpenick kommen und es demzufolge sehr, sehr schwer haben – wie z. B. ich –, die erlittenen Demütigungen späterhin durchzuarbeiten und sich der fatalen Prägung, die sie dem öden Stadtstrich verdanken, zu entledigen.

Ich wuchs auf bzw. wurde großgezogen im weltbekannten Allende-Viertel, einer kalt gekachelten und rechtwinklig zusammengestellten Neubausiedlung, die 10 000 Menschen Quartier bot – auf einem Platz, der für hundert Kleinfamilien nicht zu groß gewesen wäre. Die nicht eben weitläufigen Freiflächen zwischen den Häuserkästen belegten ein paar Schulen und Kindergärten, Frisör und Blumenladen, außerdem *Kaufhalle*, Klubgaststätte und Post – allesamt ausschließlich dem Utilitarismus verpflichtete Baueinheiten, die den Monokosmos bildeten, in welchem ich, umgeben von Vollzeitalkoholikern und enervierenden Nachbarn, verfolgt von harschen Lehrerinnen und hinterhältigen Hausmeistern und verprügelt von den mißratenen Schülern der älteren Klassenstufen, heranzureifen hatte. Ein Entkommen war nur möglich in Richtung der paar erbärmlichen Kiefernschonungen hinter den großen Parkplätzen oder in die verrottete Altstadt, die jedoch nach und nach abgerissen und durch immer verstopfte Hauptverkehrsstraßen ersetzt worden ist. Oh, Ohnmacht der jungen Seele, uh, Unort der Kindheit! Wenn nicht zwei Gerechte unter einem Dach leben können, wie dann 10 000 Ungerechte in dieser schönen neuen Plattenwelt? Wo die Wände nicht nur Elefantenohren hatten, sondern noch weitere Ausscheidungsorgane, durch welche

Mensch und Haustier der oberen Stockwerke ihre Fäkalien auf die weiter unten durchregnen ließen – wofür sich diese wiederum revanchierten, indem sie Ratten und Mäusen freies Geleit nach oben sicherten.

Mögen andere von ihrer güldenen Heimstatt sprechen, ich spreche von meiner güllenen – nein, das tue ich lieber doch nicht. Denn hier sollen nicht kleinliche Privatscharmützel und kummervolle Kindheitserinnerungen herhalten, den Ruf des in Rede stehenden Stadtbezirks zu blamieren. Dies muß auch ernsthaft nicht mehr extra erwogen und bewerkstelligt werden. Denn wenn Köpenick jemals irgendwas zu bedeuten, eine Art Ruf hatte, dann nicht als »Urlaubsparadies« (Eigenwerbung), Dichter-und-Denker-Heimstatt oder Weltwunderplatz, sondern als: Arbeiterbezirk. Nachdem aber ab 1989 nahezu alle ansässigen Großbetriebe stillgelegt und museal drapiert wurden – auf dem riesigen Gelände des ehemaligen Kabelwerks Oberspree (KWO), der vormaligen Rathenau-Werke, entsteht gegenwärtig, inmitten der Industrieruinen, ein ominöser japanischer Garten –, ist es Asche damit. Köpenick, speziell Schöneweide, der Arbeiterbezirk Berlins, existiert nicht mehr, ist praktisch ausgelöscht, weg. Und hat aber noch, im Gegensatz zu Karthago, das nach dem dritten Krieg nicht mehr auffindbar war, oder Pompeji, das Generationen von Archäologen mühsam wieder freipinseln mußten, relativ gut erhaltene und teilweise bewohnte historische Anlagen vorzuweisen, die eine ausgiebige Besichtigung verlohnten. Doch eher landet eine Sonde auf dem Mars, als daß sich Pfadfinder mal hierher bemühen, die verbliebenen Gehäuse und ihre Bewohner zu beschauen.

Indes wäre es freilich nicht schade drum, wenn der Stadtteil ganz von hinnen ginge, ohne daß ein Aufheben davon gemacht wird. Ich würde es begrüßen, wenn nicht sogar fordern, allein schon einer Geschichte wegen, die all das bündelt und verdichtet, was diesen Stadtteil so unerträglich macht, und die vielleicht am Ende doch nicht vergessen sein sollte. Es handelt sich um den wohl gräßlichsten Verkehrsunfall des Zeitalters, bei dem ein Mann im Auto von einer Straßenbahnschiene perforiert wurde, die sich aus der Straße gelöst und Fahrzeugboden, Fahrersitz und Eingeweide des Opfers durchbohrt hatte. Ich stand dabei, zehn Jahre alt, in der Müggelheimer Straße, und sah die gespenstische Pfählung mit eigenen Augen. Tags drauf wurde die Schiene wieder festgeklebt, und alles fuhr, als wäre nichts geschehen, routiniert drüber weg. Nicht fort von diesem Unheilsort auf Nimmerwiedersehen. Nein, nur immer hin und her und raus und wieder rein. Rund um die Uhr, pausenlos, bis heute.

Nur ich hab's dann – und bin recht froh drum – doch vorgezogen, anderweitig abzuleben.

Berlin-Steglitz

Wo ich wohne

Von F. W. Bernstein

Im Hinterhof lärmen die Vögel. KRAH KRAH KRAH die graue Krähe; KREISCH die Elster; und die Tauben? GURRIDIOUH!

Ist Steglitzens Katz' wieder ohne Glöckchen unterwegs, was doch verboten ist?

Herr Z. erzählte vom Bussard, der das Elsterkind gefressen und den er fett und satt auf Nachbars Terrasse habe hokken sehen.

Ein Flug Mauersegler von links.

Hoch droben der Rettungshubschrauber Richtung Klinikum.

Drunten den Rasen muß ich noch scheren mit dem alten motorlosen Rasenmäher. Erst aber weiter im Text:

Aus dem Haus geht's raus nach links leicht bergab. Hinauf der Blick zu den Bäumen am S-Bahndamm, der schützt uns vor der Düppelstraße, und nur leise summt die Autobahn – nicht laut genug für den hoch subventionierten Einbau schallschluckender Fenster aus Bundesmitteln, Frau F. hat's messen lassen.

Folgende Malerköpfe sind in kürbisgroßen Medaillons auf die Fassade des Nachbarhauses zwischen den Fenstern im 1. Stock gemalt, v. l. n. r.: Hans Holbein d. J., Raffael, P. P. Rubens, Albrecht Dürer. Der ganze Häuserblock steht seit über einem Jahr unter »Ensembleschutz«, das Amt für Denkmalschutz verbietet jede Fassadenveränderung, auch die Anbringung weiterer Porträts wie z. B. Hockney, Yvonne Kuschel, Eugen Egner, Michael Sowa, Bernd Pfarr, Rudi Hurzlmeier.

Weitergehen, weitersehen.

An der Ecke zur Robert-Lück-Straße kriegt mich der Windstoß zu fassen, der dort immer lauert. Die Tür steht auf. Was ist das bloß für ein Geschäft? Kein Schild, kein Name; verkauft wird nichts. Der Geschäftsmann im blaugrauen Kittel, wie Hausmeister oder Verkäufer im Baumarkt ihn tragen, steht vor der Tür. Ein Kleinlaster ist vorgefahren, Pakete und kleine Kisten werden hineingetragen. Im Vorübergehen sah ich drinnen an Stellwänden Stecker, Steckdosen, Kabelteile, Muster von Beschlägen – Rätsel der Heimat. An der nächsten Haustür spricht einer ins Klingelschild: »Ich bin's; mach auf!«

Komm du bloß heim!

Ich geh' weiter. Über dem Schaufenster des folgenden Hauses steht blau auf weiß auf Glas, das abends leuchtet: »SCOUT – Pfadfinder – Camping – Ausrüstung – Die Kaufstätte der Jugend«. Das, sagte mir ein Kollege, der dort in seiner Vergangenheit in der Bündischen Jugend Zeltheringe, Wimpel und Wanderschuh' gekauft habe, sei ein traditionsreiches Geschäft. Auf der anderen Seite der Robert-Lück-Straße/Ecke Südendstraße hat diese Tradition vor hundert Jahren ihren Ausgang genommen. Der »Wandervogel« wurde dort im Gymnasium Steglitz erfunden, und die »Jugendbewegung« nahm – mit Erlaubnis des Herrn Gymnasialdirektors – ihren Lauf. Robert Lück hieß der Direktor – Sie erinnern sich? In seiner Straße folgt auf die *Kaufstätte* ein Trödel: *Antik Nostalgie An- und Verkauf*. Das Gymnasium Steglitz aber heißt heute Heese-Gymnasium, nach Johann Adolf Heese, der lange vor den Wandervögeln hier in der Gegend Maulbeerplantagen anlegte und eine große gutgehende Seidenmanufaktur betrieb.

Wo die Robert-Lück-Straße in die Albrechtstraße mündet, erhebt sich im Gegenwind das Eckhaus der *Vollreinigung*. Der schwarze Hund, der im Schaufenster saß, ist voriges Jahr umgekommen. Auf einem Schild zeigten es die trauernden Besitzer der Kundschaft im Laden an und baten, von Nachfragen Abstand zu nehmen. Ein neuer Hund, nicht so schwarz, hat den Platz im Schaufenster eingenommen. Hoch oben am Erker über der Ecke sind vier rosa Großklunker mit blinden Neonlettern angebracht: »c«, »a«, »f« und »é«. Als wir 1985 in die Südendstraße gezogen sind, gab es das Eckcafé noch.

Das Verkehrsaufkommen der Albrechtstraße ist beträchtlich und fließt, vorbei am Fliederstrauch über dem Imbißhäuschen, unter der S-Bahnbrücke und der Autobahnunterführung stadteinwärts. Zur Linken sehen Sie unser Hochhaus, den Steglitzer Kreisel. Die Älteren unter uns erinnern sich vielleicht noch an die Investitionsruine, den Spekulationsschwindel, die Pleite – ein Skandal der sechziger Jahre. Wie es vor dieser Affäre dort aussah, hat Herr Z., der Maler, der unter uns wohnt, auf einer großen Radierung altmeisterlich geätzt und bewahrt: »Der Albrechtshof«, ein wunderlicher Bau, zum Abriß verurteilt.

Albrechtstraße: In die *Pferdetränke* trau' ich mich nicht. Am Fenstertisch sitzen schon am späten Vormittag kühne braungebrannte Trinker mit Stirnband, Bart und Hund. Und wer hockt im *Gemütlichen Steglitzer* am Tresen und sagt: »Hans, machst mir noch 'n Bier?« Ich nicht.

Ich geh' lieber furchtlos in die Bäckerei Ecke Heese: »Zwei Schuster, zwei Schrippen und zwei Mohn!« Ich geh' gern in die Buchhandlung und oft in den Copy-Shop, auch wenn der jetzt *pro business* genannt wird. In der Vorkopierzeit war da ein Gardinengeschäft; das hatte mal ein Schild im verbretterten und vernagelten Schaufenster: »Hat uns der Sturm auch noch so sehr getroffen, / so bleibt doch unser Laden offen.«

Ja, ich geb's zu: Ich wohne in Steglitz.
Ich hab's zur U-Bahn nicht weit;
ich hab's zur S-Bahn nicht weit,
und die Bushaltestelle ist nah.
Mir reicht das.

Ein keineswegs zu knapp bemessener, trotzdem nur wenig erhellender Streifzug durch die Geschichte einer schwer zu begreifenden Stadt

Von Fritz Tietz

Als Anton Pawlowitsch Tschechow am 8. Juni des Jahres 1904 mit der Eisenbahn von Berlin nach Badenweiler im Schwarzwald reiste (wo der bereits schwerkranke russische Schriftsteller wenige Wochen später verstarb), passierte er, über die Ost-West-Schiene via Ruhrgebiet fahrend, auch das auf halber Strecke zwischen Hannover und Dortmund gelegene Städtchen Bielefeld, in dessen Bahnhof es einen fahrplanmäßigen zehnminütigen Aufenthalt gab. Durch seine ihn begleitende Ehefrau Olga ist überliefert, daß Tschechow kurz hinter Hannover von der Reisemüdigkeit übermannt worden und eingeschlafen war, so daß er von Bielefeld zunächst keinerlei Notiz nahm. Erst während der Fahrt durch die gut 30 Kilometer hinter Bielefeld auftauchende Ortschaft Gütersloh sei er erwacht und habe sich über den für einen Russen gleichsam exotisch anmutenden Namen »Gütersloh« sehr amüsiert gezeigt. Daraufhin sei er jedoch von Gattin Olga auf die soeben durchfahrene Stadt aufmerksam gemacht worden, deren Name, Bielefeld nämlich, einen, wie sie meinte, noch weitaus ulkigeren Klang besäße. Tschechow habe dem vorbehaltlos heiter zugestimmt, ehe er erneut in die Sitzpolster gesunken sei, um sich eine weitere Mütze Schlaf zu gönnen.

Nachzulesen ist diese kleine Episode in einer Broschüre, die, vom Bielefelder Heimattümler A. Liebold herausgegeben, mit *Unser schönes Bielefeld in der Literatur der Welt* betitelt und immerhin zwölf Seiten stark ist. Das vermutlich einzige noch erhaltene Exemplar dieses Anno 1930 im Selbstverlag erschienenen historiographischen Kleinods befindet sich in der Stadtbibliothek an der Bielefelder Wilhelmstraße, wo es der literaturgeschichtlich Interessierte unter Aufsicht einsehen, natürlich aber niemals ausleihen kann. Ohne Probleme bekommt er dafür *Die Illustrierten Jahresberichte des Statistischen Vereins zu Bielefeld* ausgehändigt, die darüber hinaus auch in Buchhandlungen, Tabakgeschäften und einigen Kaufhäusern zahlreich zur kostenlosen Mitnahme ausliegen.

In den *Statistischen Jahresberichten* von 1992 liest man z.B. unter dem Rubrum »Verkehrswegebau« folgendes: »Wußten Sie schon, daß alle Bielefelder Straßen übereinander gestapelt einen Wall bilden würden, mit dem man die gesamte ehemalige DDR 1000 Meter hoch umzäunen könnte? Daß ein einzelner Arbeiter 326 Jahre rund um die Uhr schuften müßte, so er sämtliche Bielefelder Bürgersteige hoch- und anschließend wieder herunterzuklappen hätte?«

Das sind nur zwei der unzähligen Superlative, mit denen man hier die in der Tat ungeheuren Dimensionen und Abmessungen des Bielefelder Straßennetzes zu verdeutlichen sucht. Ein weiterer Vergleich, in dem die Menge der für sämtliche Fahrbahnmarkierungen verwendeten Farbe durch die Anzahl der »Neger«, die damit weiß angestrichen werden könnten, veranschaulicht wird, soll aus hoffentlich verständlichen Gründen unzitiert bleiben. Dabei läßt schon ein beiläufiger Blick auf den Bielefelder Stadtplan erkennen, wie gewaltig die Ausmaße des öffentlichen Verkehrswegesystems sind. Und was zunächst wie ein wild wucherndes Gewirr und schier unauflösliches Knäuel von Haupt- und Nebenstraßen erscheint, entpuppt sich zuletzt als eine durchdachte und höchst effektive Verbindungsstruktur, über die sich quasi jeder Punkt der Stadt denkbar bequem erreichen läßt.

So mag man anfänglich kaum glauben, daß jede Straße tatsächlich einen Anfang und ein Ende hat. Keine der Straßen führt einfach so ins Nichts. Von etlichen Straßen gehen zum Teil mehrere andere ab. Diese bilden Verbindungen zu weiteren Straßen, die sich dann entweder gabeln oder wiederum andere Straßen kreuzen. Am Ende aber stößt jede Straße mindestens auf eine neue Straße, auf der man dann seinen Weg in wenigstens zwei unterschiedliche Richtungen fortsetzen kann. Praktischer geht es kaum. Ein Beweis für den hohen Standard, den die Kunst des Verkehrswegebaus in Bielefeld erreicht hat.

Alle Bielefelder Straßen wurden obendrein, auch dies eine Leistung ohnegleichen, mit Namen versehen. Die Namen beziehen sich größtenteils auf historische Geschehnisse und Persönlichkeiten, die Bielefeld zu jenem blühenden Gemeinwesen machten, als das es heute bekannt ist. So läßt sich an Hand der Straßennamenschilder die durchaus bewegte Entwicklung der Stadt nachvollziehen – vorausgesetzt, man weiß, wer oder was sich hinter dem jeweiligen Namen verbirgt.

So lernt man z. B., daß es vor Klaus Schwickert (dem einzig wahren, wenn auch zur Zeit, aber hoffentlich nur vorübergehend nicht in Amt und Würden stehenden Oberbürgermeister) bereits andere Bielefelder Stadtoberhäupter gegeben hat wie etwa Puhvogel, Pöppelmann oder den legendären Poggenbrink. Man erfährt, daß der innerstädtische Verkehrsbrodelpunkt Jahnplatz ursprünglich den Namen Uli-Stein-Platz erhalten sollte und die Murnaustraße nur deshalb angelegt wurde, um rechtzeitig zum 100. Geburtstag des zu Bielefeld geborenen (und drei Jahre später auf Nimmerwiedersehen von hier verschwundenen) Hollywood-Regisseurs eine Straße vorweisen zu können, die seinen Namen trägt.

Man erfährt und lernt aber auch, daß es sich beim Namenspatron der Bielefelder August-Bebel-Straße keineswegs um den weltbekannten Sozialdemokraten handelt, sondern um einen Metzgermeister gleichen Namens aus dem Bielefelder Stadtteil Oldentrup. Dieser hatte in der Silvesternacht 1920/21 eine vollbesetzte Straßenbahn der Linie 2 gut einen Kilometer weit, nämlich von der Endstation Sieker bis zur Haltestelle Prießallee, gezogen; wohlgemerkt mit den Zähnen, was ihm als erstem Bielefelder überhaupt einen Eintrag ins Guinnessbuch der Rekorde brachte. Dadurch wiederum sahen sich seine begeisterten Mitbürger veranlaßt, eine Straße nach ihm zu benennen.

Eine außergewöhnliche Ehrung, da sie verdienten Bielefeldern für gewöhnlich erst nach dem Ableben zuteil wurde und wird. So auch Bürgermeister Poggenbrink, der von 1347 bis 1413 in Bielefeld lebte und wirkte und zufällig jener Straße zu ihrem Namen verhalf, in der ich 1958 geboren wurde und anschließend aufwuchs.

Untrennbar mit Poggenbrinks Namen verbunden sind die bis heute vergeblichen Bemühungen, aus Bielefeld ein nationales Handelszentrum zu formen. Immerhin vermochte Poggenbrink die Bürgerschaft schon im Mittelalter davon zu überzeugen, daß nur ein ordentlicher Nordseehafen den ersehnten wirtschaftlichen Aufschwung brächte. 1411 begann man, nach den Plänen eines Baumeisters Sudbrack – an ihn erinnert die Bielefelder Sudbrackstraße – ein Hafenbekken unweit des Kesselbrinks (wo sich heute ein malerischer Busbahnhof befindet) sowie einen Kanal »auszuheepen«, der allerdings statt – wenigstens grob – Richtung Nordsee irrtümlich gen Osten vorangetrieben wurde. Fragmentarisch erhalten ist dieser architektonische Kunstfehler in Gestalt der später zeitweise auch als Cloaca Maxima genutzten sogenannten Stauteiche entlang der ostwärts führenden Heeper Straße.

Während einer durch den Hafenbau notwendig gewordenen Bildungsreise, die ihn 1413 auch auf eine Nordseehallig (Halligstraße) führte, ertrank Poggenbrink jedoch im Watt (Wattstraße), weil er spazierengehend von der Flut überrascht wurde. Mit seinem Tod erlosch der soeben erst erwachte Pioniergeist der Bielefelder. Sie stellten die Arbeiten am Kanal ein und erklärten das bereits vollendete Hafenbekken zum heute noch bestehenden Freibad an der Wiesenstraße. Immerhin kamen die Bielefelder solcherart schon im Mittelalter zu einem Freiluftbad mit (inzwischen denkmalgeschütztem) Zehner und Rutsche.

An Poggenbrinks Tod knüpft sich eine interessante Legende, die hier nicht unerwähnt bleiben soll. Ähnlich wie seinerzeit nach der Schlacht bei Marathon wurde die Nachricht vom Tod des beliebten Bürgermeisters durch seinen Sohn Hermann überbracht, der die gesamte Strecke von der Küste nach Bielefeld in einem gewaltigen Fußmarsch und ohne jede Pause (Pausenweg) zurücklegte. Endlich angekommen, konnte der völlig erschöpfte Hermann jedoch nur noch »De Vadder is dod« stöhnen, um dann seinem Vater in die Ewigkeit zu folgen.

An Hermann erinnern heute nicht nur die Bielefelder Hermannstraße und das ihm zu Ehren erbaute Hermannsdenkmal bei Detmold, sondern vor allem der Hermannslauf, der alljährlich stattfindet und den jeder Bielefelder vor seinem 40. Geburtstag absolvieren muß, so er seine Bürgerrechte nicht verwirken will. Die Route führt vom Hermannsdenkmal über den Kammweg des Teutoburger Waldes bis nach Bielefeld, was in etwa einem Zwölftel der Strecke Nordsee–Bielefeld entspricht, nämlich rund 36 Kilometern. Laufen müssen die Teilnehmer so schnell wie möglich, und am Ziel müssen sie ausrufen: »De Vadder is dod!« Wer's vergißt, muß den mörderischen Lauf im nächsten Jahr wiederholen.

Bielefeld hat natürlich nicht nur bedeutende Männer hervorgebracht. Auch Frauen machten hier reichlich Geschichte, wie mancher Straßenname beweist. Daß es sich bei diesen Straßen in erster Linie um Sackgassen oder Einbahnstraßen handelt (was in Kreisen engagierter Frauen unter Hinweis auf z. B. die Mathilden- oder die Kriemhildstraße immer mal wieder beklagt wird), läßt sich so eigentlich nicht sagen. Als Gegenbeweis sollte man zwar nicht gerade die Turnerstraße nennen (Tina Turner wurde nämlich nicht, wie sie selbst angibt, 1940 in Bielefeld, sondern 1914 im benachbarten Landkreis Herford geboren), dafür aber seine Argumentationsstrategie um so mehr auf die Voltmannstraße stützen, eine zum Teil vierspurig ausgebaute Hauptverkehrsader, deren Name einer Frau, nämlich Josefina Voltmann, entliehen ist, und keineswegs, so wird immer wieder fälschlicherweise angenommen, auf den französischen Philosophen und Literaten Voltaire zurückgeht.

Ein Irrglaube, der sich hartnäckig hält und vermutlich daher rührt, daß Voltaire, als er 1752 für einige Monate in Bielefeld logierte, von den Einheimischen, denen sein französischer Name nur schwer über die ostwestfälischen Lippen gehen wollte, kumpelhaft Voltmann genannt wurde. Wie ausgezeichnet es »Voltmann« übrigens in Bielefeld gefiel, mag man, zumindest nach dem bereits erwähnten Heimatkundler Liebold, daraus ersehen, daß in seinem 1759 verfaßten Roman *Candide* ursprünglich die Stadt Bielefeld jene Rolle übernehmen sollte, die letztlich das sagenhafte Land

Eldorado übernahm. Somit wurde Bielefeld darum gebracht, als ewig gültiges Synonym für unermeßlichen Glanz und Wohlstand in den Wissensschatz der Welt einzugehen. Vielleicht mußten die Bielefelder Herrn Voltaire deshalb bis heute die Ehre eines Straßennamens verwehren.

Nicht so der Dame Josefina Voltmann, die, um 1670 (also lange vor Voltaires Abstecher nach Ostwestfalen) geboren, sich zeit ihres Lebens dafür einsetzte, daß auch die Bielefelder Frauen das Recht erhielten, Alkoholisches zu trinken. Erst 1714 wurde solches Recht in der Magna Alkoholica gesetzlich verankert. Josefina Voltmann aber trank sich noch im selben Jahr ins Delirium und verstarb. Die Bedeutung dieses Gesetzes kann nur ermessen, wer bedenkt, welche gewichtige Rolle der Alkohol in Bielefelds Geschichte stets spielte. Und zwar von Beginn an! Die Gründungs-Legende nämlich besagt, Bielefeld sei aus einer Schnapswette hervorgegangen.

Demnach empfing der Landesherr Graf Bewekenhorn im Jahre 1214 auf seiner Burg Ravensberg (Ravensberger Straße) den römischen Bettelmönch Paulus (Paulusstraße), der, aus Friesland kommend, wo er vergeblich zu missionieren versucht hatte (Missionsweg), eine kleine Pause (Pausenweg) einlegte, ehe er die Heimreise (Heimweg) nach Italien fortsetzen würde. Die beiden brachen eine gar fürchterliche Zecherei vom Zaun, die sich über drei Tage hinzog. Während dieses entsetzlichen Umtrunks habe der Römer immer wieder mit der angeblichen Pracht seiner Heimatstadt geprahlt und derart rumrenommiert, daß es den alten Bewekenhorn gewurmt und schließlich zu dem zornigen Ausruf bewogen haben soll, er würde noch im selben Jahr eine Stadt gründen, deren Glanz den von Rom bei weitem überträfe. Als dies der Gottesmann mit unchristlichstem Hohnlachen quittiert habe (Quittenweg), soll er vom Grafen eigenhändig gepackt und – mit Ziegeln beschwert (Ziegelstraße) – in einem 80 Meter tiefen Brunnen (Brunnenstraße) versenkt worden sein.

Ob Dichtung oder Wahrheit, urkundlich belegt ist jedenfalls, daß besagter Graf Bewekenhorn im Jahre 1214 die heute noch existierende und denkmalgeschützte Gaststätte *Bewekenhorn* errichten ließ, eine für damalige Verhältnisse einzigartig dimensionierte Bierschwemme. Damit aber hatte er die wichtigste Voraussetzung geschaffen, um siedlungswillige Menschen anzulocken. Und tatsächlich, getreu dem Bibelwort »Wo eine Schenke ist, da laß dich nieder« (Johannes der Säufer) strömte schon bald eine stattliche Anzahl von Ostwestfalen zusammen und fand zunächst im gemütlichen Schankraum, später in mehr oder weniger festen Bauten um die Kneipe herum eine neue Heimat.

Die ersten Bürger Bielefelds waren Strauchdiebe und Wegelagerer aus den umliegenden Teutoburger Wäldern. Durch die Gründung einer »Ehrbaren Zunft der Kaufmannschaft« gaben sie sich zwar den Anschein von Seriosität, wikkelten ihre Geschäfte jedoch weiterhin nach bewährter Methode ab, also durch Betrug, Raub und Trickgaunerei. Da hat sich bis heute nicht viel geändert.

Ab 1414 begingen die Bielefelder das Ereignis der Stadtgründung alljährlich mit einer, wie es eine alte Chronik beschreibt, »gar kleynen aber nichtsdestotrutz feynen Festivitate«, die jedoch nichts anderes als ein wüstes Gelage war und im Gedenken an die gräflich-mönchische Sauferei stets drei Tage anhielt. Frauen waren von diesen Festen ausgeschlossen, da sie »immerzu meckern, zetern und lamentern und allerley Grund herbeizerren, welcher geeignet sey, dem Mannsvolke seine ungehemmten Vergnieglichkeiten zu trüben«. Erst mit der erwähnten Magna Alkoholica wurde es Frauen gestattet, an entsprechenden »Vergnieglichkeiten« aktiv teilzunehmen, wenn auch zunächst nur nackt.

Zu einem Höhepunkt des Gründungsfestes entwickelte sich bald der Umzug der Kaufmannschaft, den zu veranstalten die jeweils zehn bestbetuchten Krämer und Händler der Stadt gezwungen wurden. Man karrte sie auf einem offenen Wagen durch die Straßen, währenddessen sie mindestens die Hälfte ihrer Barschaft unters entrückte Volk zu werfen hatten. So sich einer der Reichen dieser Umverteilung verweigerte, wurde er unter allgemeinem Hohn und Spott zum römischen Bettelmönch Paulus ernannt und kurzerhand in einem Brunnen ertränkt. So wollten es die damaligen Sitten und Räusche, und eigentlich ist's schade, daß diese schöne Tradition im heutigen Bielefeld keinen Bestand mehr hat.

Sprachlos

Von Jürgen Roth

Vor einiger Zeit gelangte ich während einer, wie wir so sagen, Lesetour auch nach Bochum. Die kleine, das Programm der edlen Büchergilde Gutenberg führende Buchhandlung lag im Dunstkreis einer Altstadt, die wir, meine Begleiterin und ich, nicht fanden.

Wir fuhren herum, suchten einen Imbiß oder eine Restauration. An einer Tankstelle verschlangen wir Pommes und wurden müde. Brachen dösten, Straßen wußten nicht, wohin sie wollten.

Wir querten den Westring und erreichten Bo-Hamme. Bzw. Stahlhausen. Dort regte sich nichts. Niedrige Arbeiterbehausungen schlummerten vor den Mauern, hinter denen die noch berühmteren Nazi-Hochöfen erkaltet waren. Das Herz des Marxismus, das ein paar Jahre zuvor ein letztes Mal, dachten wir Törichten, heftig zu schlagen begonnen hatte, pochte nicht mehr.

Der Veranstalter der Lesung rauchte frohstark und hustete herzergreifend. Er lachte ausgiebig, und später, da wir im »besten Laden« Bochums furchtbar viele der dem Einheimischen stets genehmen – »Is' ja eh egal!« – Industriebiere an einem der legendären Resopaltische tranken, erzählte er von den kulturamtlichen Wahnsinnstaten rund ums frühere Peymann-Theater und die Westfälische Schauspielschule. Daß Bochum derartige Eins-a-Etablissements besaß und jenseits jeder betriebswirtschaftlichen Vernunft stur weiter betrieb, das hatte etwas tröstlich Irreales, den Ruhrgebietsentwicklungsnonsens schon leicht irre Absegnendes.

Der Buchhändler qualmte und becherte in einem fort und berichtete über stoisch von irgendwelchen innerstädtischen Prachteinkaufspassagenbauten herunterstürzenden Glasfassaden und demzufolge gewaltigen Dauerverkehrsstörungen, und ich konnte nicht anders, als ihn zu einem Interview zu verpflichten, das ein für allemal die Bochumer Spezialverhältnisse beleuchten und erledigen sollte.

Obgleich ich während unzähliger, flehentlich aufmunternder Telephonate unerbittlich nachhakte, wurde nichts daraus. An Bochum zerbrechen die stärksten Kategorien und die widerständigsten Menschen. Fürgott und bei der Wahrheit: Es existieren da draußen in unserem Lande Orte, die ihre Bewohner trotz aller höchst lustangereizten Rhetorik mit Sprachlosigkeit schlagen, noch jenseits der Ludwig Wittgensteinschen Schweigsamkeitsgrenzdoktrin.

»Scheiß=Darmstadt« (Arno Schmidt)?

Lächerlich. Verglichen mit Castrop-Rauxel, äh, Dortmund. Nein, ich mein': Krefeld. Ja, Krefeld. Eben. Puh. Bochum, echt, ganz schlimm, menschmensch.

Rezept für den Aufbau Ost

Von Hartwig Suhrbier

Gegeben sei: der zweitälteste Badeort an der Ostsee, ein freundlich-verschlafenes Familienbad mit beschaulichen Vorkriegsstrukturen, überkommen unter real-sozialistischer Käseglocke.

Man nehme: gutgläubig-ehrgeizige Gemeindelenker, eine dito Kurdirektion, diverse Investoren mit tatsächlicher oder scheinbarer Kapitalkraft, umtriebige Makler, verkaufswillige Erbengemeinschaften, heimkehrende Alteigentümer; ferner abblätternde Villen in Bäderarchitektur, Baulichkeiten unter treuhänderischer Verrottung, Parkplätze, Rasenstücke, Vorgärten und überhaupt möglichst viel unbebauten Grund in Strandnähe.

Man gebe hinzu: Glas, Stahl, Verbundpflastersteine und reichlich Beton und häufe es mit vielen Versprechungen und einer Prise Sponsoring unter großem Zeitdruck und bei besten Abschreibungssätzen nach der Formel Länge mal Breite mal Geld an.

Man reiße ab: alles, was solchem Maßstab im Wege steht – wie das gewesene FDGB-Ferienheim *Fritz Reuter* aus den fünfziger Jahren, dessen stattliche Halle ragte als spätes Echo auf die mittelalterlich-backsteinernen Großkirchen in Lübeck und Wismar. Solch einen Platz besetze man mit einem Hotel in neuzeitlich-kostengünstiger Zellenbauweise samt Tagungssälen und Dachschwimmbad und gebe ihm einen Namen, der feudalherrliche Tradition vorspiegelt. Ansonsten rechnet sich vorrangig die Errichtung von Residenzen mit Eigentumswohnungen inkl. Tiefgarage und Aufzug.

Man bekommt: kurzfristige Renditen für Anleger und langfristige Folgekosten für die Gemeinde, Zersetzung des gewachsenen Ortsbildes durch architektonische Gemeinplätzchen, mehrere tausend Betten zwecks Urlauberintensivhaltung zu Ferienzeiten und bei sonnigem Wetter Autoschlangen kilometerlang auf allen Zufahrtsstraßen – eine Ortsverödung mithin, die man gesehen haben muß.

Rhein in Flammen

Von Thomas Roth

> Dieses Bonn war […] nicht so anstrengend wie Korea […]
> *Wolfgang Koeppen*

Bonn, so teilen mir helle Köpfe mit, sei eigentlich nicht der Rede wert, und sich auf diesen Satz zu beschränken, stehe einer Bonn-Beschimpfung gut zu Gesicht. Die Häufigkeit jedoch, mit der solch ein Befund auch durch minder helle Köpfe Verbreitung findet, läßt ihn schon wieder suspekt werden. Bonn, so scheint es, ist die Stadt, die am hartnäckigsten nicht der Rede wert ist, der am ausführlichsten ihre Mediokrität und Langweiligkeit bestätigt, die am ausdrücklichsten der Mißachtung preisgegeben wird.

Mittelmäßigkeit, ja »Mittelmaß« (H. M. Enzensberger) und Langeweile – was soll einem anderes einfallen zu einer urbanen Siedlung, die auf der deutschen Städterangliste Platz 21 belegt (293 000 Einwohner), einer Beamten-, Rentner- und Studentenversammlung, in der sich Wohlstand mit dröger Wohlanständigkeit paart, eingerahmt von städtebaulichen Ensembles, die atmosphärisch nahe am bürgerlichen Wohnzimmer angesiedelt sind. Hier hat man seine Jugend verratzt, und das war's.

Trotzdem: Was heißt eigentlich »Bonn« bei näherem Hinsehen? Und »wo ansetzen«? (G. Grass)

Bonn liegt landschaftlich gediegen, ummantelt von Schlafstädten mit Namen Sankt Augustin oder Meckenheim, aus denen die arbeitenden Massen ins Stadtgebiet eindringen, und gen Köln hingestreckt, wo alles größer, interessanter und 20 Pfennig teurer ist. Bonn bietet Bürgerhäuser mit Schöner-Wohnen-Charme, auf deren Fensterbrettern Getreidemühlen-Sammlungen prangen, Altbauwohnungen, in denen fettbesprenkelte Topfpflanzen ihre Wurzeln durch Resopaltischplatten schlagen, und Wohnkomplexe, in denen soziale Konflikte mittels lindgrünen Fassadenanstrichs gebannt werden. Hier sucht man es nicht umsonst, das für deutsche Städte unentbehrliche *Paulaner-Stübl*, hier kann man sie studieren, die Gesetze des Dönerläden-Rotationssystems, und angesichts zahlloser geheimnisvoll verschlafener Registrierkassencenter, Getriebeölhandlungen und Copy-Shops darüber grübeln, ob hinter deren Schaufensterscheiben nicht bereits russische Mafiabanden ihren Geschäften nachgehen.

Breite Radwege führen zu ausgedehnten Grünflächen- und Parkbank-Assemblagen: Es herrscht Kontemplationszwang, und jene Gelassenheit wird eingeübt, die früher mal Wurschtigkeit hieß. Den Alltag reißen Rasenmähermänner an sich, Lehrerehepaare mit eingebautem Theater-Abo, odierende Karnevalsvereinsangehörige und obsttütenbepackte Matronen, die unartige Radfahrer vor dicke Busse schieben. Die Fähigkeit, Kölsch zu trinken und Stadtzeitungen zu lesen, gilt als guter und gangbarer Weg der Integration ins lokale Milieu. Dort angekommen ist die Bonner Jugend: 22jährige Cappuccino-Kenner, die, in grüne Cordjacken gegossen, scheitelschnittig signalisieren, daß sie jederzeit bereit sind, sich wie 50jährige aufzuführen; schnöselige Gymnasiastenseelen, die ihre gedrehten Zigaretten mit Prittstift verleimen; patinierte Körper, an denen zwecks Lebensgefühlssteigerung Hochplateauschuhe und Reflektorbrillen angebracht sind; sowie haltlose Jugendliche, die man »Szene« nennen und samt Obdachlosen, Junkies und anderen Freizeitparkbesuchern deshalb getrost polizeilich zur Räson bringen darf.

Will man Bonn wohl, dann beschaue man dieses Häuflein von Stadt am besten während einer Busfahrt – und lasse Bilder über Bilder vorbeiziehen: als Abglanz des betörend trivialen, fast schon verwehten Bonner Lebens. Und damit könnte das Thema Bonn erledigt sein.

Doch Bonn sträubt sich, wehrt sich gegen seine Erledigung. Bonn ist nicht nur jenes Problem, das viele andere Städte gleichfalls sind, es hat auch noch eins. Dieses Problem ist der vage Wunsch nach mehr – und die Unfähigkeit, diesem wahnsinnigen Wunsch zu entsprechen.

Der Wunsch existiert, seit Bonn die Ehre widerfuhr, Bundeshauptstadt sein zu sollen; von da ab sah sich Bonn mit der Häme ganzer Heerscharen ungenierter Journalisten,

Politiker und Schriftsteller konfrontiert. Bonn, so tönte und dröhnte es Jahr um Jahr, könne den an eine Bundeshauptstadt gestellten Erwartungen nicht gerecht werden, Bonn könne gar nichts, sei »Provisorium« (J. le Carré), unechte Kapitale, ihr fehle das Metropolitane, die herrschaftliche Ausstrahlung, Bonn sei in seiner runden Mäßigkeit überhaupt eine ziemliche Zumutung, BONNDORF KUHDORF, Schluß! Aus.

Wobei, wäre hinzuzufügen, solchen Vorwürfen weniger die Kritik an der glanzlosen Dumm- und Verlorenheit Bonns als vielmehr reaktionäres und nur notdürftig sublimiertes Machtstreben der Kritiker zugrunde lag, die an Stelle Bonns eine Hauptstadt der Prachtstraßen, Siegesalleen und Paläste imaginierten, eine Hauptstadt monumentaler Inszenierungen, in Stein gemeißelter Glorie und deutsch-nationaler Großkotzigkeit.

In Bonn nahm man's sich freilich zu Herzen, und just das Haltlose jener Anwürfe brachte das erbarmungswürdige, mühsam tarierte Bonner Leben aus dem Gleichgewicht. Der Wunsch nach Größe, der Traum, etwas (und wurscht was) zu gelten, sie beherrschen seither das Bonner Denken. Die Stadt sieht sich in eine fast manische Hinundhergerissenheit zwischen Verzweiflung und Selbstverteidigung, Unterwürfigkeit und Trotz, Wohl und Wehe versetzt: Wo soll es langgehen? Und warum? Wer bist du, Bonn?

Man weiß und wußte es nicht, und doch versuchte man sich gelehrig zu zeigen. Man buhlte um den Respekt und die Zuneigung der Lästerer und tat, was wohl getan werden mußte. Also schmückte und schminkte man das Antlitz der Stadt und ließ Staatsoberhäupter vor einem staatsmännisch grinsenden Bürgermeister aufmarschieren; man gab sich kulturbeflissen und baute Kulturtempel, Kulturbahnhöfe und eine postmodernisierte Museumsmeile; man gab sich weltoffen und gewandt, zerrte die im Stadtgebiet lebenden Diplomaten auf internationale Straßenfeste, förderte mit paternalistischer Generosität »alternative Projekte« und feierte die in Straßencafés herumlungernden Spitzbärte als Bonner Boheme. Man ersann das Wort »Erlebniswert« und entwickelte zwecks Steigerung just dieses »Erlebniswertes« neue

»Events«, schuf den »Bonner Sommer«, erfand »Rhein in Flammen«, »Rheinkultur« und Rheinschiffahrt und ortete in Bonn jene rheinische Fröhlichkeit, die irgend etwas mit dem französischen Savoir-vivre zu tun haben sollte.

Als dann Bonns Regierungsfunktion wegfiel, hätte das ganze Theater eigentlich mit einem Schlag aufhören können, mußte man doch nicht mehr sein, was man noch nie war. Indes, die Sehnsucht nach großstädtischem Glanz schien mittlerweile in eine wahre Religion übergegangen zu sein: Jeder Zweifel an der liebgewonnenen Liturgie wurde nun mit immer hysterischeren Glaubensbekundungen pariert.

Und so werkeln und zimmern diverse Ingenieur- und PR-Büros weiter unverdrossen an der Stadt herum, werben und planen, entwerfen »Entwicklungszentren« und »Business-Trainee-Programme«, die Professorenschaft revitalisiert den Universitätsdünkel, gründet Forschungszentren wie ZEF, ZEI, CAESAR und Zumtata, und flankiert wird das Ganze von dem sehr gescheit und zukunftssicher in jede noch so vorbeigelaufene Kamera hineinschauenden Gesicht der neuen Oberbürgermeisterin. Aus diesem und anderen *public faces* schallt dem Kritikasterpack mit Wucht und Verve die neue Parole entgegen: Bonn sei und werde immerhin »Bundesstadt«, »Wissenschaftsstadt«, »supranationales Innovationszentrum«, »Kulturwerkstadt«; und wenn dies alles nicht, dann wenigstens »europäische Telekommunikationshauptstadt« (R. Sommer) und »Sexmetropole Europas« (H.-Chr. Schmitz).

Doch auch solch lauttönender Elan bleibt wie alles Bonner Tun und Machen eitel, begleitet vom sicheren Scheitern und einem beinahe bonn-ontologischen Kleinmut, der sich besonders dann nachdrücklich meldet, wenn offenkundig wird, daß die eigenen mannigfachen Selbstüberschätzungen und größenwahnsinnigen Phantasieschloßbauten ein Ding der ganz unmöglichen Unmöglichkeit sind.

So etablierte sich in all den Jahren als verläßlicher Partner der Allmachtsphantasie die trotzige Regression auf das Gegebene. Wenn Bonn schon nicht eine »große, weltoffene Stadt« (H. Böll) sein konnte, mußte man eben die Bonner Wurzeln ausgraben: Sonderbewußtsein ist Sonderbewußtsein. Flugs wurde die durch nichts zu überspielende Bonner

Ödnis zur Gemütlichkeit erklärt, pries man jedes in der Stadt herumstehende Fachwerkhaus als Standortvorteil, erspähte man glückliche Heimatumstände auf Wochenmärkten und ließ im Rheinpromenaden-Caprieis-Essen die Rheinpromenaden-Rheinromantik wiederaufleben. Schließlich ward ein Hefegebäck namens »Berliner« noch einmal erfunden und »Bonner« getauft.

Ach ja, der Bonner, übrigens, er ist pathologisch-reziprok mit seiner Stadt aufs innigste verwoben. Zur steten Aufgabe wurde ihm, zu betonen, er kenne kaum eine fadere Stadt als die seine, und, beleidigt und echauffiert, will er doch nichts davon hören. So wird er – im Gegenzug – niemals müde, den ihm recht artgemäßen Zustand bodenständiger Langeweile und »Langweiligkeit« (S. Lenz) zu rechtfertigen mit Hilfe von Projektionen aller Art, zu begründen durch empirische Datenfülle, zu verteidigen unter Hinweis auf schöne Impressionen – wieder und wieder, bis er ehrlich und verzagt leise insistiert: wenigstens sei es doch »irgendwie schön in Bonn«, und: »außerdem habe ich schließlich Freunde hier«.

So wird Bonn doch noch Hauptstadt, Metropole der von existentieller Leere gequälten Beredsamen, der sich mißmutig an der eigenen Bedeutungslosigkeit Abarbeitenden, die – mit einem letzten Anflug von Stolz – ihren Kritikern zuletzt entgegenhalten: Bonn nun also sei, tatsächlich, man könne es nicht leugnen, immerhin: »nicht der Rede wert«.

Arbiträr

Von Hans-Christian Schmitz

Die Stadt Bottrop ist durch ihren Namen nicht begünstigt. Der stimmhafte, bilabiale Plosiv /b/ am Anfang wirkt lappig und faul. Sein Klang evoziert die Vorstellung von Spuckefäden. Zusammen mit dem halboffenen, gerundeten Hinterzungenvokal, dem kurzen, ungespannten /o/, dem sicherlich dümmsten aller Vokale, suggeriert /b/ geistige Insuffizienz. Der stimmlose, alveolare Plosiv /t/ und der stimmhafte, uvulare Friktativ /r/ – das /r/, das im deutschen Sprachraum am häufigsten verwendet wird – wirken aggressiv. Sie ergänzen das assoziative Feld entsprechend. Es folgt zur Verstärkung noch mal das kurze, debile /o/. Endlich wird man vom stimmlosen, bilabialen Plosiv /p/ angerotzt.

Auf Grund ihres Namens ist die Stadt Bottrop assoziativ mit Ödnis, Elend und Niedergang verknüpft anstatt, wie es besser wäre, mit Lässigkeit und dem Witz von Willi Lippens. Die Existenz einer Stadt namens Bottrop ist ein Glücksfall für viele im Unterhaltungsgewerbe Beschäftigte. Ein prominenter Vertreter dieser Berufsgruppe ist Jürgen von der Lippe. Er reüssiert mit Versen wie dem folgenden: »Nicht einer von den Dümmsten ist, / der Bottrop sieht und sich verpißt.« Unterhaltungsarbeiter, die ihre Witze konsequent verdichten, beschränken sich auf die bloße Nennung der Stadt und eine Pause. Auch das Feuilleton muß auf Bottrop verweisen. So steigert der Medientheoretiker Norbert Bolz »Tristesse« zu »Alltagstristesse« und weiter zu »Bottroper Alltagstristesse«. Implizit verknüpft er so Lernbehinderung, Boonekamp Kräuter-Bitter, ennuie, mélancolie et bonjour, Bottrop, mon amour. Leben wie Lippe in Frankreich. Klarerweise wird er weder Frankreich noch Bottrop gerecht.

Bottrop ist eine Stadt im Ruhrgebiet, von überschaubarer Größe, in Struktur und Erscheinungsbild mit Recklinghausen und Herne verwandt. Es gibt Arbeitersiedlungen, Industriebetriebe und eine kleine Innenstadt mit Fußgängerzone.

Bottrop ist eigentlich eine Stadt des Bergbaus. Da der Bergbau keine gute Zukunft hat, stellt man sich in Bottrop der Aufgabe, auf sozialverträgliche Weise einen Strukturwandel zu vollziehen. Die Stadt soll zu einem modernen Industriestandort entwickelt werden. Es wird Wert auf die Förderung des Dienstleistungsgewerbes gelegt. Die Aufgabe des sozialverträglichen Strukturwandels ist schwer zu bewältigen. Zu den vorläufigen Ergebnissen der Bemühungen gehört ein fünfzig Meter hohes Stahlgerüst in Form eines Tetraeders auf einer fünfundsechzig Meter hohen Halde. Das Gerüst ist begehbar, von oben kann man große Teile des Ruhrgebiets – von Duisburg im Westen bis Bochum im Osten – überblicken. Das Tetraedergerüst wird auch »Haldenereignis« genannt. Abends ist es erleuchtet, dann nennt man es »Lichtereignis«. Unmittelbar neben der Ereignishalde befindet sich eine kleinere Halde, auf der das *Veltins Alpin Center Bottrop* steht. Beim *Alpin Center* handelt es sich um ein Gebäude mit einer künstlichen Skipiste und Lokalen. Hier kann ganzjährig Wintersport betrieben werden. Besucher vergnügen sich besonders, wenn sie die Skipiste gemächlich hinunterfahren. Ansonsten ist der Spaß von kurzer Dauer. Weiterhin sorgt *Warner Brothers' Movie World* für Arbeit und Unterhaltung. Der Vergnügungspark ist hinlänglich bekannt aus Reportagen über Achterbahnfans, wie sie öfter auf Kabel 1, RTL 2 oder Pro 7 gezeigt werden. Im Zuge der Internationalen Bauausstellung Emscherpark wurde in Bottrop ein modernes Klärwerk gebaut. Das Klärwerk ist der partiellen Renaturierung der Region um Bottrop dienlich. Bottrop wirkt vom Tetraeder aus betrachtet schon recht grün. Die Luft riecht relativ gut.

Es bleibt festzustellen, daß der Name Bottrop eine durchschnittliche Ruhrgebietsstadt bezeichnet. Seine allgemeine Verwendung in Humorproduktion und Kulturkritik ist nicht adäquat. Der Name Bottrop ist ein Beleg für die These von der Arbitrarität des Zeichens. Von seiner Lautstruktur läßt sich nicht auf den Charakter der bezeichneten Stadt schließen.

Bremen sehen und dann weiterfahren

Von Jürgen Roth

Kürzlich konnte ich mich wieder einmal davon überzeugen, daß Bremen gleich nach Hamburg oder vielleicht sogar noch knapp vor der ruhmreichen Elbmetropole die schönste Stadt dieser Republik ist.

Frau Heyduck holte mich vom Bahnhof ab und zog mit mir und meinem Gepäck durch reizvolle Straßen, vorbei an pittoresken Baulichkeiten und über ansprechende Plätze. Auch ließen wir uns in dem einen oder anderen Kaffeehaus nieder, um die jüngste Vergangenheit Revue passieren zu lassen, kamen aber kaum zu Wort, da sich eine gewisse Abgespanntheit bemerkbar machte und der Kommunikation quasi den Riegel des Gähnens vorschob, wenn man das so sagen darf.

Schließlich im Steintorviertel angekommen, schlug Frau Heyduck einen kleinen Snack vor und gab umgehend zu verstehen, sie könne sich »jetzt durchaus mal kurz hinlegen«, das würde ihr guttun. Ich sei der Idee eines Erfrischungsschlafes keineswegs abgeneigt, erwiderte ich, und verabschiedete mich in die frischbezogene Koje.

Etwa zweieinhalb Stunden später, verjüngt und entspannt, eroberten wir das Bremer Nachtleben. Nach einem wuchtigen Krabbencocktail inklusive Hemelinger ordnete Frau Heyduck einige weitere Biere an, und zwar anderwärts, verzog indes ihren Mund zu einem leichten und sehr leisen »Uäääh«, worauf ich mit einem kurz angetäuschten »Hääoch« konterte.

Auf Bierhockern thronend, nippten wir an Haake-Tulpen. Frau Heyducks Lebensgefährte, ein bedeutender Bremer Politiker, traf alsbald ein und wirkte abgespannt. »Ich könnte gut 'ne Mütze ordentlichen Schlaf gebrauchen«, eröffnete er die erweiterte Runde, bestellte, und Frau Heyduck antwortete wie aus der Schlummermütze gepurzelt: »Du, pennen wär' nich' schlächt, odä?«

Während ich mein zweites Glas hinunterwürgte, fühlte ich mich plötzlich müde, ausgelaugt, träge, ja schwach. Ich erlöste meine Gastgeber mit den Worten, ich sei »ziemlich kaputt« und würde »mich gerne aufs Ohr hauen«. Gesagt, alle Mann und Frau getan.

Der folgende Tag begann mit Vogelgesängen absonderlicher Natur und einem üppigen Frühstück. Geplant war nämlich, Brauereien im Bremer Hinterland zu besichtigen. Frau Heyduck jedoch schlug gegen halb elf vor: »Kurz noch mal ablegen, 'ne Ecke poofen« – andernfalls habe man unterwegs mit überfallartigen Erschöpfungszuständen zu rechnen. Mir leuchtete das ein, ich wanderte zu meiner Bettstatt.

Nachmittags fuhren wir nach Suhr, kosteten seltsam anmutende Biererzeugnisse und gondelten zurück, um uns »ein bißchen auszuruhen«, wie ich vorschlug, bevor die Abendgestaltung angegangen werden sollte. Frau Heyduck pflichtete mir bei, »gerade in dieser Jahreszeit«, im Sommer, fühle man »sich besser, wenn das eine oder andere Nikkerchen eingelegt« werde.

Der Kinobesuch fiel aus. Die Bremer, dachte ich mir wie so viele Male zuvor, als ich am nächsten Morgen auf meinen Zug wartete, sind freundlich, äußerst zuvorkommend und gestalten den Aufenthalt in ihrer Stadt zum Besten des Besuchers.

Nach reichlich einer Stunde Fahrt und etlichen Meilen ärgsten Fußmarsches traf ich in Hamburg Herrn Sokolowsky, der bald seine Gastgeberpflichten aber vollständig vergaß und während einer Rundreise in Herrn Wielands Pkw mit dessen Besitzer folgendes Gespräch führte:

Wieland: »Hamburg ist wie Bremen.«

Sokolowsky: »Nee, Kiel ist wie Bremen, aber Bremen ist eher so wie Hamburg.«

Und wie ist dann überhaupt Kiel eigentlich?

Fachwerkperle im Heidesand

Von Susanne Fischer

Das Nachteiligste, was ich über Celle sagen kann, ist, daß es nicht allzuweit entfernt von Uelzen liegt, und was man davon zu halten hat, weiß man ja. Dazwischen und drum herum tut sich beinahe gar nichts. Die Lüneburger Heide, für ihre Leere berühmt, quasi die Sierra Nevada Niedersachsens bzw. die Sahara der Norddeutschen Tiefebene, gelegentlich auch die Sand-Nordsee der armen Leute oder das Klo der Katze Gottes genannt, treibt dort ihr Wesen. Noch nachteiliger für Celle als die unattraktive Lage, die es sich ausgesucht hat (im Sand), wirkt allenfalls die Anekdote, daß man das Städtchen, dessen Grundriß übrigens an ein Sandeimerchen erinnert, einst vor die Wahl gestellt haben soll, ob es lieber den Knast oder die Universität beherbergen wolle. »Und so entstand Göttingen«, verrät uns, den Staub erstaunt aus den Augen reibend, der Celler, der auch heute noch froh darüber lacht, wie die Gefängnis-Insassen in Celle jedenfalls das Stadtbild weniger durcheinanderbringen als die Studenten in Göttingen. Auch würden die notorisch hungrigen Studierenden immerzu den Einheimischen die Nahrung streitig machen, während sich die Celler Gefangenen turnusmäßig asketisch im Hungerstreik üben. Aus gutem Grund.

Vergessen tut der speckig lächelnde Celler in seiner Zufriedenheit natürlich das Aufgebot an Juristen und Justizvollzugsbeamten, die für das ordentliche Hinter-Schloß-und-Riegel-Halten der programmatisch hungernden Eingesperrten verantwortlich zeichnen und das eigentliche Rückgrat der sogenannten Herzogstadt bilden, deren Weichbild durchaus an eine Sandburg gemahnt. Sie allein tragen die Schuld daran, daß häßliche Cafés sonder Zahl, eigens eingerichtet für unternehmungslustige Beamtenwitwen, celleschen Baugrund auffressen und mit ihren Sandkuchen und Heidesand-Keksen zur angestaubten Atmosphäre in den putzigen Fachwerkfluchten aufs passendste beitragen. Ja, hier scheint die Sanduhr stehengeblieben zu sein.

So lockt das ständig besenrein zu haltende Städtchen allenfalls ahnungslose Amerikaner und Japaner auf den offiziellen Foto-Übungs-Parcours zwischen Renaissance-Schloß und Heiligem Kreuz. Hier kann man seine Pentax und sich für Heidelberg und Rothenburg ob der Tauber fit machen; nur die Staubwolken auf den Bildern irritieren die Betrachter in Chicago und Tokio. Wir Bewohner des Umlandes mit unseren niedrigen Stirnen und breitmäuligen Dialekten, in Geruch und Gestalt längst unseren Heidschnucken mimetisch angenähert, finden dagegen nicht oft in »die Stadt«, wie man die kartoffelsackähnliche Ansiedlung ängstlich und respektvoll bei uns nennt.

Das liegt zum einen an den Sandstürmen über unseren Rüben- und Erdäpfeläckern, die uns die Wege verwehen und den Blick trüben. Zum anderen wird aber Celle auch gerne mal verlegt. Vor kaum siebenhundert Jahren wanderte Celle z.B. einige Kilometer allerabwärts, aus übrigens bis heute unbekannten Gründen. Vermutlich wollte es sich in die Nordsee stürzen, blieb aber bedauerlicherweise im Sand stecken. Wir vom Lande verfehlen deshalb das eigentliche Celle gern und fristen unser trostloses Dasein in unübersichtlichen Supermärkten am Stadtrand, wo wir mit riesigen Einkaufswagen Beulen in die Kartoffelregale fahren.

Wenn den Cellern ihr Beamtenleben zu langweilig wird, sprengen sie mit Hilfe des Verfassungsschutzes Löcher in das Gefängnis, bis der Sand herausrieselt. Kurzfristig unterbricht man dann sogar im Hochsicherheitstrakt die Nulldiät, um den Staatsschützern zu applaudieren, obwohl durch das Löchlein nicht einmal die abgemagertsten Nahrungsverweigerer zu entwischen vermögen und somit alles irgendwie beim alten bleibt.

Notfalls könnte man die Gefangenen ja auch vor der Sprengung noch mit bröckligem Celler Zwieback zwangsernähren. Die eiserne Ration für die Soldaten des Ersten Weltkriegs wurde natürlich in der Garnisonsstadt Celle mit ihren gewehrlaufartigen Straßen kreiert, nämlich vom Zwiebackfabrikanten Harry Trüller, der außerdem auch noch

10 000 Kommißbrote pro Tag ins Feld lieferte. Obwohl man ihn zum Vorsitzenden des Verbandes Deutscher Keksfabrikanten wählte, gibt es die Firma inzwischen nicht mehr, deren Keksreste den Armen einst als »Trüllerbruch« angepriesen wurden. Ja, so bedauernswerte Menschen leben immer noch in der Heide, die sich nicht einmal einen heilen Keks zu ihren staubtrockenen Kartoffeln leisten können. Das Herstellen von eßbarem Sandimitat bleibt heute allerdings der Knäckebrotfabrik Wasa überlassen, die in der zwiebacktütenförmigen Stadt Celle nicht nur produziert, sondern darüber hinaus noch jedes Jahr einen staubigen Volkslauf sponsort.

Seit auch der letzte Terrorist aus dem Celler Knast entlassen worden ist, entfällt das Löcher-in-die-Wände-Sprengen, weswegen das Celler Schützenfest wieder an Bedeutung gewonnen hat. Stolz vermerkt das Celle-Lexikon, daß dem einst von Theodor Lessing gegründeten hannoverschen Anti-Lärm-Verein immerhin zwei Celler als Mitglieder beitraten; zwei von damals etwa zwanzigtausend Einwohnern der krachförmigen Ansiedlung. Da kann man sich schon mal was drauf einbilden.

Sonst weiß ich wenig über Celle, denn ich hocke im Umland, jener Heide, die gern auch als Zwieback Europas bezeichnet wird. Manchmal gelange ich bis an den Stadtrand in einen Supermarkt und verbeule die regalförmigen Regale mit meinem einkaufswagenähnlichen Einkaufswagen. Dabei sehe ich aus wie Herzog Otto der Hinkende von der Heide, wenn er einen Kartoffelsack trug, aber nur, wenn ich auch einen Kartoffelsack trage. Aus Celle stammen, soweit mir bekannt ist, noch die Sandinisten, die Chemiefirma Sandoz und Sanddornmarmelade. Auch Sandalen kann man da wohl kaufen, falls man es jemals durch den vage an einen Stadtrand erinnernden Supermarktgürtel bis ins Celler Loch hinein schafft, was wohl nicht vielen vergönnt sein mag.

Gurken auf dem Mond

Von Christof Meueler

Bau mir ein Haus aus den Knochen von Ian Curtis. Der Leadsänger von Joy Division wäre besser einmal nach Cottbus gefahren, dann hätte er sich 1980 nicht aufhängen müssen, der Idiot – die Legende kündet davon, daß die Iggy-Pop-Platte mit diesem Titel neben seiner Leiche gelegen haben soll. Eigentlich sollte seine Band, die – wie danach keine andere mehr – an einem manisch-melodramatisch-musikalischen Downsyndrom litt, vier Tage später auf ihre erste US-Tour fahren. Hätte das Reiseziel Cottbus geheißen, Curtis wäre mit Sicherheit noch am Leben. Vielleicht würde auch er wie Franklin Bitoncourt dem *Hermann* gegenüber gestehen: »Ich werde Cottbus nie vergessen« – und sich im Gegenzug von diesem schlechten wie schlichten Umsonststadtblatt als »brasilianische Stimmungsrakete vom FC Energie Cottbus« ausrufen lassen. Zumindest hätte er folgenden Zukunftswunsch nicht wie Bitoncourt erst 2001, sondern schon 1980 protokollieren lassen: »Für die Zukunft wünsche ich mir, immer gesund zu bleiben. Daß meine Familie und ich immer gesund bleiben. Das ist das Wichtigste von allem.«

So barmt man in der Stadt Cottbus, in der einem nicht die Menschen – die sind so traurig wie überall –, sondern die Häuser derartige Vorstellungen in den Kopf treiben. Denn die Häuser wirken wie betongewordene Joy-Division-Lieder. Monoton, grau und rissig. Von vorne betrachtet. Und dahinter ist bestimmt schon seit längerem die Welt untergegangen. Man könnte auch sagen: Diese Häuser sind schon immer die größten Fans von Ian Curtis gewesen. Die einzigen, die ihn je verstanden haben. »This is the crisis I knew had to come / destroying the balance I'd kept / Doubting and settling and turning around / wondering what will come next« (Joy Division: »Passover«). Natürlich passiert nichts, das ist bekanntlich das Geheimnis jeder Deprokunst. Das sieht man nirgends besser als in Sandow, Sachsendorf-Madlow, Neu-Schmellwitz, eigentlich in ganz Cottbus, denn im Prinzip besteht die Ex-Bundesliga-, Ex-Braunkohle-, Ex-Bundesgartenschau-, Ex-Fürst-Pückler-, Ex-Textil-, Ex-Bezirkshauptstadt nur aus Plattenbauten. Die bestimmen hier jedes Umdieeckebiegen, Stehenbleiben oder Indiestraßenbahneinsteigen. Bindet man sich mal nicht die Schuhe, dann schaut man auf die Platte, die sich auch jenseits der Fünfminutenfußgängerzone mit zwei, drei renovierten Bürgerhäuschen und dem streberhaften Postkartenposer Spremberger Turm bergmassivartig erstreckt. Davor liegt ein altes, zugenageltes, sternförmiges Eiscafé auf einer DDR-maiparadengroßen Freifläche, über die sich ein merkwürdig verspieltes Betonbrückchen mit blauer Uhr ringelt. Solche architektonischen Sonderwege sieht man sonst nur im westdeutschen Cottbus-Pendant Offenbach. Allerdings vermag Offenbach nicht ganz an Cottbus heranzureichen, es stören noch letzte Restbestände an Lebendigkeit, und seien dies nur die größeren Autobewegungen in der ansonsten kleineren Stadt.

In Cottbus dagegen ist Stille. »Moving through the silence without motion / waiting for you / in a room with no window in the corner / I found truth« (Joy Division: »Shadowplay«). Stets fühlt man sich so, als würde man auf dem Mond spazierengehen. Und das Besondere ist: Auf diesem Mond gibt es sogar saure Gurken und Baumkuchen zu kaufen, der in Niederlausitzer Spezialitätenläden für Touristen gehortet wird. Aber die können diese Läden kaum jemals betreten, denn Cottbus macht jeden Schritt zu einer tonnenschweren Angelegenheit. Vergleichbar in etwa mit ins Zeitlupenartige abrutschenden vermaledeit zugekifften Orientierungsversuchen. Begreift man jeden Serienbaustein der alles beherrschenden Plattenberge als ein Denkmal für Ian Curtis, ist das auch kein Wunder. Beschrieb nicht das englische Fachmagazin *New Musical Express* die Lieder von Joy Division als »tokens of a band who hover darkly on the skyline wherever you stand«?

Schwupps! saugen dich die Plattenbauten ein. Nicht bewegen, bitte! lautet ihr Befehl. Haben ja selber nichts anderes gelernt, als bloß dazustehen. So konnte Ian Curtis sie selbstredend nie wahrnehmen und mußte sich ganz einsam fühlen. Was für eine Tragik! Aus Protest knurren die Plattenbauten ab und zu mit ihren Müllschächten, wenn im elften Stock gerade jemand eine Coladose reinwirft. Oder sie zerbröseln ein bißchen im kühlen Lüftchen direkt aus Rußland, liegt Cottbus doch in einem Tür-zu-es-zieht-Klimagebiet. So erlebt man definitiv keine Abenteuer. Die Menschen in den Häusern schon gar nicht. Weil Ian Curtis niemals kam, sah und erfrischte, können die heute nirgends hingehen. Außer zu Howard Carpendale. Der gastiert alle Jahre wieder in einer völlig überdimensionierten Stadthalle, auf deren Bühne man getrost einen Lkw wenden lassen könnte. Die einzige Kneipe, die man nach ein Uhr nachts noch betreten kann, ist dann auch mit einem schlagerartigen Namen geschlagen: *Marie*. Nicht gerade der Joy-Division-Style. Eher etwas in Richtung Ich-trink'-auf-dein-Wohl-Frank-Zander.

Bekommt diese atmosphärisch-diktatorische No-Go-Area mal Besuch von Leuten, die sich tatendurstig-ehrlich anstrengen möchten, dort etwas zu erleben, ist das nicht gut für sie. Die »Chaostage 2001« endeten, ehe sie begonnen hatten, mit der sofortigen Wegverhaftung von hundertfünfzig Reisepunks. Auch Fluchtversuche eingekaufter Cottbusser in auswärtigen Aktionismus sind mentalitätsmäßig nicht drin. Legendär die Praxis des Fußballkryptoheilands Eduard Geyer, seine sowieso wie zum Hohn ihres Vereinsnamens spielerisch wie gelähmt wirkenden Schutzbefohlenen in der Winterpause der Fußballbundesliga nicht etwa ausspannen zu lassen, nein, sondern sie in den Vereinigten Arabischen Emiraten im sengend heißen Trainingslager endgültig zu Boden zu schicken.

Eskapismus is over. In die surreal-schönen Parkanlagen des Fürsten Pückler traut sich kaum ein Cottbusser, in denen würde selbst ein Plattenbau verlorengehen, so groß sind die. Wer denn unbedingt wollte, könnte hier laufen, joggen, springen. Macht aber keiner. Eher wird der vor sich hin rostende Tierpark im Wald besucht, wo man geschlossene Riesenrestaurants, einen Tiger als gebrochenen politischen Gefangenen und verlegene Elefanten vorfindet. Das ist dann wirklich deprimierend. Das haben die Plattenbauten nicht gewollt. Sie streben ja nicht nach stupider Ordnung, sondern möchten nur etwas Ruhe. Manchmal träumen sie davon, sich aufzuhängen. Aber Hochhäuser können das nicht.

Proktothanatos

Von Mark Obert

Es ist historisch nicht verbrieft, welchem Ereignis Darmstadt seinen Namen verdankt, und also geistern unappetitliche Legenden durch die Lande. Sittlich muten allenfalls die Herleitungen der Etymologie an, aber was sind die wert, taten sich doch in dieser Wissenschaft vor allem die Darmstädter Etymologen hervor. Erfolg muß man ihnen aber bescheinigen, zumindest in den Grenzen Darmstadts.

Drei ihrer Erklärungen setzten sich dort seit dem frühen Entrinnen des in Goddelau bei Darmstadt geborenen Dichters Georg Büchner (1813–1837) durch, weil die Darmstädter sie folgsam von Mund zu Mund trugen. Diese Art der scheinbaren Selbstaufklärung macht selbstverständlich vor Grundschulen nicht halt, wovon eine Internetseite zeugt. Sie dokumentiert den Schulaufsatz eines Mädchens, das in einwandfreier Schönschrift festhielt:

»Wie Darmstadt zu seinem Namen kam: 1330 wurde aus einem Dorf eine Stadt. Dann die Hauptstadt von Hessen und Regierungssitz. [Holterdiepolter; der Autor.] Heute ist es eine Großstadt. [Kindlicher Maßstab; der Autor.] Woher die Stadt ihren Namen hat, weiß man nicht genau. Es gibt drei ausgedachte Geschichten dazu [›ausgedacht‹ – sehr geistesgegenwärtig; der Autor]. Die eine Geschichte beschreibt, daß ein gewisser Herr Darimund die Siedlung anlegte [›gewisser‹ – diese Distanz wünschte man sich von zeitgenössischen Etymologen; der Autor]. Die zweite Geschichte handelt von einer Frau namens Darimunda, die vor ihrem Vater einem reichen Grafen in einen Ort floh, wo heute Darmstadt steht [hier läßt das Kind jede Distanz fahren. Vermutlich ist die Lehrerin Emanze; der Autor]. Die dritte Geschichte besagt: ...«

An dieser Stelle blätterte das Mädchen um. Die nächste Schulheftseite aber wird dem Leser vorenthalten. Zensur?

Also wendet er sich der dritten Version zu – mit gebotener Skepsis freilich.

Die Darmstädter Etymologen behaupten nämlich, Darmstadt habe ursprünglich »Dar-Munde-Stat« geheißen, und während der Wißbegierige schon argwöhnt, man wolle ihn mit barem Unsinn täuschen, suchen ihn die Etymologen im nächsten Absatz komplett zu entmutigen mit der, wie sie irrtümlich glauben, mundtötenden Feststellung, »Dar-Munde-Stat« habe ganz früher (bewußt ungenau?!) »Siedlung am befestigten Durchgang« bedeutet. Und damit basta.

Dem Laien will man viel erzählen. Der Laie glaubt's in diesem Fall auch allzugern. Der Furz, um ins Bild zu kommen, liebe Etymologen, ging ordentlich nach hinten los. »Befestigter Durchgang« heißt heute vulgo chronischer Darmverschluß, wie das Werk *Heilkunde in der Kunst nach Otto* offenbart, welches als einen Beleg von vielen ein Selbstbildnis Albrecht Dürers (1471–1528) anführt. Der Renaissancemeister, ein Koliker vor dem Herrn, hatte sich darauf zum Zwecke postalischer Ferndiagnose für einen in der Fremde weilenden Arzt seines Vertrauens nackt gezeichnet, wie er, hasenkrank dreinblickend, mit einem Finger auf eine Stelle im Darmbereich deutet. Darüber schrieb er: »Der gelb Fleck vnd mit dem Finger drauf deut, do is mir we, als wi der Gang, vnd es müset durch, is festigt.«

Wäre Darmstadt eine vorzeigbare, weil mit Vernunft sortierte Ansammlung von Häusern, Plätzen, Straßen und Parks, brauchte es sich gar nicht zu schämen ob des Ursprungs seiner ersten Namenssilbe und mit der zweiten nicht so mächtig zu prahlen. So aber trägt es selbst die Hauptschuld an dieser peinlichen Entlarvung und lädt obendrein zu derben Phantasien ein, indem es den Besucher tatsächlich verdaut – unter anderem in einer Parkgarage von gewaltigen Ausmaßen direkt unter dem Kern. Von der Autobahn 5 kommend, gerät man auf die Rheinstraße, eine Verkehrsachse stalinistischer Dimension ohne jede Wendemöglichkeit, fixiert zur Orientierung mangels Alternative eine fern aufragende Säule (harmlos »Langer Ludwig« genannt) und rauscht darob wie hypnotisiert plötzlich hinab in einen verschlungenen, todgewebefarbigen Schlauch, der jeden noch so Arglosen geradezu an einen Zwölffingerdarm gemahnen muß.

Man fügt sich schließlich in sein Schicksal, parkt irgendwo, was für sich betrachtet undramatisch ist, da in Darmstadt überall irgendwo ist, und wird per Aufzug, wie soll man sagen: ausgeschieden – zum Beispiel auf einen Platz, den sie halt Carree nennen und auf dem man sich wegen dessen hermetischer Geschlossenheit und glatter Fassade so ausweglos in der Falle und unheimelig fühlt wie in einer dieser hypermodernen Kloschüsseln aus Nanoteilchen, die man angeblich nie putzen muß und die deshalb ein Vermögen kosten.

Also, billig war das Carree bestimmt auch nicht, was es nicht besser macht. Quasi heruntergespült wird man von dort in die hiesige *Centralstation*, eine tatsächlich mittig gelegene Veranstaltungshalle nebst einer Hölle von Ereignisgastronomie, die sie *Markthalle* schönfärben. In einem hallhohen Saal, herzlos wie eine Endoskopsonde, reiht sich Theke an Theke mit offenen Kochstellen dahinter, in welchen Gerichte zubereitet werden, die die Abgespeisten an den tristen Bistrotischen für indisch, italienisch oder mexikanisch halten.

Damit der Gast den Überblick wahrt und den Italiener nicht ungerechterweise für seinen indischen Fraß anmault, kamen die Darmstädter auf die Idee, die Eßzonen in den jeweiligen Landesfarben zu schmücken, um, kaum geschehen, sehr ernüchtert festzustellen, daß der grün-weiß-rote Italiener, der grün-weiß-rote Mexikaner sowie der grün-weiß-rote Inder nun gar nicht mehr zu unterscheiden waren. Es folgten handgreifliche Debatten, an deren Ende man in die nahen Kitschläden und Faschingskostümfachgeschäfte zog und sich mit venezianischen Gondeln, Sombreros und Porzellanelefanten ausstattete. »Isch sek Ihne, des wor vielleischt oin Mordsgescheiße«, sekte uns ein turbanbehüteter Wirt im Vertrauen, denn der Darmstädter sagt nichts, er »sekt« alles – zum Beispiel auf die beharrlich gestellte Frage, ob es vielleicht irgendwo doch ein wenig schöner sei als im Carree: »Nö, hier isses om scheenste.«

So also nehmen die Darmstädter die *Markthalle* hin wie den in Darmstadt mehr als anderswo allgegenwärtigen Tod (das Wappen des Fußballklubs SV Darmstadt 98 ziert nicht von ungefähr die Lilie). Rührend ungeschickt zurechtgemacht, blicken sie gleichmütig von ihren Eintöpfen auf, dem feucht-traurigen Wochenende entgegen. Manche dieser Menschen entstammen übrigens einem Vorort namens Wixhausen, das aber sei ebenso nur am Rande erwähnt wie die Tatsache, daß sich die Darmstädter gegenseitig »Heiner« rufen, was neben den Siedlungsnamen immerhin zusätzlich von einer Liebe zur ungeschminkten Wahrheit zeugt. »Mir sin Heiner, / Uns kann keiner / an de Wimbern klimbern«, reimt der Darmstädter Volksmund taktlos, bevor er die Widrigkeiten seines Seins hinunterwürgt und seinen Volkskörper somit auf Dauer zu einem unfaßbaren Volumen ausdehnt, gleich dem faßartigen Volumen des berühmtesten Sohnes der Stadt, des im Jahre 1999 verblichenen Volksschauspielers Günther Strack, der über Südhessens Flachland hinaus bekannt und bedauert wurde als Ongel Ludwisch in der Familienserie *Diese Drombuschs*.

Ja, ja, ja, es ist wahr! Diese trübsinnige Familie mit der ewig schockstarren, tränensäckigen Witta Pohl als quasi Mutter aller Darmstädter konnte doch nur aus Darmstadt stammen, was natürlich niemand jenseits von Darmstadt ahnte, da ja niemand je nach Darmstadt reist und sich Darmstädter in der Fremde nur selten als solche zu erkennen geben. Was war das folglich ein Munkeln und Raunen damals, landauf, landab. Und je aufdringlicher das ZDF den regionalen Bezug beschwor mit quälend langsamen Kamerafahrten oberhalb des Zwölffingerdarms, desto koppzerbrechender rätselten die Fernsehzuschauer jenseits von Odenwald, Main und Neckar Woche um Woche, welch entsetzlich trostlose Kulisse das um Himmels willen sei, in der diese morbiden Drombuschs allesamt ihrem Ableben entgegendämmerten (bald in jeder Folge starb ein Drombusch oder jemand, den die Drombuschs sehr gut kannten, was als ethnologisch motiviertes Leitmotiv gedeutet werden darf).

Die Großmutter einer Freundin der Freundin eines entfernten Bekannten, eine mit dem Alter zum Bekennertum gereifte Darmstädterin, kommentierte einst diese republikweit empfundene Wurzellosigkeit der Drombuschs knapp: »Als druff geschisse.« Dieses irgendwo immer vernehmbare Lebensmotto ist gleichsam Ausdruck einer kollektiven Selbstbehauptung und Lehre, wie sie der Darmstädter aus der zu seinem Bildungsgut gehörenden Mundartposse *Datterich* von Ernst Elias Niebergall (1815–1843) zieht. In ihr versucht der prototypische Tunichtgut Datterich der Darmstädter Wirklichkeit und seiner eigenen erbärmlichen Existenz zu entfliehen in eine Scheinwelt, in der er sich als Philosoph und Edelmann ausgibt. Daß er letztlich an den erbarmungslosen Umständen scheitern muß, wird bis heute allen Darmstädtern hinter die Ohren geschrieben. »Druff geschisse!« Was bleibt ihnen auch anderes übrig, diesen Traumlosen, die einem Ort entsprungen sind und nicht entwachsen können, der eigentlich Darmverschlußstadt heißt und diesem Namen, so viel Anerkennung muß endlich sein, uneingeschränkt gerecht wird.

Ein Lagerbier? Zum Trinken?

Von Jürgen Roth, Michael Rudolf, Michael Sailer und Kay Sokolowsky

Menschlichkeit wächst nicht in einer Küche
Theodor Storm: »Von Katzen«

In Frankens »Ungutem Vieleck«, zwischen Poppenberg, Köttel, Strullendorf, Kotzendorf, Schweinthal, Wichsenstein und Göring, gilt die steinerne Regel: Was nicht unter einer Betonverbundsteinversiegelung eingepflastert ist, ist entweder ein Mensch oder eine Bierflasche oder muß umgehend unter einer Betonverbundsteinversiegelung eingepflastert werden. In Drügendorf, dessen ersten Vokal notorische Augenzwinkerer gern einmal mit dem des nachbarlichen Drosendorf vertauschen, um ursächlich wirkende Gegebenheiten vorzutäuschen, die hier nun wirklich nicht gegeben sind, ist dieser Grundsatz in einem Maß verwirklicht, das selbst vom Seifengehalt des örtlichen Hopfengebräus kaum übertroffen wird.

Die Drügen sehen ihr Leben lang aus wie verspätete Fachoberschüler, deren Hobbys der Besuch von Teestuben und »guter Rock« (Tina Turner, Pink Floyd, Rodgau Monotones) sind. In Wirklichkeit aber handelt es sich meist um voll ausgewachsene Exemplare, die außer der Anbringung von Betonverbundsteinversiegelungen wenig im Sinn haben (schon gar nicht Tee, es sei denn, man zählte den erwähnten Seifensud dazu). Darauf sind sie stolz, darauf laufen sie herum und machen sie im Überschwang der Hochgefühle auch mal kräftig »Party« (im Auto oder auf dem örtlichen Spielplatz, der mangels Stellfläche für eine Mehrzweckhalle angelegt, umzäunt und mit sinnigem Buntplastikgerümpel vollgestellt wurde). Droht der Einfall von Fremden, werden sozial randständige Drügen auf gewaltige Multiboliden geschnallt und karriolieren, knattern und donnern auf mikroskopischen Rasenvorkommen herum, deren Zweck dunkel ist, die sich aber, wie alles in Drügendorf, unsichtbaren, wirren Abgründen entgegenneigen.

Es spricht der Drüge nicht eigentlich gern. Seine Verrichtungen sollen für ihn sprechen. Und deren Ergebnisse. Auf Freitag hin, zum Beispiel, hat sein Gehäus' es verdient, ausgespritzt zu werden. Da kann der Außenputz, beispielsweise, auch mal damit rechnen, mit dem Dampfstrahler eine, sagen wir es ruhig, neue Richtung zu bekommen. Visuell. Und auch von der Optik her. Der Fremde nimmt, das ist ganz klar, lediglich ein höllisches Getöse wahr, doch läuft vor dem inneren Auge des Dampfstrahldirigenten das ganze Spektrum der abendländischen Farbkombinationen von Mörtelgrau bis Sandsteinbraun ab, was denn wohl nach dem Dampfstrahlen noch auf den störrischen Ziegeln verharren möge.

Auch mit seinem Weibe spricht der Drüge nicht eigentlich gern. Wenn er überhaupt je an es sein Wort gerichtet. Er weiß es wohl nimmer. Aber ein gutgelaunter Dampfstrahl in Richtung des gelegentlichen Sexualpartners kann eine Kontaktaufnahme durchaus ersetzen. Und außerdem preßt's die Flusen gleich mit weg, welche die scheißendröge »Olde« beim, sind wir doch ehrlich, symbolischen Kratzen und Putzen übersehen hat. Und wenn es ihr die wildgeblümte Kittelschürze quer über den Dorfanger fegt, freilich ohne mit ihr drin, dann findet sich gegen Abend sicher einer der Nebenerwerbslandwirte vom Unterdorf, der einwandfrei bestätigen kann, daß es genau *die* »Olde« endlich mal verdient habe, sauber durchgepustet zu werden, bevor er voller Erbarmen mit dem ranzigen Kittelstrunk, das gehört genauso zum täglichen Alltag hier in Drügendorf, ein fünfhörniges Schweineferkel erdrosselt und seiner Zweckform als Füllstoff für die morgige Mittagswurst ein entscheidendes Stück weit näherbringt.

Inzwischen rumpeln in einem winzigen Auto drei Ortsstruppis zwischen neunzehn und zwanzigeinhalb Jahren sowie die Maid ihrer aller Begierde an den irritierten Touristen vorbei auf den so called Gerhard-Först-Platz, benannt nach einem wackeren Franken, der einst den Russ' mit dem scheußlichsten Pils der Welt aus dem Lande vertrieb. Auf dem Först-Platz nämlich stehen Palettentürme von Bierkästen und Mauern aus Zehn-Liter-Selbstzapffässern. Die Struppis schleppen vier der Fäßchen vorfreudestrahlend in den rostigen Karren. Der Abend ist gerettet – dreizehnkommadrei Liter pro Nase sollten wohl reichen! (Das Maderl bekommt natürlich nix ab. Denn sie läßt, gute Katholikin mit eigenem Wegkruzifix vor dem Fenster, keinen von diesen Bastarden rüber, eh daß er nicht ordentlich um sie gefreit hat.) Nachdem die Tonnen aber geleert sein werden, wird's abgehen in die Disse von Forchheim. Bzw. mit 150 Klotten direkt an den schrundigen Stamm eines alten Chausseebaums.

Apropos: Daß sich für den Schlüsselherrn der örtlichen Viehselbstwaage derzeit kein Stellvertreter findet, ist der eigentlich wunde Punkt des Premium Villages Drügendorf an der Schnittstelle zum modernen Erlebniswohnpark. Skandal pur.

Die Brauereigaststätte, die ansonsten einem Sozialamt mit überdimensioniertem Parkplatz (»Bewirtungszone«) gleicht, weist neben der Eingangstür einen Kunststoffbehälter auf; der darin vor sich hin ödende OBI-Strupp wird von selbigen Unterdrügen mit der Riesenschere demonstrativ in Kugelgestalt guillotiniert, was allegorisch zu verstehen ist und von Fremden auch verstanden wird: Man würgt einen höflichen Teil der Laugenbrühe hinunter und entflieht, was durch die erst am Ortsrand abbrechende Betonverbundsteinversiegelung immerhin erleichtert wird.

Dann, Drügendorf und die Drügen im Rücken, das weite, weiche Grün der Fränkischen Schweiz vor Augen, entsinnt man sich aber auch der lieblichen Seiten des Formatortes Drügendorf: seiner immer stärker ins vollständig Haltlose lavierenden Autolackierungen (zwischen Pappbraun und Bauernschlaublau); seiner Traktorenflotten, die, wie von Gottes Hand gelenkt, in den maßvollsten Zeitabständen durchs Spalier der jubelnden Dorfjugend dröhnen und Geranienkästen spazierenfahren; der Geranien selbst, die in Drügendorf so selten vorkommen wie nicht mal in Poppendorf oder Wichsengöring oder zumal Strullenschwein und deshalb von den drögen Drügen besonders sorgsam umgarnt werden, als wären sie immerhin erst ab morgens um zehn auf den hier sattsam zu belachenden Drogen (Bier in drei Sorten).

Und nicht zuletzt der Wurstwirte und ihrer Würste entsinnt man sich sehnend und zurücksehnend: ihrer freudig wursternährten Wangen und ihrer ergreifenden Fragen, ob das Bier, das man bestellt, »zum Trinken?« sei; sowie ihrer Sauren Zipfel, die der »Metzger« noch bringen müsse, und ihrer gebratenen Hundeknochen, deren Würze derart zum Äther stinkt, daß die Engel die ihnen zustehenden Anteile, die Düfte, welche steigen hinan zum Himmelsplafond, dankend zurückgehen lassen.

Und dann, hinfort von Drügendorf schreitend, beginnt die Sonne hinter einer Turmspitz- und hinter einer Keilfaustwolke zu glühen, rosa und elfenbeinfarben beginnt sie zu glimmen und zu schimmern über tümpelgrünen Buchen- und Ahornsäumen, als hätte sie sich nie verschwendet, um das heiße Betonverbundsteinpflaster Drügendorfs zu wärmen, welches nun der Vergangenheit an- und der gütigen Katz' gehört.

Christkindchen backt

Von Michael Ringel

Das Kind wacht auf. Ängstlich schaut es aus dem Fenster. Der Himmel ist rot erleuchtet. Christkindchen backt, beruhigt die Mutter das Kind. Für Weihnachten. Zimtsterne, träumt das Kind, als es besänftigt einschläft. Erst sehr viel später wird es erfahren, daß der Stahlabstich den Nachthimmel rot färbt. Dort am Rhein. In der Nachbarstadt.

Duisburg ist die Nachbarin, die verhaßte und die Stadt der Verheißung. Sie ist bedrohlich groß und begehrlich nahe. Duisburg bietet alles, was eine Jugend braucht: Sexualität & Betäubungsmittel & Rock 'n' Roll.

Beinahe wie eine echte Weltstadt liegt Duisburg am Wasser, besitzt sogar den größten Binnenhafen Europas und ein passendes Rotlichtviertel mit dem becircenden Namen Vulkanstraße. Das dem kleinen, erstmals mit der Mutter über die Autobahn in die große Stadt einfahrenden Kind noch Jahre später sexuelle Rätsel aufgibt: Was ist denn ein Buff? fragt das unwissende Kind. Und die weise Mutter antwortet: Ein Vulkan.

Im Jahr 1975 überschreitet Duisburg den Rubikon bzw. Rhein und gemeindet die links des Flusses liegenden Orte Baerl, Homberg, Rheinhausen und Rumeln-Kaldenhausen ein. Plötzlich ist Duisburg mit 600 000 Einwohnern riesengroß, und in den linksrheinischen Städten tauchen Warnplakate auf: »Der böse Wolf« wolle noch mehr »Geißlein« fressen – schafshirnige Provinzparteipolitikerpublicrelation, die genau das Gegenteil des Gewünschten erreicht. Der Moloch Duisburg gilt Ende der siebziger Jahre als anti-chic und somit wieder chic.

Proletencharme und Ghettoatmosphäre, eine sterbende Industrie und heruntergekommene Viertel finden folgerichtig ihren symbolischen Ausdruck: in der Parkajacke eines Fernsehpolizisten. Der neue *Tatort* mit dem kumpeligen Kommissar Horst Schimanski wird zur ersten kulturellen

Leistung der Stadt, seit Mercator hier im 16. Jahrhundert seine Weltkarten zeichnete. Der Darsteller Götz George gelangt mit dem dreiundzwanzig- oder fünfunddreißigmaligen Ausruf »Scheiße!« in einer Sendung sogar auf die Seite eins der sauberen *Bild*-Zeitung – und Duisburg hat es endgültig geschafft. Aus dem dunklen Rauch der Schlote tritt es auf die deutsche Weltbühne, auch wenn sich manche Stadtgranden genieren ob des Schmuddelimages und fordern, daß im TV-Krimi bitte die »erholungsintensiven Grüngürtel« der »Ruhrmetropole« erwähnt werden sollen.

Allmählich erobert das nun älter werdende Kind die große Stadt über die Nachbarviertel und ihre verheißungsvollen Jugendzentren: das *Kifferschinderheim* in Homberg, den *Tempel* in Rheinhausen und das *Eschhaus* in der Stadtmitte. Frühlingserwachen mit allen notwendigen Konsequenzen: Auf Pubertätspartys wird viel geraucht und getrunken, noch mehr gebrochen und auch schon mal von zwanzig hormongeschädigten Jungen in eine Orangensaftflasche gewichst.

Es wird Tage um Tage »Risiko« gespielt – und auf einmal mitten in der Nacht abgebrochen. Bloß raus aus Duisburg. Jetzt fahren wir in die Eifel, nein, nach Nijmegen ins *Roesje*, ach, da waren wir letzte Woche, dann besser nach Hamburg. Eine Platte Libanese eingepackt. Mit den beiden »Türkenblitzen« auf die »Bahn«. Eine lange, ruhige Nachtfahrt im Ford 17 M und im 200er Daimler. Mit vielen Stopps zum Nachtanken. Im Morgengrauen auf dem Fischmarkt angekommen, heißt es nach fünf Minuten: Ach, laßt uns zurückfahren. Dreihundert Kilometer später, im dichten Sonntagsverkehr vor dem Kamener Kreuz, verständigt man sich von Wagen zu Wagen: Rotieren! Während der Fahrt! Bei Tempo 100! Alle Scheiben herunter- und die Boxen aufdrehen: »Wir fahr'n fahr'n fahr'n auf der Autobahn«. Türkenblitz eins läßt sich zurückfallen, der Fahrer steigt auf den Rücksitz, der Beifahrer mit dem Fuß auf das Gaspedal und hinters Lenkrad, vom Rücksitz klettert einer auf den Beifahrersitz, und der letzte rückt nach rechts herüber. Der neue Fahrer beschleunigt und schließt unter dem Jubel der anderen Besatzung zu Türkenblitz zwei auf, der nun unter dem empörten Winken der pepitatragenden Vatis das Wechselspiel wiederholt. Der niederrheinischen Sonne und Duisburg entgegen, das man gestern erst verlassen hat. »Wir fahr'n fahr'n fahr'n auf der Autobahn, / fahr'n fahr'n fahr'n auf der Autobahn. / Vor uns liegt ein weites Tal, / die Sonne scheint – ein Glitzerstrahl!« Es gibt Gründe dafür, warum manche Menschen keinen Führerschein haben, nie einen hatten.

Abends geht es dann ins geheime Zentrum von Duisburg – ins *Old Daddy*. Eine höllisch laute Gewölbediskothek, zu der man gut hundert Treppen hinabsteigt. Doch zuvor muß man Zerberus passieren. Am oberen Eingang des *Daddy* thront ein zirka 180 Kilogramm schwerer Rocker mit seinen Verzehrbons. Der große Schweiger. Jahre später soll er angeblich von einer konkurrierenden Rockerbande überrollt worden sein. Man habe ihm nachher im Krankenhaus ein Gummikinn eingesetzt, und heute schweige er noch intensiver, heißt es.

Ruppige Frauen, schales Bier, ranzige Musik – das ist also Sex & Drugs & Rock 'n' Roll, denkt das *Daddy*-Kind, wenn es hier übernachtet, bevor im Morgengrauen der Bus heimfährt. Müde lernt es eine *Daddy*-Frau kennen. Und es folgt, was folgen muß: Geknutsche, Gerolle, Gedrücke, Geschniefe, Gelbsucht, Entzug macht die Freundin durch und mit ihr das Gar-nicht-mehr-Kind. Das seine pubertären Träume einstweilen schwinden sieht. Hat Duisburg doch endlich, endlich seine U-Bahn, an deren etwa dreieinhalb Stationen jahrzehntelang für eine Milliardensumme herumgebaut wurde. Immer wollte das frühere Kind dort als U-Bahn-Krimineller arbeiten. Eine verspiegelte Sonnenbrille tragen und, die Arme verschränkt, das rechte Bein angewinkelt und den Fuß an die Mauer gedrückt, auf Kunden oder Opfer warten – wie es sich gehört im Underground: »I'm waiting for my man«. Leider garantiert das Einzugsgebiet von dreieinhalb U-Bahn-Stationen nur wenig Kundschaft. Die sowieso lieber auf dem Weg nach Amsterdam ist.

Schließlich hat Duisburg nicht nur U- und A-Bahnen, sondern auch einen enorm großen E-Bahnhof zu bieten, von dessen Gleis 13 das erwachsene Kind jetzt jede Woche eine neue Stadt ansteuert: Amsterdam, Berlin, Paris ... Bei einer dieser Fahrten fällt ihm schließlich ein Buch in die Hände:

Das Einhorn von Martin Walser. Der wahrscheinlich langweiligste Roman der Weltliteratur mit einer Hauptfigur, die den hirnzerreißenden Namen Anselm Kristlein trägt. *Das Einhorn* spielt teilweise in Duisburg, und es geschieht in dem Roman buchstäblich nichts, was erzählenswert wäre. Daraufhin entschließt sich der bei der Lektüre schnell Gealterte, nicht mehr in das Duisburg Anselm Kristleins zurückzukehren, sondern irgendwo da draußen die wahre Literatur oder ähnliches zu suchen.

Kommt das ehemalige Kind heute – auf dem Weg, die Mutter zu besuchen – durch die Ex-Nachbarstadt, wundert es sich schon sehr. Daß überhaupt Menschen in diesem seltsam zusammengeschmiedeten Gebilde Duisburg leben wollen. Und darüber, daß es dort ständig regnet. Nie leuchtet der Himmel. Denn Christkindchen backt nicht mehr. Es ist weitergefahren.

Durchs Emsland

Von Thomas Schaefer

Durchs Emsland ras' ich emsig,
Erst hinterm Emsland brems' ich.

Auf der Flucht

Von Simone Burdach und Lissy Schmidt

Erfurt sei von wunderbarer pittoresker Erhabenheit, behaupten die einen, andere halten den Ort lieber für ein verhängnisvolles dunkles Labyrinth. Ist man hier jedoch unter denkbar schlechtesten Vorzeichen Mitte der sechziger Jahre geboren, kann man nur auf der Flucht sein. Wenn wir einen Besuch versuchen und ankommen (gern auch auf Bahnsteig 5), müssen wir kurz innehalten, um nicht aus purer Verzweiflung gleich wieder abzuhauen. Spätestens am Anger, unter der Normaluhr wird uns klar, was dieses eklige Gefühl auslöst: die Einwohnerschaft. Bis auf den heutigen Tag rangiert das geistige Klima des 200 000-Seelen-Dorfes auf der untersten Froststufe, selbst die Neugründung einer Universität konnte den Prozeß des Einfrierens nicht stoppen.

Das größte Problem ist die Kontaktaufnahme mit Einheimischen jedweder Generation. Die Erfurter sind generell schlecht zu verstehen. Vermeiden Sie daher die Inanspruchnahme ortskundiger Informationen, Sie werden sowieso nichts erfahren. Die Geschwindigkeit der Antwort ist wirklich eine Klasse für sich. Auf ihrer ständigen Suche nach Fluchtmöglichkeiten verlieren Erfurter immer mehr an Geschwindigkeit. Manche fahren jahrelang um den Stadtring, laufen im Kreis oder pendeln zwischen dem *Café Rommel* und der Stadtgrenze hin und her, stets unentschlossen, ob sie nicht endlich doch verschwinden sollten. Zur schlechteren Orientierung haben die Stadtväter überall gänzlich in die Irre führende Hinweisschilder aufgehängt, damit weder Seßhafte noch Besucher jemals wieder aus diesem Labyrinth der Langsamkeit hinausgelangen. Selbst zwei uns namentlich bekannte Jungautoren aus Berlin konnten nach einer gründlich mißglückten, besser: gar nicht zustande gekommenen Lesung nur deshalb wieder aus der einschlägig bekannten *Engelsburg* davonkommen, weil sie zuvor (auf unseren Rat hin, versteht sich) wie Hänsel und Gretel Brotkrumen und Bierkleckse auf den Weg gestreut hatten.

Wie ist Erfurt auszuhalten? Nur unter Zwang. Dreiundzwanzig lange Jahre haben wir uns mit dem Elend, alle Notwendigkeiten berücksichtigend, arrangiert, bis uns vor gut zehn Jahren endlich die Flucht glückte. Erste Versuche hatten wir Anfang der achtziger Jahre unternommen, wir waren halbwegs herangewachsen und auf der Suche nach Ersatzhandlungen. Natürlich wollten wir Spielkameraden und Geisteskranke kennenlernen, und ziemlich schnell fanden wir heraus, wo sich die Lokalmatadoren trafen. Deshalb mußten Lissy und ich dann häufig im *Angereck*, einer Kaschemme mit Bildern von großen Söhnen der Stadt an den Wänden, rumsitzen, um einander Mut für die flüchtigen Sportstunden anzutrinken. Hinterher sahen wir alles und sogar Erfurt doppelt. Schlimmer kam es höchstens, wenn wir mit höllischen Schmerzen auf dem Kasernengelände und unter den Pfiffen der exerzierenden Sportlehrerin endlose 2000 Meter im Kreis laufen durften. Damals hatten wir geschworen, den Erfurter Paralytikern den Rücken zu kehren.

Ganz so einfach war das freilich nicht. Unter Krämpfen hielten wir es noch bis 1989 aus. Seitdem sind Simone und ich dafür auf der Flucht vor Erfurtern in aller Welt. Nachdem wir dem Grauen von Kassel zwei Jahre die Stirn geboten hatten, flohen wir weiter Richtung Berlin und fanden neben dem Neuköllner Friedhof die besten Bedingungen, von Erfurtern unerkannt und ohne weitere Schäden zu überleben. Allzulange sollte unsere Fluchtstation aber nicht im verborgenen bleiben. Scharenweise folgten uns längst verschollen geglaubte Bekannte, so daß wir nach fünf Berliner Jahren in einen hoffentlich ewig geheimen Ort entkamen.

Diesen Text möchten wir aber gern mit einem Lob auf die in Erfurt Verbliebenen beschließen. Wenigstens sie haben uns mit ihrer Gegenwart verschont.

Im Felde unbesiegt

Von Ludger Claßen

Essen ist unzweifelhaft: der öde Ort schlechthin, die Stadt als Wille und Vorstellung. In Essen lebt man nicht, in Essen geht man einkaufen, oder man verlängert im Rathaus seinen Personalausweis. Essen ist eine Kleinstadt und liegt in der Mitte eines Flickenteppichs aus Kleinstädten. Dieser Flikkenteppich nennt sich nach seiner Mitte und eifert seit hundert Jahren der Idee nach, eine Stadt zu sein, ist aber nichts weiter als »ein zusammengeklebtes Riesenstück aus gestaltlosen Klecksen und punktierter Leere, ein anmaßendes Chaos aus Verlassenheit und Betrieb« (Erik Reger: *Das wachsame Hähnchen*).

Der Essener stellt sich die Frage: »Gehe ich in die Stadt – oder nach Essen?« Die Stadt, in der er lebt, heißt Werden, Borbeck, Steele, Katernberg oder Kettwig. In Essen selbst wohnt niemand, Essen besteht aus Kaufhäusern und katastrophal öden Plätzen, deren Leere alles übertrifft und fürchterliche Ängste schürt. Essens Plätze kennen weder Bäume noch Stellen zum Ausruhen, der Horror vor dem Verdursten treibt die Menschen überstürzt durch Pflasterstein- und Plattenwüsteneien. So erweckt Essen den Eindruck allergrößter Betriebsamkeit.

Wie der unablässige Menschenstrom, der seine Langeweile durch Shoppingevents und noch mal Shoppingevents zu bezwingen gedenkt (und scheitern muß), ist das offizielle Essen unentwegt bemüht, *big city* zu simulieren. Dabei kommt nichts Originelles heraus; man zeigt sich stolz auf Errungenschaften wie Theater, Oper und »Hochhäuser«, vergißt aber, daß am gewöhnlichen Inventar einer Stadt jenseits der 200 000 Einwohner wenig Besonderes zu finden ist.

Der Horizont der Essener aus Werden, Borbeck, Steele, Katernberg oder Kettwig endet an der übernächsten Straßenkreuzung, was sie jedoch nicht davon abhält, bei Kommunalwahlen zu kandidieren. Einmal in den Stadtrat entsandt, verfallen sie dem verheerenden wie unbesiegbaren Glauben, Bürger einer richtigen Stadt zu sein. Ihr Wahn läßt sie den eigenen und artgemäßen heimischen Stammtisch vergessen und verleugnen und weitere »Hochhäuser« und weitere schwer begehbare Einöden planen, um sie als Fußgängerzonen zu deklarieren. Es nimmt nie ein Ende damit.

Der Essener Lokalpatriotismus artikuliert sich durch die Behauptung, die fünftgrößte Stadt der Republik zu bewohnen – wohl wissend, daß man mit dieser »Information« regelmäßig gröbstes Erstaunen in In- und Ausland hervorruft. Ist die Überraschung abgeklungen, muß viel Mühe darauf verwendet werden, die kaum zu ermessende Bedeutung Essens zu unterstreichen (erste Fußgängerzone Deutschlands! – z. B.). Zumindest in dieser Beziehung ist Essen unvergleichlich: der größte unbekannte öde Ort Deutschlands zu sein, dessen plötzliches Verschwinden von der Landkarte niemanden erstaunte.

Frankfurt ist Bielefeld am Main

Von Christian Y. Schmidt

Rom wurde angeblich auf sieben Lügen erbaut. Die Stadt Frankfurt am Main aber gründet bloß auf einem Irrtum. Und dieser Irrtum lautet: Frankfurt ist eine europäische Metropole, wenn nicht gar so etwas wie eine Weltstadt. Auf das Mißverständnis aber folgte gleich ein ganzer Stapel von Erfindungen: »Frankfurt ist die Pumpe der Republik, ihre eigentliche Hauptstadt« *(Der Spiegel)*, Frankfurt ist die »Hauptstadt der Energien« (Johnny Klinke), »hier sind die Widersprüche am stärksten« (Johnny Klinke), »Frankfurt hat eine mutige, offene Streitkultur« (Michel Friedman), ist »eine ungemein spannende Stadt« (Hilmar Hoffmann), ist »eine spannende Stadt« (Matthias Horx), »wo ein spannendes intellektuelles Klima herrscht« (Matthias Horx). Davon abgesehen, daß und wie sehr es bereits aus diesem zwar nicht unbedingt spezifisch Frankfurterischen, jedoch zweifellos ziemlich endemischen Vokabular herausdummt: Nichts davon war je wahr, nichts davon ist wahr, und es wird, solange die Stadt Frankfurt von Frankfurtern bewohnt wird, nichts davon je wahr werden.

Schon die offizielle Einwohnerzahl ist voll gelogen: 653 241 Menschen (Stand 1995) leben laut Statistik in Frankfurt, damit sei Frankfurt, meint man im Frankfurter Römer – ein Rathaus, das so heißt wie ein Kochtopf –, die fünftgrößte Stadt Deutschlands. Die wahre Einwohnerzahl Frankfurts läßt sich hingegen ermitteln, indem man die Populationen etlicher eingemeindeter, bloß durch Landstraßen und Feldwege mit Frankfurt verbundener Apfelweindörfer und Kleinstädte abzieht; dann hat die Stadt ziemlich exakt 346 865 Einwohner und damit gerade gut zwanzigtausend mehr als – nur mal zum Vergleich – das ostwestfälische Bielefeld (324 865).

Bielefeld, genau. Die Übereinstimmungen im Erscheinungsbild beider Städte sind frappant: Im Zentrum Frankfurts, das sich gerne und aufdringlich augenzwinkernd »Mainhattan« rufen läßt, stößt man auf langweilige Mietshäuser mit Hundeklo-Vorgärten, miserable Genossenschaftsbauten aus der Nachkriegszeit, als der Gedanke vorherrschte, Innenstädte müßten wie Vororte oder Bielefeld-Sieker aussehen und nach Hundekacke riechen. Ein Gang über die Zeil aber, angeblich »umsatzträchtigste Einkaufsmeile« mindestens Deutschlands, läßt die Frage aufkommen, ob die zuständigen Architekten nicht (mit zwei Ausnahmen) ihr Diplom bei *Woolworth* gemacht haben.

Scheußlich sieht Frankfurt aus, seit Ernst Mays Zeiten wurde hier kaum noch etwas halbwegs Ansprechendes gebaut, und wenn doch, dann hat's der Frankfurter bei erstbester Gelegenheit wieder abgerissen – wie z. B. das Stadtbad Mitte. Scheußlich, in Ordnung, aber eins ist diese Stadt ganz sicher nicht, nämlich, wie uns ihre schärfsten Kritiker mit Hinweis auf ein von Alexander Mitscherlich 1965 (!) just in Frankfurt geschriebenes Buch immer wieder glauben machen wollen: »unwirtlich«. Unwirtlich nun wirklich nicht, denn hierzu bedürfte es einer gewissen Größe und Unübersichtlichkeit, großstädtischen Tempos, belebter Straßen, Slums, eines Hauchs von New York, Bochum, Kuala Lumpur. Frankfurt mit seinen aufgepflasterten und zugepömpelten Fußgängerzonen, dezibelreduzierten Wohnquartieren und adretten Plastikstuhlstraßencafés dagegen ist mindestens so wirtlich wie Bielefeld-Brackwede.

Es ist eben fast überhaupt nichts richtig an dem, was sowohl von Frankfurt-Gegnern als auch von Frankfurt-Freunden über Frankfurt in die Welt hinaus behauptet wird und wurde, um die Stadt und damit auch sich selbst, Bewohner, der man ist, vor Fremden wichtig zu machen. Frankfurt als »Bankfurt« oder »Profitopolis« (M. Horx)? Ach was. Die Versorgungslage ist gemeinhin erschütternd. Im Winter sind bei *Saturn-Hansa* die Luftbefeuchter aus, im März gibt's im *toom markt* keine Blumentöpfe (»kommen in zwei Wochen wieder rein«) und im April bei *HL* keine Milch (»der Laster ist nicht gekommen«). Und wer versucht, ein farblich und in der Länge passendes Paar Schnürbänder eben dort zu erwerben, wo er vor einem halben Jahr seine Schuhe samt Senkel kaufte, erhält keineswegs das Gewünschte, sondern bloß eine patzige Antwort: »Ham wer nich!«

Zwei halbwegs intakte Augen und Ohren genügen, um festzustellen, daß ein weiteres Verdikt des gewesenen Frankfurt-Propheten Matze Horx weder hinten noch vorne, oben noch unten noch sonstwie stimmt: »Frankfurt ist eine Dienstleistungsstadt«, behauptete der Mann, weil er sich davon größere Trinkgelder versprach, obwohl er doch immerhin wußte: »Wer ›dienstleistet‹, muß eine bestimmte Mentalität ausprägen. Er muß sich für andere und seine Bedürfnisse interessieren.« Dafür nämlich interessiert sich kein einziger Frankfurter. Der Fremde erfährt das nicht erst beim Einkaufen, sondern schon im Moment seiner Ankunft, dann, wenn er spätabends im nahezu verwaisten Tiefbahnhof auf die S-Bahn, die ihn läppische 2000 Meter weiter zur »City« befördern soll, eine geschlagene Viertelstunde warten muß; oder wenn er am RMV-Fahrkartenautomat vergeblich nach einer Rabatt gewährenden Streifenkarte sucht. Frankfurt, die »Messestadt«, läßt dergleichen vermissen – wie Bielefeld, das aber langsam glatt als Frankfurt-Zwilling durchgehen könnte.

Nein, doch nicht, denn die Post »dienstleistet« rund 300 Kilometer weiter nordwestlich entschieden besser. Briefe und Pakete werden am Main nämlich, wenn es beliebt, nicht abends und samstags (O-Ton: »Firmen brauchen samstags keine Post«) oder überhaupt nicht zugestellt. Ein Brief verbringt auf der Strecke Innenstadt–Nordend (1,5 km) bis zu fünf Tage; oder er kehrt gleich am nächsten Tag zum Absender zurück, weil Sortierer und Zusteller den klitzeklein geschriebenen Absender mit der in dicken Lettern notierten Adresse verwechselt haben. Jedes Jahr verschwinden in Frankfurt auf dem Postweg 6000 Lohnsteuerkarten, eine Zahl, die nur verblüffen kann, wer nicht erlebt hat, daß Frankfurter Zusteller Briefe über den Gartenzaun schmeißen, nur weil die Hausnummer der Adresse mit der betreffenden übereinstimmt, sonst aber rein gar nichts, weder Name, Straße noch Postleitzahl.

Daß Frankfurt trotz des über Jahre hinweg republikweit höchsten Kulturetats keine – was auch immer das genau sein mag – Kulturmetropole ist, diese karge Erkenntnis immerhin beginnt jüngst auch anderswo an Boden zu gewinnen. Niemand nannte jedoch bisher den Namen jener Stadt, deren – z. B. – Theateraktivitäten sich mit Frankfurter Aufführungspensen am ehesten vergleichen lassen. Auf 520 Vorstellungen brachten es Bielefelds zwei kommunale Theater während der Saison 1993/94, Frankfurts vier Bühnen im gleichen Zeitraum auf 632. Allerdings verfügt die Stadt am Main über mehr und entschieden größere Bibliotheken als ihr ostwestfälisches Double; dafür sind die allesamt in einem verheerenden Zustand. Das Leihzettelsystem der Stadt- und Universitätsbibliothek stammt offensichtlich aus dem letzten Jahrhundert; Neuerscheinungen stapeln sich gleich zu Tausenden in ungeöffneten Kartons auf Heizkörpern in irgendwelchen Kellern. In der Zentrale der Stadtbibliothek werden Taschenbücher und Comics einfach nicht katalogisiert. Kaum anders in der gerade neu eröffneten Deutschen Bibliothek, von der unser Kanzler behauptete: »Sieht gut aus!« Dafür ist das Personal selten in der Lage, binnen ganzer sieben Tage ein bestimmtes Periodikum zu finden. Welches? Die *Statistischen Vierteljahreshefte der Stadt Bielefeld*!

Nein, auch das »Museumsufer, Museumsufer, Museumsufer« (so gebetsmühlenartig wird man in jeder Frankfurt-Broschüre angeblafft) rettet den »Kulturstandort« (L. Reisch) Frankfurt nicht. Die Inneneinrichtung des Architekturmuseums halten Klebestreifen auf geheimnisvolle Weise zusammen, das Völkerkundemuseum ist eine ewige Baustelle, und für das Städel muß gesammelt werden. Ja, das Postmuseum sieht prima aus – u. a. deshalb, weil es wohl der einzige Ort in Frankfurt ist, an dem irgend etwas Postalisches noch funktioniert.

Stadtentwicklung scheint hier zu bedeuten, sich möglichst in allem und jedem dem Bielefelder Standard anzupassen. Verglichen mit dem Jahr 1989, liegt die Zahl der Kinobesucher in Frankfurt heute um eine ziemlich exakte Million niedriger, u. a. weil zwei Innenstadtkinos geschlossen wurden. Dasselbe passierte mit mehreren Klubs, in denen Bands auftreten konnten, dem einzigen Independent-Plattenladen der Stadt, großen Veranstaltungszentren –

– doch halt! Gibt es denn wirklich gar nichts wirklich Weltstädtisches in Frankfurt? Das Bahnhofsviertel vielleicht? Pahh! Ein Viertel? Gerade mal drei Parallelstraßen mit ein paar Puffs. Und Weltstar Lee von Tic Tac Toe verdingte sich nicht hier, sondern im Bielefelder *Knusperhäuschen* an der Eckendorfer Straße. Die hohe Kriminalitätsrate eventuell, die vielen Gangster auf Frankfurts unsicheren Straßen? Puuh! In einer Stadt, in der einem innerhalb von acht Jahren nur ein einziges Mal die Brieftasche gestohlen wird (und die man noch dazu zwei Wochen später wiederbekommt), kann man doch nicht wirklich von einer hohen Kriminalitätsrate sprechen! Dann aber wohl die vielen Dealer, die an allen Ecken und Enden Drogen verkaufen? Pooh! Kann man tatsächlich Leute ernsthaft Dealer nennen, die nachts auf dem Hauptumschlagplatz für Drogen, der Zeil, nicht mal zwei bis drei Gramm Gras vorrätig haben? W. k., sagt man da in Bielefeld. Wohl kaum.

Wie man es auch dreht und wendet, wohin man auch schaut, was man auch untersucht: Die einzige mit Frankfurt vergleichbare, die einzige dem Format, Stellenwert und der Ausstattung Frankfurts entsprechende »City« bleibt: Bielefeld. Mit einem signifikanten Unterschied: das Auftreten der Bewohner. Während sich der Bielefelder in Bescheidenheit übt, seine Stadt, die immerhin zu den zwanzig größten dieses Landes zählt, kleiner macht, als sie ist, sich selbst zu Hause und in der Fremde immer nur als Provinzler tituliert und auf Auslandsreisen gerne erklärt, seine Heimatstadt liege irgendwo zwischen Dortmund und Hannover, aber selbstverständlich müsse man dieses unbedeutende Kaff keinesfalls kennen, verhält es sich mit dem Frankfurter genau umgekehrt. Wo er nur geht und steht oder einen Schreibgriffel in die Hand bekommt, schildert er sein Handkäs'-New York in den gewagtesten Tönen, malt das Bild einer extraordinären Glitzermetropole, bedichtet sein krüppeliges Äppelwoi-Athen (Ex-Deutsche-Bank-Chef Hilmar Kopper: »Was flüstert, was raschelt, was raunt in der Welt? Frankfurt, Frankfurt«), rühmt, übertreibt, lügt es größer – dabei schrumpft die Zahl der Frankfurter seit Jahren –, zahlt Geld, um andere Frankfurt preisen zu lassen (z. B. Manfred Bissinger: »Nirgendwo sonst in der Republik hat sich auf so kleinem Raum so viel kreatives Potential versammelt.« – Wen meint er? Die Frankfurter Vorzeige-Künstler Pit Krüger, die Jacob Sisters, Sabrina Setlur, Ebby Thust und Ferry Ahrlé?), und trompetet in den weiten Kosmos hinaus, wie dynamisch, tolerant, multi-kulturell, urban, interkontinental er, der Frankfurter selbst, doch sei.

Dabei ist natürlich auch das gelogen, denn zunächst einmal ist der Frankfurter bloß engstirnig und verbohrt wie ein Rodgau-Bauer, und die beiden Götter, zu denen er täglich betet, daß er auch so bleiben möge, heißen Muff und Griesgram. Für Kunden und Käufer hat er nur verächtliche Blicke übrig, und Kneipengäste schmeißt er eine halbe Stunde vor der Sperrstunde auf die Straße. Streitsucht gilt zu Recht als sein Hauptcharakterzug, und die im Zorn über fremden Schädeln zertrümmerten Äppelwoi-Gläser sind Legion.

Nur an wenigem kann sich der Frankfurter wirklich aus tiefstem Herzen erfreuen, und das ist die Not. Das Elend. Und das Unglück seines Nächsten. Verkehrsunfälle werden wie Volksfeste gefeiert, man ergötzt sich, wenn irgendwer hilflos sein liegengebliebenes Motorrad zu reparieren versucht, betrachtet voller Wohlgefallen die brandigen Beine der Penner und beneidet Polizisten, die auf der Zeil Dunkelhäutige halbstundenlang an die Wand stellen und sonstwie schikanieren dürfen.

Das heißt natürlich nicht, die Malträtierten seien so oder so besser, fröhlicher, freundlicher. Eine Quote von dreißig Prozent Ausländern an der Stadtbevölkerung hält der Frankfurter für ein Zeichen seiner unermeßlichen Toleranz und Multi-Kulturalität (besonders, weil er noch keinen Fremden angezündet hat, wie er immer wieder gerne betont). Tatsächlich versteht er sich aber so gut schlecht mit ihnen, weil die Zugewanderten schnell begriffen und sich angepaßt haben. In kürzester Zeit wurden auch Griechen, Türken und Mongolen echte Frankfurter: hysterische Hausmeister, muffige Wasserhäuschenbesitzer, barsche Kneipiers, impertinente Supermarktfilialleiter, schadenfrohe Miesmacher und streitsüchtige Ehepartner. Und so bleibt Frankfurt am Main bis zum Jüngsten Gericht eine enge, dumpfe, mittelmäßige

Stadt, ausnahmslos und flächendeckend bewohnt von mißgünstigen Erbsenzählern, unzufriedenen Meckerpötten und größenwahnsinnigen Menschenfeinden.

Ausnahmslos? Natürlich gibt es auch in Frankfurt die eine Ausnahme, jenen Sonderfall, der die traurige Regel bestätigt, und der bin ich. Mir hat diese Stadt nichts anhaben können, und deshalb bestaunt man mich hier wie ein Wunder. Hier gelte ich als liebenswerter, harmoniesüchtiger und nachsichtiger Zeitgenosse, hier hält mich jeder für hilfsbereit, besonnen und außerordentlich reizend, ja, man bewundert mich direkt für meine fast übertriebene Höflichkeit und Toleranz. An welchem anderen Ort der Welt würde es mir wohl ähnlich ergehen? Und deshalb lebe ich eigentlich ganz gern in diesem »Stadt« genannten Schweinekoben namens Frankfurt am Main.

Ansonsten fühle ich mich hier als Bielefelder natürlich wie zu Hause.

Wo sind die Salmonellen zu Hause?

Von Dietrich zur Nedden

Robert Musil meinte, die Frage, wo man sich befinde, sei weit überschätzt, sie stamme aus der Hordenzeit, als man noch Futterplätze suchen mußte. Einerseits hatte Musil zweifellos recht, andererseits ist die Horde Mensch als eine an die Erwerbsarbeit gekettete Sozietät in Zeiten hemmungsloser »mobilisierungspraller Flexibilisierung« (Dietrich zur Nedden) dazu gezwungen, doch wieder die raren Freßnäpfe aufzuspüren. Hamburg beispielsweise »ist ja *die* Medienstadt« (Götz George, *Schtonk*). Wer sein Brot mit was drauf in dieser Branche verdienen muß, weil er möglicherweise nichts anderes gelernt hat, der sollte sich nicht der Chance begeben, an der Elbe zu siedeln. Oder rund um den Dom zu Köln.

Aus strukturell ähnlichen, hier nicht näher zu erörternden Gründen verschlug es mich vor einigen Jahren nach Freiburg. Freiburg, die sinnlichste, ja sinnenreichste, nein sonnenreichste Stadt der Bundesrepublik, wie Statistiker gemessen haben wollen, ist außerdem eine Stadt im Übermaß reich an Eigenschaften, das exakte Pendant zur eigenschaftslosen Stadt, wie sie der Architekt Rem Koolhaas beschreibt: »Die eigenschaftslose Stadt ist die Stadt, die dem Würgegriff des Zentrums, der Zwangsjacke der Identität, entkommen ist. Die eigenschaftslose Stadt bricht mit diesem destruktiven Kreis der Abhängigkeit: Sie ist nichts als eine Widerspiegelung gegenwärtiger Bedürfnisse und Fähigkeiten. Es handelt sich um die Stadt ohne Geschichte. Sie bietet jedem genügend Platz. Sie ist unkompliziert. Sie bedarf keiner Instandhaltung.«

Man nehme jede Teilaussage dieser Definition und formuliere ihr Gegenteil, und man hat – Freiburg. Ein Bekannter, der seit langem »im Breisgau« (R. Beckmann) wohnt, versuchte mir den Fall so darzulegen: »Freiburg ist Hänsel-und-Gretel-Faschismus, Baden-Baden ist Barbiepuppen-Faschismus.« Zugegeben, ich kenne weder Baden-Baden, noch habe ich das Bonmot auf Anhieb verstanden, eigentlich bis heute nicht gänzlich, muß mir aber nur die Auftritte meines ehemaligen Freiburger Vermieters ins Gedächtnis rufen, um zu erahnen, was er, der Bekannte, gemeint haben könnte.

Neulich lief mir eine junge Dame über den Weg, eine Deutsche, die zwar nach Paris gezogen ist, die aber vorher in Freiburg studierte. Freiburg, sagte sie, sei die einzige Studentenstadt, in der die studentische Mentalität (was das nun wieder genau sein mag) nicht auf den Rest der Bevölkerung abgefärbt habe, sondern umgekehrt. Aha.

Allerdings reicht keineswegs aus, Freiburg als multipel geliebte Idylle zu beschreiben oder, noch scharfsichtiger, ja pointierter, als »Birkenstock-Sandalen-Biotop« (Arno Luik). Daneben bzw. darin tummelt sich nämlich das »Bobbele«, wie der südwestdeutscheste aller südwestdeutschen Ureinwohner mit Kosename heißt. Begegnet man einem Bobbele, grüßt er (es?), durchaus intimidierende Ziele verfolgend, vernehmlich: »Hallöhle!« Ist zufällig einer der zahllosen »Hocks« im Gange, setzt man sich dazu, um gemeinsam ein paar Viertele zu sürpfeln oder zu schlörzen. Zum Abschied ertönt ein kaum übersetzbares, einem Mädchennamen zum Verwechseln ähnliches »Adele«, bei jedweder Neuerung aufgeschlossenen Zeitgenossen zuweilen ersetzt durchs eher seifige »Tschüssele«, eine Variante, die in der Hölle ersonnen worden sein muß.

Die Bobbeles und zugereiste Studentenracker vereinen sich wiederum dann besonders gern, wenn es gilt, Heimatgefühle und tiefste -verbundenheit zu zelebrieren und zu demonstrieren. Als exemplarisch müssen die Heimspiele des SC Freiburg gelten: Vor dem Anpfiff wird die Freiburg-Strophe des Badner Lieds gemeinsam und mehrheitlich schmerzfrei abgesungen, der Text erscheint, damit noch jeder Idiot mitgrölen kann, in prima lesbaren Lettern auf der Anzeigentafel und wird von einer Mietwagenfirma gesponsort. Nie war Musik mittelmäßiger, nervender. Des Liedes regionalistischer Stumpfsinn übrigens geht auf die vor etwa vierzig Jahren verbissen geführten Auseinandersetzungen um die Bildung des Landes Baden-Württemberg zurück.

Apropos Bildung: Geisteswissenschaftlich gesehen ist Freiburg natürlich mehr als nur Heidegger, der bald nach dem Krieg seine *Holzwege* publizierte, zu jener Zeit, als die Freiburger ihre Altstadt wieder instand setzten, inklusive einer gewissenhaften Rekonstruktion der *tiny little* Bächle, offener Kanäle zwischen Gehsteig und Fahrbahn. Man muß mit dem Zeugs groß geworden sein, um nicht mindestens einmal in quietschnassen Schuhen nach Hause zu schlorzen. Daß der Stadtkern 1940 bombardiert und weitgehend zerstört wurde, war – wollen wir dem *Lexikon der Kunst* (Leipzig 1989) Glauben schenken – getarnten deutschen Flugzeugen zu verdanken, die einen Vorwand schaffen sollten für den Krieg gegen Frankreich. Heutzutage gilt die Nähe zum Franzos und im Süden zur Schweiz als eines der hervorstechendsten und begrüßenswertesten Merkmale der Stadt.

Ach ja, die Bächle: Wie besonnen sich der Freiburger Würdenträger in diesem Zusammenhang gegenüber Menschen verhält, die vielleicht kein einziges Paar Schuhe zum Wechseln besitzen, und wie modern das Gemeinwesen den hier vorherrschenden katholischen Glauben interpretiert, wie, drittens, das Menschenmögliche getan wird, um den zahlreichen Touristen ein sauberes Ambiente zu bieten, sofern sie den »schönsten Turm der Christenheit« (Jacob Burckhardt zugeschrieben), nämlich jenen des Freiburger Münsters, betrachten oder gar studieren wollen – dies alles unterstreicht das vor einigen Jahren erlassene Verbot, in der Innenstadt zu betteln, ein Erlaß, der mittlerweile typisch für deutsche Städte ist, doch in Freiburg wird seine Einhaltung besonders rigide durchgesetzt.

»Die Stadt ist klein, die Einwohner [sind] abergläubisch«, notierte Erasmus von Rotterdam, als er in Freiburg Exil nahm, während Heidegger bei seinem Versuch scheiterte, Jean-Paul Sartre in den Südschwarzwald, ins nahe gelegene Todtnauberg, in seine hutzelige Skihütte zu lotsen. Sartre gab auf Heideggers Bittbrief keine Antwort, so daß dem brummend breisgauerischen Existentialontologen schwerlich anderes übrigblieb, als einige Jahre später nach seinem 75. Geburtstag dem Gratulanten mit folgendem Kartengruß zu danken: »Wie soll einer das Erfreuende gebührend verdanken? Es sei denn, er fragt unentwegt: Was heißt danken? Heißt es: Bringen den Dank? Martin Heidegger« (zit. nach: *Zeit* vom 29. November 1996).

Ob denken oder danken, ob dit oder dat, ich jedenfalls habe keine üble Zeit in Freiburg verbracht, bin aber auch selten ausgegangen. Hab' nur Balla, Balla, Balla gesehen. Und gehört. Und gedacht.

Um es endgültig und zweifelsfrei mit Gerhard Polt zu sagen: »Apropos – die Heimat der Salmonellen ist nicht ausschließlich der Kartoffelsalat.«

Aufklärung über den Rasen in Fürth

Von Katharina Rehse und Jürgen Roth

Es geht die Sage, das Städtchen Fürth im Odenwald sei kein übler Ort. Das kann sein. Fürth im Odenwald ist aber, verglichen mit seinem bayerischen Namensvetter, auch wirklich nicht zu vergleichen.

Was sich in Fürth im Odenwald an geistiger Potenz zusammenrottet, sucht seinesgleichen. Es gibt fünf Bürgermeister, sechs Metzger, fünfundzwanzig Bäcker und dreiundzwanzig Boutiquen in Sachen Boutique. Die Wirtschaftskraft Fürths ist also, das kann man mit aller Bescheidenheit sagen, im Grunde »enorm« (Gerhard Polt). Von der intellektuellen Power nicht zu schweigen.

Natürliche Schönheiten landschaftlicher Art ziehen sich über den Rasenplatz sowie das Geländer. Buchen protzen hier am allerordentlichsten doll. Aber auch Linden geben ihr Bestes. Sie sauen alles voll, mit Blüten, und davon kommt es dann, daß man davon Tee kochen kann. Wenn man will.

Es gibt dünne und dicke Leute, in Röcken und Hosen. Die kriegt man in der Boutique, am besten in der dritten, aber auch anderswo ist etwas zu haben, man muß nur gukken. Oder zum Metzger Vetter gehen, der seine Brötchen auch beim Bäcker holt. Ist das nicht der Wahnsinn?

Nein. In Fürth (= amtlich bestätigter Wildtollwutbezirk) ist das allernormalste Normalität, denn das ist einfach normal. Ob es gut ist, wissen wir noch nicht. Aber bald, aber gleich. Vielleicht wird es uns dieser Text sagen. Oder auch nicht. Das könnte ein Problem werden. Wir werden es lösen.

Im übrigen darf nicht verschwiegen werden: Unter oder hinter der Maske der Normalität zu Fürth lauert ein quasi und realiter unerbittlich grauenhafter Grausamkeitsanspruch, den zu erfüllen die Fürther ständig nicht nachlassen in ihren Anstrengungen, normal zu sein. Worin zeigt sich das? Sie saufen. Sie spielen Fußball. Sie kaufen ein. Sie gehen essen und aufs Klo. Sie sind furchtbar, die Fürther, denn sie gehen zum Friseur und dort schnurstracks auf den Fußballplatz usw., und was dann los ist, kann und muß man sich ja leider vorstellen.

Ach ja, Fürth und die Fürther! Da gehen Sagen, sagenhafter geht's nicht mehr. Einmal zum Beispiel ging ein Fürther auf die Post und soll dort nicht gewartet, sondern sich sehr schäbig vorgedrängelt haben. Er kam nie wieder. Aus der Post. Heraus. Uiuiuiui …

Oder diese Sage: – Jetzt wollten wir gerade die Geschichte vom angepinkelten Busch erzählen, aber wir müssen in diese Sage umschalten:

Ein Mann ging aus dem Haus und holte Zigaretten. Daß er nicht wiederkam, ist keine Sage aus Fürth, sondern normal. Also doch: Fürth. Weil: Fürth est Norm der Normalität quack ergo q. e. d.

Bringen wir den Text zum Punkt des Kerns der Sache, jetzt geht es aber hallo los. Also, Compañeros, schnallt euch an! Diese vermaledeiten Fürther, die es wagen, in ihren Häusern zu wohnen, ihre Autos zu fahren, einen Plausch auf der Straße zu halten und nicht im geringsten gewillt sind, Bauarbeiter mal richtig fertigzumachen, diese Scheißköpfe, die sich noch nicht mal getrauen, eine ordentliche Keilerei im Feierabendstau anzuzetteln und eiskalt eskalieren zu lassen, diese Weicheier, Rückwärtseinparker, Pißnelken, Saubacken, Arschkrampen und so weiter, die sind: – na ja.

Was können wir denn jetzt noch schreiben? Es ist mit Sicherheit Zeit, noch eine Sage zu erzählen. Aber diese elenden Schweine in Fürth, die sind doch alle Zimmerpflanzenbesitzer! Zum Henker auch. Verflucht.

Jetzt mal was über den Namen Fürth. »Fürth« klingt nach: Fürth. Man würde in diesen Namen gerne reinschlagen. Fürth klingt aber zumal nach Davonrennen, deswegen kam der Mann auch nicht vom Zigarettenholen wieder, Hilde, wir können dich beruhigen, es lag am Namen, nicht an deinem, sondern an Fürths Namen, »Fort! Fort! Fürth! Fürth führt dich fort!« scholl es pausenlos im Kopf deines Gatten, Hilde, es ist bitter, aber oft ist es besser, sich mit den Tatsachen abzufinden.

Tatsache ist auch, daß dieser Text langsam und sicher immer besser wird. Hilde, für deinen Vornamen würde ich mir auch mal was einfallen lassen.

Wer aber bleibt in Fürth? In Fürth bleiben der heranwachsende Kettensägenmörder, der Schwimmwart, *Elektro Hildenbeutel*, fünf Lehrer, ein Müllauto. Sieben Boutiquenbesitzer. Wurst gibt es demnächst nur noch ohne Brot. Und der Sepp, ja der Sepp, das ist der größte Depp.

Der geht aber, vielleicht. Weil er Bäcker ist.

Wir erklären das zum besseren Verständnis noch mal genauer. Mit vierzehn Jahren beginnt der Fürther zu koksen. Er baut das selber an. Irgendwann ist es so viel, daß er seine »Brötchen« aus «Mehl« bäckt. Dann sieht es schlecht aus für die Bäcker. Sie gehen.

Die verficktesten Existenzen Fürths, »Ihres freundlichen Einkaufsziels«, sind gleichwohl vorderhand sub specie aeternitatis die Maler. Die sind doof und pinseln alles an. Sowieso so oder so, mit dem einen oder anderen Pinsel, es ist formal die Hölle.

Der Lack in Fürth ist auch nicht mehr der oder das, was oder wer er mal war. Er blättert ab. Darunter kommen die Tränen der Bäcker zum Vorschein, die die Geländer rosten lassen. Deshalb trägt der Rasen Trauer. Er ist grün. Sattgrün. Das ist die Farbe der Trauer. Der Rasentrauer. Glauben Sie nicht, wir hätten was getrunken.

Das ist die Wahrheit über Fürth im Odenwald. Wir sind sehr glücklich mit unserem Text und verabschieden uns, um diesen Text zu beenden. Wiederhör'n.

Man gerät da hin und trifft drei Männer und was dann noch geschieht

Von Michael Sailer

> Natürlich, es ist sicherlich vorzuziehen, nur die schönen und angenehmen Ereignisse aus dem gewöhnlichen Leben zu schildern. Hier erlaube ich mir allerdings, eine Ausnahme zu machen.
>
> *Ror Wolf*

Es sei dies, sagte einer von den drei Männern, die sich ungefragt an unseren Tisch gesetzt hatten, das Land, wo die Piloten glühen, hahaha! Vor Scham nämlich und aber auch Angst, weil es sei halt jedesmal wieder so ein Hosenscheißer drangesessen am Knüppel, obwohl der Oid doch seinem Edi extra eingeschärft hatte, bloß nicht wieder so ein halbertes Würschterl daherzuschicken, und dann sei es jedesmal wieder so einer gewesen, der gesagt habe, es sei absolut ausgeschlossen, da zu landen, und dann ist er halt dagesessen und hat zuschauen müssen, wie der Oid selber gelandet ist, pfenninggut und punktgenau, obwohl es meistens schon später Nachmittag gewesen ist, und da hat der Oid ja generell schon seine fünf, sechs Maß druntengehabt, Champagner freilich, heimlicherweise, weil ihn das Bier immer so aufgebläht habe, weswegen und also nicht wegen fettiger Lippen vom Schweinsverzehr auf seinen Maßkrugphotos immer so wenig Schaum drauf gewesen ist; und dann den Landungsschnaps hinterher; aber der ist gestanden wie eine Eiche – eine Rinde! sagte der Mann, eine Rinde! Man macht sich ja keine Vorstellung! Wie es dann hinübergegangen ist zu den Zwickschen, wo es vor dem Niedergang manchmal geradezu maßlos hoch hergegangen sei, da hat ein solcher Pilot ein paarmal noch nachgefragt, ob er vielleicht warten soll, und da hat der Oid ihm beschieden, er möge schauen, daß er sich schleicht, necessitas ante rationem est, und den Hubschrauberschlüssel soll er beim Bürgermeister abgeben, und wenn er sich schickt, kriegt er noch den Zug; es soll einmal ein solcher

Pilot dann direkt neben dem Rathaus in ein Wirtshaus eingekehrt sein, von dem keiner nicht mehr genau weiß, welches es war, weil man schließlich nicht alles wissen könne, und habe ein ganzes Faß leersaufen wollen, weil er einen solchen wie den Oiden überhaupt noch nie erlebt hatte, und wie er dann da gesessen ist auf der Bank, hat er als einziger nicht gewußt, daß das Bier selbstverständlich und akkurat verordnungsgemäß aus dem Container hinten hinein kommt ins Faß, welchselbiges deswegen einer allein niemals lebendig leerkriegen kann, wenn überhaupt; den haben sie dann, wie er aufs Klo wollte und dabei aber in die Treppenwindung hineingeraten und mitsamt einem Stück Teppich, das aber leider langsamer war als er, ins Parterre hinuntergestürzt ist, ins Unfallkrankenhaus gefahren und denen gesagt, der sei mit dem Flugzeug abgestürzt, wo er den Oiden dabei gehabt habe, und dem Oiden sei aber überhaupt nichts passiert, der sitze schon wieder bei Bier und Schweinernem, und die in dem Klinikum haben das sofort geglaubt und bloß gefragt, wo der Schlüssel von dem Flugzeug ist, damit er nicht mit seiner Mordsgehirnerschütterung irgendwann aufwacht und einfach davonfliegt, weil da fliegt er womöglich in die Schweiz hinüber und wird abgeschossen, und wie sie gehört haben, daß der Schlüssel beim Bürgermeister ist, da waren sie beruhigt, weil der Bürgermeister nämlich auch schon da war und nach dem Schlüssel gefragt hat, und da war es doch auf das Normale hinausgelaufen, daß nämlich der Oide selber den Schlüssel behalten hatte, weil er mitten in der Nacht, wenn es ihm einfiele, halt auf einmal wieder heim muß zum Regieren, und wenn der in die Schweiz hineinfliegt, weiß man dort Bescheid und hat seinerseits einen Schlüssel parat, hähähä.

Die Männer stopften sich riesige Berge von klumpigem Schnupftabak in ochsenartige Nüstern, sagten Aaaaah! mit breiten Mündern und Gesichtern, die aussahen, als wäre hinter den Augen gerade jeweils eine Rohrbombe explodiert, was dann in leicht abgewandelter Form auch wahrhaftig eintrat und das gesamte Ensemble aus Fichte und Resopal mit eitrig-braunen Flocken von zähem Teerderivat übersprenkelte, und dann schlugen sie unter Verrenkungen ihre zeltgroßen Taschentücher mit aufgestickten Sinnsprüchen wie »Bäurin, spare mit den Kohlen, sonst tut dich der Neger holen« auf und machten prööööt und pförrr und fraarraarraarr, und dann lachte wieder einer der Ihren los und erinnerte sich an den Prinzregenten Luitpold, wie der dazumal auf Oberwittelsbach gestanden ist, diesem windigen Steinhaufen, und sich diesen windigen Steinhaufen angeschaut und dann gesagt habe, das sei jetzt also Oberwittelsbach und sein Stammsitz, und weil ihm dann darüber hinaus nichts weiter dazu eingefallen ist, hat er ein Taschentuch rausgeholt und sich reingeschneuzt, das sei ein historischer Reflexionsmoment sozusagen und traditionsbildend auch gewesen, hahaha, aber das gehöre ja hier gar nicht hin, weil Oberwittelsbach woanders ist, andererseits sei ja hier im Grunde alles woanders, wenigstens aus dem Blickwinkel der Anreisenden, und letztlich sei er selber auch nicht von hier; recht eigentlich, brüllt der Wirt vom Tresen, sei überhaupt sowieso gar keiner von hier, und deshalb sollten wir auch kein einziges Wort nicht glauben; richtig, sagt der Mann, von hier sei nichts und niemand und doch wieder soviel, aber halt nicht hier, weil hier auch ein jeder eigentlich wegwolle, weil das sei doch unerträglich und bedrückend, wie einem hier die Berge ins Fenster hineinprotzen, wie die Seelacken mit ihrem Moosgemuffel rumstinken und ein jeder Mensch von der ganzen Welt herstürme, weil er halt meint, das sei was, dieses affige Schloßklump, das auch nicht hier, sondern ganz woanders sei, von diesem König, der schon hoppadaddi war, wie er auf den Thron gekommen ist, und danach sitzen sie dann in unseren Schenken herum und wollen die Container leersaufen in ihrem Unwissen und behaupten, es sage etwas aus und sei überhaupt ein Anzeichen, daß jemand, der dermaßen hoppadaddi ist, hergelassen wird und ein Schloß bauen könne und daß man ihm nicht nur die Investitionen dafür gibt, sondern daß auch noch ein Maurer bereit ist, so was zu tun, woraufhin am Ende dann allesamt auf allen vieren in den Turm hinaufgekrochen sind mit Masken vor den Fressen, weil der unterdessen vollends irrsinnig gewordene Regent ihre Gesichter nicht mehr habe sehen wollen, was man einem, der nicht von hier sei, notfalls nachsehen müsse; und übrigens sei ganz genaugenommen noch nie jemand von hier gewesen, weil schon die Römer seien damals bloß zugewandert oder halt hergepreßt worden in dieses orkische Straflager, das sie nicht umsonst Foetibus genannt haben, weil Foet-, dies, wandte der zweite Mann unter heftigem Nicken seines bretthарten Bartes ein, unter Umständen onomatopoetisch von wegen Mehlspeisen verstopfungsbedingten Darmwind hergeleitet, den Gestank als solchen bezeichnet, und späterhin, um Siebenhundertfünfzig, als die Römer außer mehr Gestank auch nichts mehr hinterlassen hätten, sei der wiederum noch später heiliggewordene Magnus von St. Gallen dahergezogen gekommen, warum, weiß man nicht, und dem, so künden die Quellen, hat sein Begleiter Tozzo, der wird sich halt ein bißchen umgehört haben, eingeschärft, bloß schnell und ohne Rast hindurchzuqueren durch diese Gegend, nicht jetzt wegen den Mehlspeisen, sondern weil es da von bösen Geistern und scheußlichem Gewürm nur so wurle und auch noch einen riesigen Drachen habe, womit, hahaha! brüllt der erste Mann, hahaha! weder der Oid noch einer von den Zwickschen gemeint gewesen sein kann, weil der Magnus selbigen Drachen nämlich aufgelanzt und daraufhin das Kloster Füssen überhaupt erst gegründet und bald darauf auch noch Eisenerz entdeckt hat, was den alten Gestank zügig durch einen neuen ersetzt und aus dem Menschen einen Schwaben hat werden lassen, wie man heute noch sehen und riechen könne.

Der Schwabe, sagte der zweite Mann, dem ist vom vielen Herumrutschen auf den Heuchlerknien ein Frömmlerdorn am Schenkelkopf gewachsen, der ist das Geschmeiß Gottes, der Uferseim vom Forggensee, seinerseits das Gekröse von diesem verhunagelten Areal und vom Müll noch das Gespött; tausend Jahre lang habe der hiesige Schwabe, zusammengekauert vor den Protzbergmassen und solchermaßen eingeschüchtert, daß er vor lauter zugebissenen Zähnen nicht einmal mehr anständig sprechen habe können und bis heute nicht könne – tausend Jahre habe der warten müssen, bis man ihm endlich die Telephonsexhotlines erfunden hat, wo er nun von der ganzen Welt aus, wo es ihn hinverstreut hat, damit er reich bleibe und fett werde, die ganze Nacht anrufe und Weibsnamen hineinkiekse, damit er sich königlich fühle, weil es für ihn umsonst ist, wenn es keiner merkt; wahrlich reich und fett werde davon aber bloß der Hornauer mit seiner gelben Pferdemähne, der in Plüderhausen sitze mit seinem Stöhnsender und also auch nicht von hier sei. Der hiesige, mithin Allgäuer Schwabe habe, um der Umsonstigkeit noch sicherer sein zu dürfen, sich die Sekte hierhergelockt mit seinem Gestank, der nun praktisch die ganze Stadt gehöre – der dritte Mann lehnte sich derweil ein Stück aus der Gesprächslinie und zog die krausen Brauen hoch –, obwohl immer noch niemand genau sagen kann, ob es überhaupt stimmt, daß in ihren Kammern und Zellen im Geiste Ludwigs seligen Angedenkens des Nachts minderjährige Zöglinge und aber auch Zöglinginnen auf ihre Körperöffnungen reduziert werden; am Ende sei alles nicht wahr und halt wie gesagt wieder umsonst gewesen, bloß die Häuser weg, und dann lache die Welt über das Geschwerl, von dem jeder dritte mindestens Gernegroß und Käsehoch heiße und das Fabrikdirektorshandwerk in zweiter Generation verschmähe, um zur Münchner Stadt und sonstwo hinzuziehen und Kunstmaler werden zu wollen, weil er eine Körperöffnung hat und meint, das gehe schon so und es werde sich das Übrige dann fügen.

Ach, ach, sagte der erste Mann nach einer Pause, schlimm sei es schon, aber es sei ja alles schlimm, bloß hier, wo man sich der Kühe, die ungeschlachtet und somit unverrichteten Gefressenwerdens auf der Weide verrecken, entledigt, indem man sie an Ort und Stelle in die Luft sprengt, weil ein Hinabtransport der Kadaver ins stinkende Tal zu teuer käme, was, hähähä, mit einem bißchen Verortungspech seines letzten Grunzens pfeilgerade auch den Oiden anbetreffen hätte können, der im Durchführungsfalle einer solcherartigen Endmaßnahme gewissermaßen über den Wassern schweben täte und den man bei ungünstiger Wetterlage aber hinwiederum wahrscheinlich noch heute im ganzen Landkreis von den Dächern kratzen müßte, hier sei es halt besonders schlimm, andererseits sei das ganze Gerede über den Hornauer und die Sekte und daß beide über die Prölß von der Stuttgarter Stadt und am Ende überhaupt das ganze finstere

Gewese irgendwie zusammenklebe und sein mulchiges Zentrum ausgerechnet hier habe, das sei doch alles erwiesenermaßen ohne Grundlage und sowieso kontraproduktiv, das müsse er am besten wissen. Mutato nomine de te fabula narratur, gräubelte der dritte, der bis dahin weitestgehend bloß die Funktion eines Schranks erfüllt hatte, in den man viel hineinräumen und noch viel mehr hineinschütten kann, und ob wir vielleicht ... wegen, hahaha, diesen Orgien hier seien, brüllte der zweite, da sollten wir schauen, daß wir weiterkommen, aber vorher den Schlüssel beim Bürgermeister abgeben, hahaha, und weil wir uns zu antworten nicht in der Lage sahen, winkte einer ab und meinte, man solle ihnen doch den Spaß lassen, wenn wir brav seien; es werde sich dann schon herausstellen, daß es hier gar nichts gibt und nichts ist und je war.

Wir begehrten zu zahlen, doch war die Rechnung wunderlicherweise schon beglichen, und man nötigte uns, zu bleiben. Die drei Männer, die sich, wie wir feststellten, ähnelten wie ein Berg dem anderen, entfernten sich kurz, um, wie sie bei ihrer Rückkehr verkündeten, einen Teil der ungeheuren Flüssigkeitsmengen, die sie aufgenommen hatten, der umliegenden Seenplatte zuzuführen, auf daß dort kein Grass mehr wachse, hahaha; auch dies nämlich gehöre zur un- oder je nach Sichtlage und Interessentrieb auch rühmlichen Geschichte, daß im nahegelegenen Sumpfloch Bannwaldsee sich dereinst in selbigem September die siebenundvierziger Gruppe zusammengelungert und aufrabattiert habe und herumgeschwänzelt sei mit ihrem schwellköpfigen Senf, daß eine förmliche Kultur aufgekommen sei, in deren Folge wie bekannt und zum Glück anderswo die Fernsehkameras nur so rrrrrrrrrr gegangen seien, wann immer die gefiederten Bauchköpfe aus einem Haus herausgetreten seien, um einen Becher Kaffee und einen Schluck faule Luft einzunehmen, die es ja nicht nur hier gebe, um ihr Gedichtetes zu verdauen; eine Zeitlang habe es dumpf herübergehallt von dem Krampf, geblieben sei nichts, obwohl sich manche der anwesenden Dichter mopsig gemacht und bei nächtlichen Kneipentouren gegenseitig unter den Tisch gesoffen und im weiteren Verlauf auch gerne einmal den Oiden gelästert hätten; so kennt man die ja.

Aaaber, sagte der dritte Mann mit einem Gesicht, als hätte sich eine weitere Bombenexplosion im diesmal vorsorglich leergeräumten Behälter ereignet, nicht daß man das mißverstehe; wenn es auch den Anschein haben mag, so sind wir hier doch nicht von gestern! Das Klapperlesgerümpel und Geplempel von wegen Tradition, das hängen wir halt den Touristen um den Hals, nicht wahr, es muß ja etwas dableiben, gelt; von nichts kommt nichts, und da, wo es hingeht, kommt es erst recht nicht mehr her; beispielsweise der Oide hat ja gar nichts hiergelassen, hahaha, abgezapft und Servus! ab nach München, von den Zwickschen zu schweigen, und sowieso wisse keiner, wo der ganze Diridari eigentlich hinverräumt worden ist, der Papa selig wird's ja nicht mitgenommen haben, und beim Oiden wäre zwar viel zu holen gewesen, enorm!, da brauche man ja bloß den verfetteten Sohn und die ganze Bagage anzuschauen, aber wo das her ist, weiß der höchstens selber oder ein paar arabische Fürstenpimpel und am Ende der Warzenkopf in Kanada, und das weise mal einer nach bis hierher! Da passen wir das nächste Mal besser auf! brüllte er, daß nicht eine vom likatischen Gevolke erbrachte Werteinheit, man nenne sie, wie man will, likatischen Boden verläßt, ohne eine Gegenleistung abzukonten. Da sind wir auf der Höhe! Am besten sei es am Ende doch, wenn alles niet- und nagelfest unter Dach und Fach ist, und, er schneuzte sich ein weiteres Mal, dafür sei gesorgt.

Wenn wir ein Seelenheil suchten, und jetzt sanken die Blicke der anderen zwei zur Tischkante hin, da wisse er schon was, da seien wir bei ihm so richtig wie der Ochs am Berg und der Turm um den König herum, was – er prüfte die Sitzordnung – im Grunde dasselbe sei, weil wenn jemals einer inkarniert sei, dann der Ludwig doch in ihm, vom Einstein zu schweigen, es müsse doch ein Hirn sein, wo alles immer relativer werde, und Werte – er hieb die stierkalbskopfgroße Faust auf den Tisch, daß die Zahnstocher erschrocken zusammenzuckten – müßten sein, da gebe es nichts, Liebe sei unerläßlich, Freude auch, Hingabe; ach, Wankmiller, sagte der erste Mann, und er solle es doch lassen, es führe doch nirgends hin. Ins Reich! brüllte der dritte Mann, ins Reich!, da führe es hin, da sei das Ende und der Anfang und, Naturam expellas furca, tamen usque recurret, die ganze Scheiße – der zweite Mann verschluckte sich und hustete, als wollte er seine Lungen in einem Schwung auf den Säuling hinaufschleudern –, nun sei es aber gut, mahnte der erste, meinsch net, aber der dritte war nicht zu bremsen; mehr trinken solle man, es gehe alles auf ihn, sowieso an ihn, er sei ja auch der Container, wo alles hinein- und wieder hinausgeht, Mundus vult decipi (ergo decipiatur), und es müsse eine Bewegung hineinkommen in die verfaulte Menschenheit, daß es nur so rapple im Dings, Dings. Laß es gut sein, sagte der erste Mann noch einmal, das gebe doch bloß wieder ein rechtes Gerede, man habe sowieso schon soviel am Hals mit der Wühlerei und dem, und am Ende ziehe noch jemand einen Schluß. Schluß, sagte der dritte Mann drohend, sei, wenn er es sage, er sei schließlich kein solcher Kometenheini und welscher Viertelheiliger, aber eine Truppe aufstellen, das werde er schon hinbekommen, und wenn jemand der Grenze Likatien zu nahe komme oder ein gelbes Auge auf seine Besitztümer werfe, dann werde es rauchen, daß die Welt aufhorche, und jetzt werde er zunächst einmal biseln gehen, und dann aber.

Wir sollten, sagte der erste Mann vorsichtig, während die schweren Schritte auf der Kellertreppe verhallten, nicht alles so nehmen, was so und wie es gesagt werde, es werde ja viel dahingesagt, und vielleicht sei es, der zweite nickte heftig, überhaupt besser, wenn wir gingen, am allerbesten gleich; und weil wir so gar verdattert glotzten, holten beide tief Luft und rülpsten uns im Chor das Wort entgegen: Körperöffnung!

Die Berge protzten düster auf die Dächer, Häuser glotzten in den trübgelben Nebel, die Nacht kotzte den Faulgestank verrotteter Jahrhunderte über das Füssen; von drinnen war ein Aufruhr zu vernehmen, es sei eine Hundsteufelei, und holt sie zurück! Holt sie zurück, es sei noch mancherlei zu tun und verrichten. Ein letztes Mal blickten wir blind hinauf ins wahnende Dunkel und gedachten des Monarchen, umstanden von maskierter Blödheit, dem Sumpf entstiegen und wieder hinabgekrochen, müde ergeben, zu einer Bewegung nicht fähig, und da murmelte einer, daß wir theoretisch mit jedem Atemzug durchschnittlich ein Stickstoffmolekül oder sonstiges Muffelflöckchen einschnauften, das der tragische König damals schon mal geschnauft oder transpiriert habe, und womöglich habe selbiges später auch noch der gewesene Landesvater inhaliert und wieder herausgefurzt, Herrgott. Es wurde Zeit.

»Endlich verließen wir die fremde, traurige Gegend.« (Reinhard Lettau)

Guernica

Von Peter Köhler

Mir fällt zu Göttingen nichts ein. Zu durchschnittlich ist diese Stadt mit ihren 130 000 Einwohnern, darunter die übliche Anzahl Frauen, Männer, Kinderschänder, Kriminelle und Rechtsradikale, nicht zu vergessen der gewöhnliche Prozentsatz der ganz Normalen, also jener, deren Verbrechen nicht gegen das Gesetz verstoßen. Aber auch Gutes ist zu vermelden: Die Kanalisation funktioniert, die Müllabfuhr arbeitet einwandfrei, die Friedhöfe sind in Betrieb.

Die Göttinger sind stolz auf eine Stadt, die, so verkündet es eine der städtischen Aufklärungs- und Propagandaschriften, das »Oberzentrum Südniedersachsens« ist. Es gibt ein Gefängnis, eine Jugendanstalt, mehrere Pflegeheime, ein Frauenhaus, das nur für Frauen da ist, und ein weiteres Frauenhaus in Bahnhofsnähe, wo die Männer hingehen. Außerdem gibt es das Neue Klinikum, das erst in den siebziger Jahren errichtet wurde und dennoch nicht groß genug ist, um alle 130 000 Patienten aufnehmen zu können.

Die Stadt besitzt einige Sehenswürdigkeiten, die Bevölkerung zählt nicht dazu. Wenn Häuser Beine hätten, wären sie längst auf und davon gelaufen. Tatsächlich hat man den Menschen Beine gemacht: Bis auf die Studenten ist die Bevölkerung aus der Innenstadt hinausgeworfen und wird nur noch zum Einkaufen hineingelassen.

Die Göttinger sind stolz auf ihre Altstadt, die den Zweiten Weltkrieg überstand, nicht jedoch die Vernichtungsangriffe der Nachkriegszeit, die ein ganzes Altstadtviertel zerstört und einzelne Ziele an strategisch wichtigen Punkten, vor allem an Kreuzungen, durch chirurgische Eingriffe vernichtet haben: Göttingen, der Irak Südniedersachsens. Überhaupt sind die Verbrechen des Golfkrieges, genauer gesagt: die Verfehlungen der Stadtplanung in Göttingen offensichtlich. Einkaufszentren und Gewerbezonen am Stadtrand fressen die Landschaft auf, und allenthalben gießt man den Unsinn in Beton und das Verbrechen in Asphalt.

Göttingens Vorzeigemeile ist die Weender Straße (vormals Straße der SA). Wegen der modernen Geschäfte im Erdgeschoß fängt die Altstadt hier erst im ersten Stock an. Statt Flaggen rauszuhängen, stellen die Geschäftsleute inzwischen Sonderangebote auf die Straße und machen ihre Gewinne. »Hier wird gekauft, gebummelt und geschlendert. / Hier wird begegnet, diskutiert, geständert« – so bringt es Erich August Echtermeyer in seinem Werk *Göttingen auch eine sich immerfort wandelnde Stadt durchleuchtet mit Hilfe von 155 Sonetten* schön auf den Punkt. Oder in den Worten irgendeines Dr. Prewo von der Industrie- und Handelskammer: »Die Göttinger Innenstadt bietet eine hohe Erlebnis- und Aufenthaltsqualität.«

Göttingen ist eine demokratisch verfaßte Kommune dem Gemeinwohl verpflichteter mündiger Bürger in Gestalt durch freie Wahl zu ihrem verantwortungsvollen Amt in der Körperschaft gelangter Repräsentanten auf streng rechtsstaatlicher Grundlage, d. h.: Widerstand zwecklos. Nicht zufällig hat Rita Süssmuth hier ihren Wahlkreis, für die Menschen, in dieser Republik, auf den Straßen und Plätzen. Wie sie ehrlich zugibt, »waren die Menschen, die ich in Göttingen und Südniedersachsen getroffen habe«, der Grund, hierher zu kommen. Darauf können die Göttinger Menschen stolz sein. Nun dürfen sie Rita Süssmuth treffen, als Bürgerinnen und Bürger, ohne Wenn und Aber, schnell und unbürokratisch, wenn die Tante mal da ist. Vorausgesetzt, man hinterläßt Name und Telefonnummer, damit »wir so schnell als möglich bei Ihnen zurückrufen können. Danke.«

Göttingen ist eine Stadt wie andere auch: CDU, FDP, SPD und Grüne machen die Politik unter sich aus, bis '45 war es die NSDAP. Schon 1922 erblickte das *Göttinger Tageblatt* in Hitler »den Heiland der Nation«, dessen Göttinger Ortsverein 1925 bereits der größte außerhalb Bayerns war, und bei den Wahlen in der Weimarer Republik errang die NSDAP durch ihre überzeugende Sach- und Personalpolitik 15 bis 20 Prozent mehr Stimmen als im Reichsdurchschnitt.

Heute hat man mit der Umwandlung von Straßen in Fußgängerzonen, der Schaffung von Fahrradwegen und der Ausschilderung von 30-km-Zonen die Bevölkerung ruhiggestellt. Es wird politisch korrekt Politik gemacht. Das Neue Rathaus liegt seit einigen Jahren am Hiroshimaplatz, der von seinem Vorbild nur den Namen hat. Danach sind den guten Leuten, ja Menschen die Ideen aber schon ausgegangen. Dabei wäre es so einfach, schon gibt es ein Tschernobyl-Parkhaus, Göttingen heißt Guernica, alles wird gut.

Die Göttinger sind stolz auf die Universität, die den Namen ihrer Stadt – Gottingen oder Göppingen oder so ähnlich – in die Welt hinausgetragen hat. »Herausragende Wissenschaftlerinnen und Wissenschaftler von internationaler Bedeutung arbeiteten in den letzten drei Jahrhunderten in unserer Stadt«, behauptet eine vom herausragenden Oberstadtdirektor Schierwater, der also auch in den letzten drei Jahrhunderten in dieser Stadt arbeitete, herausgegebene Reklameschrift. »Namen wie Gauß, Wöhler, Born, Hahn und Heisenberg stehen für den mathematisch-naturwissenschaftlichen Forschungsbereich, Lichtenberg, Schlözer, Grimm und Nelson für die Geisteswissenschaften.« Mit anderen Worten: Alle berühmten Gelehrten liegen in Göttingen längst unter der Erde. Einziger Trost für die heutige Dozentengeneration: Auch sie wird eines Tages unter der Erde liegen.

Die Universität dient den Wissenschaften, doch gibt es auch eine Theologische Fakultät. Die Literatur wiederum dient, so der griechische Philosoph Aristoteles, der Belehrung, der Unterhaltung und der Rührung. Er kannte die Göttinger Literatur nicht, sonst hätte er die Einschläferung hinzugefügt. Nur in Göttingen, wo sich Ereignislosigkeit und Langeweile mit dem natürlichen Ruhebedürfnis ungezwungen vereinen, konnte 1772 der Dichterbund des »Göttinger Hains« entstehen. Die heutige Göttinger Literatur besteht aus dem vor allem durch sein hohes Alter bekannten Rudolf Otto Wiemer (zur Zeit der Niederschrift 92), dem für sein Streben nach Bekanntheit bekannten Heinz Ludwig Arnold, einem Guntram Vesper, der vielleicht einigen noch dadurch bekannt ist, daß er in den achtziger Jahren bekannt war, und Burckhard Garbe, der allenfalls dafür bekannt ist, daß er in seinen texten die kleinschreibung pflegt und damit seine eigene Körpergröße als Prinzip der Rechtschreibung durchzusetzen versucht.

Wer sich noch ärger langweilen möchte und dafür sogar Geld bezahlen will, geht ins Deutsche Theater.

»Göttingähn«, so nennt der Göttinger Privatgelehrte Thomas Schaefer sehr zu Recht seine Stadt, in der einfach nichts passieren will – außer dem Kommen und Gehen der Studentengenerationen und dem Wechsel der Jahreszeiten. Hier gedeihen Professorenkinder in den Häusern, Gedenktafeln an den Häusern, Straßencafés vor den Häusern und Stolz auf die Häuser. Stolz tragen die Göttinger Zufriedenheit, Stadtstolz, Einverständnis, Stadtstolz und Stadtstolz zur Schau. Es ist ruhig, behaglich, ein bißchen biedermeierlich, vielleicht auch stinklangweilig und auf jeden Fall entsetzlich. Hinter der Maske von Freundlichkeit, Weltoffenheit, Zuvorkommenheit, Rechtschaffenheit und Properkeit lauern Abgründe voller Schrecken und Exzesse der Grauenhaftigkeit fürchterlichst.

»Göttingen liegt in einer sehr angenehmen und fruchtbaren Gegend«, schrieb im Jahr 1754 der Student Johann Georg Bärens. Ohne Göttingen gäbe es von ihr noch mehr.

Die andern ham's

Von Simone Schmid

Alle, alle haben es. Kottgeisering, Türkenfeld, Geltendorf, Moorenweis, Landsberied, Mammendorf, Schöngeising. Nur wir haben es nicht.

Das Ortseingangs-Holz-Dreieck-Kreuz-Schild samt Regendacherl mit brandgemalter Inschrift, vorne »Grüß Gott« und hinten »Auf Wiedersehen« und »Dorffest, Stadelfest, Weinfest, Sänger-, Krieger-, Veteranen- und tausendjähriges Fest«.

Und alle diese Orte, die teilnehmen und gewinnen bei »Unser Dorf soll schöner werden«, die schaun einfach runter auf uns.

Aber jetzt hat unser kürzlich gegründeter Lederhosenclub den Antrag gestellt, daß wir endlich auch unser Ortseingangs- und Ausgangs- und Seitenstraßen-Begrüßungs- und Verabschiedungsschild samt Dacherl und Brandmalerei bekommen. Weil wir nämlich der einzige Ort im Landkreis FFB sind, der so was noch nicht hat.

Ein öder Ort halt.

Gleitmittel Gottes

Von Michael Rudolf

Der Verfasser dieser Zeilen mußte sich im Vogtland gebären lassen, einem Landstreifen, der, wie seine Einwohner glauben, zwischen Erzgebirge und Thüringer Wald liegt. Was sich anderwärts vergeblich abmüht, Landschaft zu sein, hier, um die Stadt Greiz, war und ist noch alles wahrhaft, schön und echt und wird es immer sein. Begrünte Teufelskanzeln schlagen ihre Felsenzähne ins blaue Himmelsfleisch. Zögernd hangeln sich die Häuserzeilen an den Höhenlinien entlang. Weiler auf den großzügig bewaldeten Kuppen heißen Hasental, unendlich scheinende Treppen hören auf die Bezeichnung Himmelsleiter und führen aus einem Talkessel, wo das Idyll vor sich hin brodelt. Doch nirgendwo sonst ist die Blaufichtendichte so gewaltig.

Das Schicksal befand es für rätlich, daß ich in einem Haus mit ausgreifendem Grundstück und – parbleu! – ohne Ziernadelhölzer im engeren Weichbild der Heimatstadt zum Wohnen kam, wofür ein läppischer Mietzins zu entrichten war. Das gründete darin, daß der Greizer Bodenwert nach Blautannen pro Quadratzoll bemessen wird und sich die evangelische Kirche als Hauseigentümer verstand. Den ab und an aus biologischen Gründen frei werdenden Wohnraum belegte sie stets aufs neue mit pensionierten Honorarpastoren, denen ich wie ein Pfahl im Christenfleisch wühlte.

Doch sollte sich alles umkehren, denn es kam, daß die neu eingezogene Frau T. mit den Angelegenheiten der Gebäudeverwaltung betraut wurde und seither, wie es PastorInnen frommt, auf Ordnung in und ums Haus sah. Alle Mitbewohner fröstelten schon angesichts der von ihr einberufenen Rasenmäherübungsstunden. Zudem gebot sie über den ebenso als Pastorissimus wirkenden Schwiegersohn M., der sich hervorragend auf die Betätigung kraftstoffbetriebener Motorsägen verstand; nicht genug zu klagen über die Heimsuchung, die er über unseren Baumbestand brachte, den ich bereits seit Äonen vor Kinderverbiß geschützt hatte.

Auch Frau N. tendierte aus habitueller Vorstellungsschwäche zu Dingen, die nicht die Zustimmung zurechnungsfähiger Zeitgenossen finden dürften. Die frischen Sägewunden nämlich pflegte sie unter lebhaftem Gebrauch besitzanzeigender Fürwörter mit Blaufichtenstecklingen zuzupflanzen. Wenn es sie aber besonders ankam, dann hetzte sie in salbungsvoll-listiger Diktion und mit der milden Entschlossenheit jener, denen die Decke täglich auf den Kopf fallen will, die drei anderen Pastorengattinnen zu turbulenten Flurbereinigungen auf. Hierzu scharte man die in der Mehrzahl jagdscheinpflichtige Enkelschar um sich und begann dergestalt lärmend, singend und Gürtelrosenkranz winselnd alles zu verderben, was sich monotheistischer Kognition widersetzte.

Es waren auch die Herren, die als Gleitmittel Gottes hienieden obwalteten, aber in bezug auf ihre Automobile Frevel verschiedenster Artung ersannen, also mit pathognomonischer Verschlagenheit alles Grün zu Klump pflügten, mit ihren jeweils neuen Modellen prahlten und sich gebärdeten wie heidnische Wilde nach Glasperlenerwerb. Besondere Begeisterung vermittelte ihnen das Kurven auf unversiegelter Flur und Slalom um die wuchernde Friedhofsflora, halstiefe Furchen und furunkulöse Altöltümpel hinterlassend, ferner Unterwasserfahrten im Forellenbach hinterm Haus oder das Bauen schaurig ungelenker Wellasbestverschläge, damit ihre Dreckbleche nicht darben müssen. Da diese leider niemals mit Weihwasser betrieben wurden und die Motoren die Süße des Glockenklanges strikt vermissen ließen, wenn das Gepfäff, emsig sich die Erde untertan machend, zigtausendemal, was sag' ich, dutzendemal am Tag vor dem Hause hin und her gaste und raste, schlug eine sonderbare Vorstellung Wurzeln in meinem geschundenen Gemüt, die mit Begriffen wie verfehlte Schöpfung oder verfluchte Scheiße freilich nur sehr unzureichend an Kontur gewann.

Spätestens seit Reichsbahnlaiendiakon F. darauf verfallen war, das Gras um sein Bretterhüttchen mit der Nagelschere auf Façon zu bringen, und der konfessionell gebundene Literat G. jeden Tag einem anderen Teppich Peitschenhiebe aufzählte, während die Sommerluft in geistlicher Trompetenmusik erstarrte, verzeichnete mein Gefühlshaushalt ein eigenartiges Schaukeln. Mit Gewißheit konnte ich nur sagen, daß er irgendwo zwischen wildester Gewaltbereitschaft und finsterstem Atheismus oszillierte und darüber hinaus den alsbald in Tätigkeit gesetzten Umzug in andere Gefilde begünstigte.

In Halle werden die Dummen nicht alle

Von Michael Rudolf

Hier gibt es tatsächlich aus bislang der Forschung noch nicht geläufigen Gründen eine Universität. Sie ging irgendwann aus der von Martin Luther humanistisch-reformatorisch inspirierten Universität Wittenberg hervor und heißt seither einfach Martin-Luther-Universität Halle-Wittenberg.

Ob man in Halle studieren soll, ist in der Folge genauso unbefriedigend geklärt worden wie die Frage, ob man da leben soll. Von dieser diffusen Forschungslage gänzlich unbeeindruckt zeigen sich etwa 300 000 Eingeborene. Sie knödeln einen Dialekt, der zivilisierte Verständigung unmöglich macht und in den untersten Regionen bundesdeutscher Beliebtheit rangiert. Es sind die nachweislich häßlichsten Menschen, welche die Evolution hervorbringen wollte. Ihre Paßbilder müssen noch in Holz geschnitten werden, daher hängen in den Fotofix-Kabinen kleine Laubsägen. Was Dummheit und Tölpelhaftigkeit anbelangt, hätte jede Casting-Agentur für Bauernkriegsfilme ihre wahre Freude an ihnen. Apropos: Bauernkrieg. Daß der zu Halle noch nicht lange vorbei sein kann, ja im eigentlichen Sinn noch tobt und tost, dafür legt die ubiquitäre Schwundarchitektur beredtes Zeugnis ab: abweisende Ziegel- und Betonversammlungen, ein Dom, der keiner ist, Laubsägefachwerkhäuser, Bauimitate etc. Und über alles schmiert ein schmutziger Geruch, wie aus 300 000 vermodernden Luftpumpen gepreßt. Übrigens: Der Mundgeruch der Einheimischen scheint dito aus der Zeit um 1525 zu rühren und tut ein übriges.

Die Einwohner glauben, die Heimstatt der Mehrzahl aller Hallenser liege an der Saale, einem Mahlstrom aus Geschwür- und Photoentwicklerflüssigkeiten, der – doch halt! Soweit war die Chronistenpflicht gar nicht definiert, und wir haben nur noch zwölf Zeilen. Okay.

»Hallenser – Halloren – Halunken!« und »Ihr pflanzt euch doch bloß durch Geschlechtskrankheiten fort!« lästern die Nachbarn bereits ungeniert fünf Werst außerhalb des Weichbildes und somit der Reichweite hallischer Sägen. Wobei wir einschränkend zu bedenken geben müssen, daß wir die Sachlichkeit als Basis konstruktiver Auseinandersetzungen darin nicht erkennen können. Nun, sie werden ihre Gründe haben.

»Halle, da werden die Dummen nicht alle«, behauptet darüber hinaus der kluge Don van Vliet. Und wir glauben fast, an diesem Postulat wird auch eine Universität kein Jota ändern, schon gar nicht die in Halle.

Mein Hamburg

Von Harry Rowohlt

Tresennachbar: »Du laberst ’n büschen viel. Du bist wohl nicht von hier?«
Ich: »Äh … Doch …«

Hamburg-Harburg

Lecters Lektionen

Von Fritz Tietz

Auf dem Vorplatz des Fernbahnhofs von Hamburg-Harburg herrschte an diesem trüben Vormittag nur spärlicher Auto- und Publikumsverkehr. Einige mehr oder weniger verwahrloste Menschen kamen, gingen oder standen teilnahmslos herum. Ein bärtiger Turbanträger parkte seinen Pick-up auf dem Behindertenplatz und verschwand mit geschulterter Panzerfaust, die er auf der Ladefläche seines Wagens mitgebracht hatte, im Bahnhofsgebäude. Ein paar Taxis warteten. Die Fahrer standen rauchend oder dosentrinkend neben ihren Wagen und beobachteten schweigend ein paar Möwen, die sich um einen halb verwesten Rattenkadaver balgten. Überall Unrat.

Auch die Bahnhofshalle war nur mäßig belebt. Auf einer Videowand flimmerte tonlos ein Musikvideo, das in schneller Schnittfolge TV-Bilder vom 11. September in New York zeigte. Ein Mann mit einem grünen Stirnband durchquerte die Halle. Sein offener Mantel flatterte beim Gehen auseinander und gab den Blick auf einen Sprengstoffgürtel frei. Da plötzlich, ein kurzer heftiger Aufruhr: Eine Gruppe Halbwüchsiger trieb lärmend einen BGS-Beamten vor sich her. Sie jagten ihn auf den Vorplatz hinaus, wo einige Schüsse fielen.

In diesem Augenblick betrat Dr. Hannibal Lecter – eleganter Mantel, Hut – die Bahnhofshalle. Er blickte zur Zuganzeigetafel hoch, dann auf seine teure Armbanduhr; wer wollte, konnte bei dieser Gelegenheit deutlich sehen, daß an Lecters linkem Arm die Hand fehlte.

»Achtung, Gleis 5, ein Hinweis«, schnarrte es aus den Lautsprechern. »Der ICE Fritz Haarmann, planmäßige Ankunft 11.13 Uhr, wird voraussichtlich fünf bis zehn Minuten später eintreffen.«

Lecter schlug den Mantelkragen hoch, ging dann in der Nähe des im Gang zu den Gleisen aufgestellten Info-Points in Warteposition, steckte sich ein Zigarillo ins Gesicht und entzündete es. Der Bahnuniformierte im panzerverglasten Info-Point fuhr beim Geräusch des aufflammenden Streichholzes herum. Er schien schwer alarmiert, als er seinen Platz verließ und mit gezogener Dienstpistole auf Lecter zuging:

»Das Rauchen ist im gesamten Bahnhofsbereich untersagt. Bitte machen Sie sofort die Zigarre aus, sonst...«

»Sonst?« Lecter drehte sich dem Infopointler betont freundlich zu. Rauch strömte ihm aus der Nase. »Sonst was?«

»Sonst mach ich dir Beine, du Penner. Und jetzt Schluß mit der Diskussion. Fluppe aus. Aber dalli.«

Lecter lächelte, ehe er einen weiteren Zug nahm und den Rauch dem Bahnuniformierten mitten ins Gesicht blies.

Der ICE Fritz Haarmann erreichte Hamburg-Harburg mit zehnminütiger Verspätung. »Willkommen in der Schlafstadt des internationalen Terrorismus«, quäkte es aus dem Bahnsteiglautsprecher. Dr. Hannibal Lecter erwartete uns am verwaisten Info-Point.

»Hatten Sie eine angenehme Reise?«

Wir entschuldigten uns für die Verspätung, doch Lecter winkte ab:

»Ich habe mir die Wartezeit durchaus zu verkürzen gewußt.«

Er wandte sich einem nahen Paßphotoautomaten zu und entnahm dem Ausgabeschacht einen Streifen:

»Etwas unscharf, oder was meinen Sie?«

Auf den vier Photos war ein blutiger, von zwei Ohren flankierter Fleischbrei zu sehen, aus dem ein einzelner Augapfel stierte. Darunter bleckten anderthalb Zahnreihen aus dem glänzenden Muskelmatsch. Kein Zweifel: Dieser Mus mußte mal ein menschliches Gesicht gewesen sein.

»Er meinte, mir das Rauchen im gesamten Bahnhofsbereich untersagen zu müssen«, erklärte uns Lecter, als wir zusammen zum Ausgang gingen. In diesem Moment gellten hinter uns furchtbare Schreie durch die Bahnhofshalle. Jemand hatte die Leiche des Bahnlers entdeckt. Als wir uns umschauten, sahen wir gerade seinen leblosen Körper aus der Photokabine vor die Füße einiger entgeisterter Passanten kippen.

Zwangsverjackt und auf seine Sackkarre geschnallt, ließ sich Lecter von uns durch den unterirdischen Fußgängerbereich des angrenzenden S-Bahnhofs in Richtung Harburger Innenstadt schieben. Oben grellten Martinshörner. Einige bewaffnete Polizisten in voller Kampfmontur kamen uns im Laufschritt entgegen. Ohne uns zu beachten, rannten sie weiter Richtung Bahnhofshalle.

»Kennen Sie Harburg?« fragte uns Lecter.

»Nein, wir hatten bisher nicht das Vergnügen.«

»Eine gräßliche Stadt. Ohne jedes Flair. Ohne auch nur den Hauch einer urbanen Atmosphäre. Glauben Sie mir, in Harburg ist das Grauen zu Hause. Nirgendwo hat die sozialdemokratische Architektur der siebziger Jahre niederschmetternder gewütet. Schauen Sie sich nur diesen Fußgängertunnel hier an. Diese kilometerlangen, dunklen, harnverseuchten, zudem so deprimierend kacken gefliesten Gänge. Ein Architekt, der so etwas plant und baut, gehört, verzeihen Sie meine drastische Forderung, an den Eiern aufgehängt. Meinen Sie nicht auch?«

Den stimmungsklammen Tunnel über eine Rampe verlassend, gelangten wir in eine wahre Betonade von Einkaufsstraße. Auch hier mußten wir über das erschütternd unwirtliche Ambiente sehr staunen. Fleckiges Pflaster. Waschbetonkübel voller Müll. Viel menschliches Rumgelungere. Ein Mann lag vor einem geschlossenen Kiosk in seinem Erbrochenen. Etliche Läden, die Auslagen voll mit überflüssigem Plunder. Ein paar armselige Gestalten durchwühlten davor dargebotene Sonderangebote. Eine alte Frau kauerte nebenan auf einem Kackstuhl.

Ein Notarztwagen kam lärmend angefahren und hielt vor dem Eingang eines hoch aufragenden Einkaufszentrums, aus dem mehrere blutüberströmte Passanten heraustorkelten. Ein paar gelbgesichtige alte Männer beobachteten die Szene gleichgültig. Nur wenige drehten sich, neugierig glotzend, nach Lecter auf der Sackkarre um. Irgendwo krähte ein Muezzin.

»Glauben Sie mir«, beendete Lecter unser ungläubiges Staunen, »wer immer die Idee hatte, die Burschen vom 11. September hier als Schläfer zu stationieren, wußte genau, was er tat. In Harburg lernt man gründlicher zu hassen als sonstwo auf der Welt. Und scheinst du vorher noch so gut dagegen gefeit. Drei Wochen Harburg genügen.«

Wir passierten ein Schaufenster mit allerlei militaristischen Utensilien in der Auslage – Waffen jeglicher Art, paramilitärische Kleidung. Über dem Schaufenster lasen wir: »Gebr. Wiechel – Terrorbedarf«.

Kurz darauf in der Harburger Marienstraße. Vor der Hausnummer 54 stieg Lecter von seiner Sackkarre und schälte sich aus der Zwangsjacke. »Wow, die legendäre Marienstraße 54!« Wir waren platt. »Und Sie wohnen tatsächlich in der ehemaligen Terroristenwohnung, Mr. Lecter?«

»Aber ja. Natürlich ist alles frisch renoviert. Neues Klo mit Pipapo, neue Küche vor allem, mit allen Schikanen. Atta und seine Freunde kochten ja nicht selbst. Die aßen ihr Zeug lieber in der Mensa. Hat übrigens 'ne hübsche Stange gekostet, wieder einigermaßen Komfort in die Terrorhöhle zu bringen.«

Aus dem Nachbargebäude spitzten Schreie wie von einem heftigen Ehestreit. Fensterglas zerbrach, und ein grobschlächtiger Mann, der große Ähnlichkeit mit Volker Rühe besaß, warf einen Fernseher auf die Straße. So elegant das einhändig eben ging, schloß Lecter die Haustür auf. »Lecter, Serienmörder« stand auf dem Klingelschild.

Im Hausflur kontrollierte der Serienmörder kurz seinen Briefkasten, fand darin aber nichts vor außer der tagesaktuellen Ausgabe der *Harburger Anzeigen und Nachrichten*. »Drecksblatt!« murmelte Lecter und warf die Zeitung in einen der nebenan aufgestellten Mülleimer. »Wir müssen nur eine Treppe hoch. Meine Wohnung befindet sich im ersten Stockwerk rechts.«

Kaum hatte Lecter die Wohnungstür geöffnet, als uns von innen eine schneidende Frauenstimme aufforderte: »Keine Bewegung! FBI! Hände über den Kopf!«

Wir rissen instinktiv die Flossen hoch.

»Alles klar, Clarice, ich bin's doch bloß«, lachte Lecter.

FBI-Sergeant Clarice Starling kam langsam aus ihrer Dekkung im Gästeklo. »Wäre besser, wenn Sie, wie abgemacht, vorher klingeln, Doktor«, sagte sie, ehe sie ihren Puster wieder in ihr Pfannkuchenhalfter gleiten ließ. »Vergessen Sie bitte nicht: Wir sind hier mitten in Harburg.«

Aus den Boxen im Wohnzimmer klimperten die Goldberg-Variationen.

»Treten Sie näher«, bat uns Lecter in die gute Stube. Am festlich gedeckten Tisch saß bereits jemand.

»Darf ich vorstellen: Ossama bin Laden«, sagte Lecter.

»Allah-o-akbar«, lallte bin Laden und lüftete zur Begrüßung höflich seine Schädeldecke. Lecter nutzte das, um schnell etwas Marinade über das Hirn des Topterroristen zu tröpfeln.

»Sie haben doch Appetit?« fragte er uns und öffnete dann mit einem schnellen Griff unter bin Ladens Kaftan dessen Bauchdecke: »Wie wär's mit Nierchen zum Hauptgang?« Er wühlte aus den Gedärmen des al-Qaida-Vorsitzenden etwas blutverschmiertes Glibberiges hervor.

»Das Essen ist gleich soweit«, sagte er und verschwand mit bin Ladens Nieren in der Küche.

Beim Nachtisch – es gab Ossamas Ohren mit Sahne – wollten wir von Lecter wissen, wie er bin Laden aufgespürt hatte.

»Betriebsgeheimnis«, zierte sich der Top-Ten-Verbrecher zunächst, um dann aber doch ins Plaudern zu geraten: »Clarice brauchte unbedingt mal wieder einen spektakulären Fahndungserfolg, da habe ich ihr«, er ließ zärtlich seinen Armstumpf über Starlings Wange gleiten, »den Tip mit Harburg gegeben.«

»Bin Ladens Tarnung als Gastprofessor an der hiesigen Terror-Universität war perfekt. Ohne Lecter wäre ich ihm nie auf die Schliche gekommen«, gab Sergeant Starling zu. »War übrigens ausgezeichnet, das Nierenragout, Doktor. Auch das Hirn, echt lecker.« Wir schlossen uns ihrem Lob an.

»Allah-o-akbar«, sagte bin Laden leise.

Viel zu schnell galt es, wieder Abschied zu nehmen. Der letzte Zug mußte Harburg aus Sicherheitsgründen vor Einbruch der Dunkelheit verlassen. Dr. Lecter begleitete uns zum Bahnhof. Als unser ICE Fritz Honka langsam anrollte, zündete sich Lecter auf dem Bahnsteig ein Zigarillo an. Schon sahen wir einen BGS-Beamten angestratzt kommen. Wild gestikulierend bedeutete er Lecter, das Rauchen zu unterlassen, und wir ahnten: Es dürfte die letzte Tat seines Lebens gewesen sein.

Die Stadt everybody loves to hate

Von Dietrich zur Nedden

> Hannover, das ist die Autobahnabfahrt zwischen Göttingen und Walsrode. Die Stadt liegt nicht am Arsch der Welt, aber man kann ihn von dort aus ziemlich gut sehen.
>
> *Harald Schmidt*

Wenn ich nicht irre, veröffentlichte zu einer Zeit, als es noch zwei Deutschländer gab, der *Spiegel* das Ergebnis einer Umfrage über die langweiligste Stadt der Republik. Ein Achtungserfolg gelang der niedersächsischen Landeshauptstadt Hannover, sie landete auf dem zweiten Platz. Langweiliger, so das Urteil der Befragten, sei allein Nürnberg.

Während in Nürnberg Reichsparteitage zelebriert wurden, lungerte ausgerechnet Gottfried Benn an der Leine herum; ausgerechnet Benn, der sich von den einst emphatisch begrüßten Nazis abgewandt und die, wie er es nannte, »aristokratische Form der Exilierung« gewählt hatte, indem er zur Wehrmacht gewechselt war.

Benn saß meist im *Weinhaus Wolf*, und wenn nicht, verrichtete er akkurat seinen Dienst als Sanitäts-Offizier bei der Wehrersatz-Inspektion. Oder er schrieb Gedichte wie »Einsamer nie als im August« und »Der Tag, der den Sommer endet«, letzteres übrigens am 6. August 1935 auf die Rückseite einer Speisekarte der Stadthalle Hannover – die Verse versah er mit dem provisorischen Titel »Stadthallenelegie«. Genoß Benn aber während der Niederschrift das Gedeck zu einsfünfzig, also eine »Kraftbrühe mit Rindermark«, einen »Schmorbraten mit Rotweintunke/grüne Bohnen, Kartoffeln« und als Nachtisch einen »Eisbecher«? Oder die nicht näher beschriebene »Bürgerliche Nahrung« für eine Mark?

Als Benn im Juni 1937 Hannover (»Schlechtes Klima, keine Landschaft, flach alles, riesig öde«) verließ, sprach er rückblickend von der »finstersten Epoche« seines Lebens.

Die Tatsache, daß er solcherart eine Mehrheitsmeinung der achtziger Jahre antizipiert hatte, darf uns ruhig wundern. 1950 indessen, vom Alter milde gestimmt, korrigierte er sein Urteil: »Alles in allem waren es keine schlechten zwei Jahre, die ich dort verbrachte.«

Zu diesem Zeitpunkt war der Merz-Künstler Kurt Schwitters bereits zwei Jahre tot, gestorben im englischen Exil. Lange vor Benn hatte Schwitters seine Heimatstadt gültig analysiert. Rückwärts gelesen ergebe Hannover »re von nah«, und das sei gleichbedeutend mit der Zeile »rückwärts von nah«. Abermals von vorne gelesen, folgerte er, müsse es dann »vorwärts nach weit« heißen. Mit anderen Worten: »Hannover strebt vorwärts, und zwar ins Unermeßliche.«

Außerhalb Hannovers ist das so gut wie unbekannt. Dort herrscht immer noch die Auffassung, an der Leine lebe man in »der fahlsten der städte« (Stefan George). Den Volksbeauftragten Noske focht das nicht an. Der Mehrheitssozialist erhielt 1919 den Oberbefehl über den Einsatz jener Regierungstruppen, die anschließend die Reste der deutschen Revolution zusammenschossen. Zum geflügelten Wort wurde Noskes Satz »Einer muß der Bluthund sein«, eine Haltung, die heute noch beliebt ist, auch wenn sie anders genannt wird: Man »übernimmt Verantwortung«. Noske übernahm 1920 den Posten des Oberpräsidenten der Provinz Hannover, ein Amt, das er immerhin bis 1933 innehatte.

Bluthunde kennen sich hier aus, hier, wo die letzten Ausläufer der deutschen Mittelgebirge an ihr Ende gelangen, hier, wo die Republik plan wird. Der erste Medienstar unter den zivilen Serienmördern unseres Jahrhunderts, der Polizeispitzel Fritz Haarmann, schuf sein Lebenswerk in Hannover, Adresse: Rote Reihe 2. »Er ist gut mittelgroß, breit und wohlgebaut und hat ein zwar derbes, grobes, aber gleichsam wie blankgescheuertes, klares und offenes Vollmondgesicht mit frischen Farben und kleinen neugierigen und fröhlichen Tieräuglein.« Was wie eine Beschreibung des Durchschnittshannoveraners anmutet, ist Haarmanns Charakterisierung durch Theodor Lessing, der für das *Prager Tageblatt* über den Prozeß berichtete.

Kurz nach Haarmanns Hinrichtung im April 1925 wurde der Pensionär und Hannoveraner Hindenburg zum Reichspräsidenten gewählt. Lessing warnte vor ihm, denn die Geschichte habe gezeigt, daß auf einen Zero immer ein Nero folge. Für diese »Verunglimpfung« des Generalfeldmarschalls a. D. rächte sich die nationalistisch ausgerichtete Mehrheit der Studenten an Hannovers Universität. In »regelrechter Pogromstimmung« terrorisierten sie Lessings Vorlesungen so lange, bis er vom preußischen Kultusminister nicht etwa unterstützt, sondern beurlaubt wurde. Göring persönlich soll 1933 den Mord an Lessing im Marienbader Exil befohlen haben. Hindenburg starb ein Jahr später, 81jährig, im Bett.

In ihrer klebrigen, naßkalten, faden Behäbigkeit lassen sich die Hannoveraner nicht gerne stören. Umgekehrt werden sie gehörig böse, wenn man ihren Selbsthaß und Kleinheitswahn therapieren möchte, etwa dergestalt, daß man behauptet, Hannover sei denn doch nicht sooo übel. Überhaupt keinen Spaß verstehen sie, sobald die Rede auf ihr Schützenfest kommt. Das ist ihnen Herzenssache. Stücker 468 davon haben bereits stattgefunden, jedesmal »das größte Schützenfest der Welt«, was dennoch keine Sau interessiert. Trotzdem sind die Hannoveraner sehr stolz darauf. Beim traditionellen Ausmarsch bilden regelmäßig 5500 Schützinnen und Schützen das Herz des Festzuges, kommen aber beklagenswerterweise immer wieder zurück.

Mehr als ein Prozent der Bevölkerung bedient Waffen. Folgerichtig belegt Hannover in den Kriminalitätsstatistiken stets einen der vorderen Plätze. Zu diesem Resultat beigetragen haben einige Vorkommnisse der jüngsten Vergangenheit. Als pflichtbewußte Staatsbürger bis zur Selbstaufgabe gerierten sich ortsansässige Rentner: Im Januar 1995 starb ein pensionierter Lehrer bei dem Versuch, einen Bankräuber an der Flucht zu hindern (Kopfschuß); am 27. Mai 1997 kam der achtundsiebzig Jahre alte Pensionär Johannes A. auf die gleiche Weise ums Leben. Und kaum hatte die Fußball-Nationalmannschaft der Ukraine im Frühjahr 1996 die WM-Qualifikations-Spitze übernommen (und Deutschland hinter sich gelassen), wurde vierundzwanzig Stunden später ein Ukrainer ermordet aufgefunden. In Hannover.

Stellungnahmen zur weltgrößten Industriemesse und zur weltblödesten Expo 2000 darf ich mir sparen – wie beinahe den Hinweis auf die schätzungsweise noch zwölf Prozent original hannoverschen Blutes, die in den Adern von Prinz Charles fließen sollen, weil es vor fast dreihundert Jahren eine auf Zufall oder Schicksal beruhende Erbfolge so wollte, daß Hannovers König den englischen Thron bestieg.

Er mag froh über seinen Wechsel nach London gewesen sein. Unbekannt war ihm sicher Arno Schmidts Sentenz, die all jene, die der Stadt entkommen wollen in die Zentren der bewohnten Welt, am Ende doch verzagen und zuallerletzt in Wehmut verharren läßt: »Und was heißt schon New York? Großstadt ist Großstadt; ich war oft genug in Hannover.«

Alles in allem ist Hannover *in nuce* eine Frage der Einstellung: zentraler Verkehrsknotenpunkt für die einen, die ideale Stadt zum Durch- und Vorbeifahren für die anderen. Und ein Sportverein, der nicht nur eine Fußballabteilung hat, sondern auch SC Schwalbe heißt, muß anderswo wahrscheinlich erst gegründet werden.

Geburtsort der Parkscheibe

Von Peter Köhler

»Gehen Sie hier zwischen den Mülltonnen rechts um die Ecke, links über den Schrottplatz durch das Loch im Zaun und immer geradeaus auf dem Abstellgleis, dann sehen Sie Kassel schon liegen«, sagte am 19. März 1970 in *Loriots Tagebuch* das Knollennasenmännchen zu Willy Brandt und Willi Stoph. Tatsächlich fanden die beiden den Weg und trafen sich noch am 21. Mai desselben Jahres in Kassel. Daß Stoph überhaupt bereit war zu kommen, war kein Zufall. Noch heute ist Kassel die einzige Stadt der DDR, die im Westen liegt.

Aus freien Stücken kommt eigentlich niemand hierher. »Ab nach Kassel!« lautet der bekannte Schreckensruf, der eine Versetzung in die Mitte Deutschlands begleitet. Dann heißt es nach Kassel ziehen oder gleich Selbstmord begehen.

Kassel ist ein Unort. Die Atmosphäre ist herb wie das Bier, die Menschen sind grob und ungeschlacht wie die Nachkriegsbauten, nur daß die Bauten menschlicher wirken. Ob Kasseläner, Kasselaner oder Kasseler – der Kasseler ist zugereist, der Kasselaner in Kassel geboren, und der Kasseläner war schon vor seiner Geburt hier –, unter diesen sturen, unfreundlichen und barschen »Schlacken«, wie sie sich selber nennen, wirkt schon ein einfacher Griesgram wie ein vergnügtes Huhn.

Gott wird sich dereinst dafür zu verantworten haben, daß er eine so schöne, ja anmutige Landschaft mit solchen Leuten verschandelt hat. Versuchen sie gar zu sprechen, so erzeugen sie Geräusche wie »Mäh sin mäh«, uff deutsch: Wir sind wir, also offenbar Ziegen. Öffnen sie statt des Mundes den anderen After, so kommt das »Kasseler Wörtchen« heraus. Da ist es logisch, daß zu ihren liebsten Futtermitteln Abfall zählt, den sie »Weckewerk« nennen, eine ungeformte, bräunliche Masse, die aussieht, als sei sie recycelt worden.

Einkaufen, Essen, Ausscheiden machen hier ein erfülltes Leben. Zweihunderttausendfach geklont und in Mietshaussiedlungen wie aus dem Kopierer eingeschlossen, haben es sich Otto und Ottilie Normalversager im Gefängnis ihres Daseins bequem gemacht und genießen den Freigang am Abend und am Wochenende. In den Worten des Dichters, den Worten Roda Rodas: »Der richtige Deutsche wohnt in Kassel.«

Im 18. Jahrhundert verkaufte Landgraf Friedrich II. 12 000 Untertanen an die Engländer. Leider ist er schon viel zu lange tot.

»Eine aktive Rolle in der Weltpolitik hat Kassel seit mehr als hundert Jahren nicht mehr gespielt«, konstatierte 1981 der Stadtführer Karl-Hermann Wegner in seinem Buch *Kassel. Ein Stadtführer*. Immerhin verbinden sich in jüngerer Zeit die Namen zweier Politiker mit Kassel. Roland Freisler war in Kassel Rechtsanwalt, bevor er unter der Regierung Hitler Karriere machte und sich als entschiedener Befürworter eines zeitgemäßen Wir-Gefühls profilierte, und Antje Vollmer hat Kassel für die Grünen zu ihrem Wahlkreis gemacht. Beide verbindet aber nichts, denn während Roland Freisler Deutschland auf dem Weg zur militärischen Weltmacht unterstützte, möchte Antje Vollmer Deutschland sogar zur moralischen Weltmacht gestalten; eventuell ja mit ihr als moralisch-pastoraler Personen-Mine.

Nicht einen einzigen bedeutenden Künstler oder Wissenschaftler hat Kassel hervorgebracht, sie alle ließen sich lieber anderswo zur Welt bringen. Nicht einmal sterben wollten große Persönlichkeiten hier, ausgenommen Erdmann, dessen Grab auf der Roseninsel im Bergpark Wilhelmshöhe liegt: »Andenken / an meinen treuen Dachshund / Erdmann / 1890–1901 / W. II.« prangt auf dem Grabstein. »W. II.« ist Wilhelm II., dessen Sommerresidenz Schloß Wilhelmshöhe war. Verkehrte Welt: Wilhelm überlebte seinen Dackel um vierzig Jahre, statt umgekehrt.

Die Kasseler sind weder Künstler noch Wissenschaftler, sondern praktisch, auch in der Kommunalpolitik. »Das Rathaus verfügt über eine ›Tauben-Fernhalte-Einrichtung‹«, meldete 1995 Eckart Winkler *(Kassel von A–Z)*. »Alle Stellen, an denen sich Tauben niederlassen können, wurden mit Metalldrähten versehen, die in kurzen Abständen unter Strom gesetzt werden. So wird der Gebäudezerstörung durch Taubenkot wirksam vorgebeugt.«

Daß die Zerstörung das Beste für ein Gebäude, ja für alle Gebäude sein kann, ahnen die mit einem festen Wohnsitz in dieser Stadt Gedemütigten nicht einmal, vielleicht wegen der Erinnerung an den derzeit letzten Weltkrieg, als die schuldlose »Stadt der Reichskriegertage«, die schuldlose Stadt des Generalkommandos der IX. Armee, die schuldlose Stadt der Rüstungsindustrie bei einem sinnlosen Terrorangriff in Schutt und Asche gelegt wurde. Die Kritikaster haben recht: Tatsächlich waren manche der zehntausend Toten keine Parteimitglieder.

»Das ehrwürdige Gesicht dieser Stadt«, so beschrieb 1966 Hans Römhild die Totalsanierung der Altstadt, »wurde am 22. Oktober 1943 durch einen der größten Luftangriffe fast völlig zerstört. Allein über 30 Orgeln fielen dem Angriff zum Opfer.« Was aber an Fachwerkhäusern stehenblieb, wurde sofort nach dem Krieg dem Straßenasphalt gleichgemacht, denn getreu der Losung »Autos sind die besseren Menschen« hat man mehrspurige Straßen durch die Innenstadt gebrochen und Zweckbauten errichtet, statt Häuser zu bauen. Seither ist Kassel zur »autogerechten Stadt« und die Innenstadt zur City pervertiert. Spuren menschlicher Besiedlung sind nicht zu finden, statt dessen haben sich Gewerbefleiß und Erwerbssinn vor dem Altar des Gewinnstrebens das Jawort zum Geld gegeben und im Puffbett der harten Mark mit Profitsucht die Raffgier gezeugt.

In Kassel wurde die Parkscheibe erfunden, als Stadt geistiger Neuerungen ist sie nicht hervorgetreten. Die Brüder Grimm, die lange Jahre in Kassel lebten, sammelten Märchen, denn die Realität war schon damals allzu schrecklich. Gleichwohl sieht sich Kassel selbst als »Stadt der Künste und Kongresse«. Aber die alten Meister, die Rembrandts, Dürers, Tizians, van Dycks, Frans Hals' und Rubens', befinden sich wohlweislich in Wilhelmshöhe, und selbst die moderne Kunst, der doch sonst vor gar nichts graut, kommt nur alle fünf Jahre nach Kassel. Spuren hinterläßt die *documenta* nicht, denn die Bierzelte und Imbißbuden auf dem Friedrichsplatz werden sofort nach Schluß abgebaut.

Kassel hat keine Universität, sondern eine 1970 im Rahmen der Großen Studentischen Weltrevolution ins Dasein gerufene Gesamthochschule. Daß die Gesamthochschule inzwischen die »Universität« im Namen führt, liegt allerdings in der Logik der Sache, schließlich gab es an ihr schon immer »Professoren«: Dozentinnen für Arbeitswissenschaft und Polytechnik, die in ihrem früheren Leben Realschullehrerinnen für Hausarbeit und Stricken waren, oder Musiklehrer von der Baumschule, die ein wie auch immer geartetes Deputat ergattert haben und, wer weiß, Kurse im Hackbrettspielen anbieten.

Vor allem in den Fachbereichen Hochstapelei und Inkompetenz sowie den Sonderforschungsbereichen Vetternwirtschaft und pseudolinkes Arschgerede genießt diese Scheinuniversität einen gewissen Ruf. Ausgerechnet in Kassel mußte ein solches Narrenhaus für Akademiker gegründet werden. Armes Kassel! Denn Kassel ist doch eine Stadt, die mit ihrer Existenz schon genug gestraft ist.

Wir schmücken die Frauen der Welt

Von Barbara Kalender und Jörg Schröder

Als wir in die Villa einzogen, war die Stimmung im Dorf gespalten zwischen untergründiger Fremdenfeindlichkeit und neugierigem Interesse. Aber allen gefiel, daß wir regelmäßig die Wiese mähten und einen schönen Bauerngarten anlegten. Beim Umgraben der Beete fanden wir manchmal Kelten- und Römerscherben – was an der Via Claudia normal ist, aber auch Knöpfe? Nicht ein, nicht zwei, nicht drei blaue, rote oder schwarze Glasknöpfe, sondern schockweise. Schließlich betätigten wir uns als Knopfarchäologen und sammelten sie. Die Exemplare wurden auf der Gartenmauer aufgereiht, manche waren nicht abgegratet, andere wiederum fast intakt. Und wir wunderten uns: »Wie kommen die in den Garten?«

Solche Fragen wurden immer am zweiten Weihnachtsfeiertag geklärt, dann besuchten uns die Nachbarn Rosemarie und Anton Haugg zu Kaffee und Kuchen. »Wir finden in unserem Gemüsegarten dauernd Glasknöpfe. Wohnten hier vielleicht mal Heimarbeiter?!« Der *Spar*-Kaufmann war in seinem Element, wenn er etwas erklären konnte: »Sie müssen wissen, zuerst hatten die Wlassow-Russen die Villa besetzt, aber nachdem die Amerikaner an der Macht waren, stand sie wieder leer. Ende 1945 kamen die ersten Flüchtlinge an, und eine Familie aus Böhmen mietete dann von dem Luitpold die Villa.« – »So feine Leute zogen da ein«, unterbrach ihn Rosemarie Haugg, »die Frau trug im Sommer weiße Kleider, das hat man hier nicht gekannt!« – »Ja mei«, seufzte er, »ich glaub', die waren reich, vielleicht hatten sie Juwelen, denn sie konnten sich alles leisten. Aber die waren auch fleißig! Die machten sich sofort an die Arbeit!«

Wir haben uns dann über diese Knopfmacher informiert, Diamanten hatten sie bestimmt nicht, sondern nur ihre Werkzeuge zum Knöpfemachen. Sie durften nicht viel Gepäck mitnehmen, die Tschechen erlaubten nur dreißig Kilogramm pro Person, und als erstes packten sie ihre Zangen ein, denn die Devise der Gablonzer lautet: »A Zengl und en Kichentisch brauchn mr, nie mee!« Im Prinzip erfordert dieses Handwerk tatsächlich wenig materiellen, dafür aber hohen handwerklichen Aufwand. Man brauchte nur farbiges Stangenglas, das wurde aus den Hütten im Bayerischen Wald besorgt – getauscht, gegen Knöpfe, es waren ja Schwarzmarktzeiten. Das Stangenglas wird erhitzt, bis es rot glüht und weich ist, dann preßt man es in den Zangen. Diese bestehen aus zweiteiligen Negativformen, in der ein Knopf neben dem anderen sitzt. Nach dem Erkalten sind die Knöpfe noch durch den Preßgrat verbunden, der anschließend abgeschliffen wird. Graveure fertigen die unterschiedlichsten Negativformen für die Zangen, von einfachen bis zu prächtigen Knöpfen, die mit edelmetallhaltigen Farben bemalt und anschließend gebrannt werden. Als Queen Victoria nach dem Tod ihres Gatten Albert keinen Schmuck mehr trug, sondern nur noch die mattschwarzen Knöpfe aus Jet, imitierten die geschäftstüchtigen Glasmacher sofort die kostbare fossile Kohle, und dieser ›französische Jet‹ wurde weltweit zum Modeschmuck.

Apropos Knopfgießerei: Als Buchhändler, der sich in frühen Jahren seinen eigenen Kanon zusammengelesen hat, fällt mir dazu Henrik Ibsens *Peer Gynt* ein. Darin gibt es einen mythischen Knopfgießer, der den Helden mit seiner Kelle umgießen will, weil der nichts Halbes und nichts Ganzes ist. Peer Gynt soll endlich ein ganzer Mann werden. Na ja, vielleicht drückt man in Norwegen die Knöpfe nicht, sondern gießt sie. Oder hat Henrik Ibsen das Knopfgießen einfach erfunden?

Halt, ich habe Herrn Hauggs Geschichte über die Sudetendeutschen unterbrochen, an diesem Weihnachtsnachmittag erzählte er noch: »Mei, die Leute hier im Dorf sind so unklug, die haben sich viel kaputtgemacht, weil sie keine Fremden wollten. Die Böhmen hatten vor, in Leeder ihren Modeschmuck herzustellen. Der Mieter der Villa besaß in Gablonz eine Fabrik, der war ja kein kleiner Knöpflemacher. Da muß man doch als Geschäftsmann denken!« Herr Haugg berichtete uns, daß der Fabrikant dem Luitpold die Villa abkaufen wollte, sie aber nicht bekam. Außerdem plante er, eine Glashütte zu bauen, aber keiner verkaufte ihm ein Grundstück. Zuerst fragte er die Bauern, dann wandte er sich an die Gemeinde, ohne Erfolg. Kaufmann Haugg zog sein Resümee: »Sie wollten keine Fremden in Leeder, es sollte auch keine Industrie entstehen. Deshalb zogen alle wieder weg und haben in Neugablonz neu angefangen. Herr Schröder, die haben sich dort eine eigene Stadt gebaut – aus dem Nichts!«

Wirklich, das muß man gesehen haben, so eine Stadt gibt es in Deutschland nicht noch einmal! Neugablonz wurde 1946 auf den Trümmern eines Pulver- und Sprengstoffwerkes aus dem Zweiten Weltkrieg errichtet. Es ist die einzige geschlossene Ansiedlung einer Vertriebenengruppe in der Bundesrepublik. Aber, hier irrte Haugg, es war nicht der Fabrikant aus der Villa, der diesen Plan realisierte, sondern ein Ingenieur namens Erich Huschka. Er gewann Tausende Sudetendeutsche dafür, sich in Neugablonz anzusiedeln. Ihm gelang das Kunststück, sowohl die Amerikaner als auch die deutschen Behörden von einer eigenen Stadt für das Modeschmuckgewerbe zu überzeugen. So entstand aus Handwerk und Fleiß Neugablonz, die beste aller Flüchtlingswelten.

Heute gehört Neugablonz als Stadtteil zu Kaufbeuren, und wenn man durch die Straßen spaziert, wirkt es wie eine Kulisse für einen Fünfziger-Jahre-Film. Zwar hat man sich inzwischen auch einen modernen Kasten geleistet, in dem das Museum und die Stadtbibliothek untergebracht sind, ansonsten sieht man nur solide triste Fünfziger-Jahre-Häuser, meist ein- oder zweistöckige Gebäude, die merkwürdig kontrastieren mit den Abertonnen Straß, Modeschmuck und Kristall, die in den Schauräumen angeboten werden. Und auf Schritt und Tritt verfolgt dich der Slogan: »Wir schmücken die Frauen der Welt.« Aber es gibt auch noch andere interessante Geschäfte, in diesen muffigen Häusern findest du Bonbonläden mit den wunderbarsten Pastillenschächtelchen aus aller Herren Länder. Es werden auch gute Schinken und Wurstwaren von netten alten Böhmen oder deren Nachfahren angeboten, überhaupt kann man in Neugablonz besser einkaufen als in den anderen Kleinstädten rundum. Denn es ist Kakanien pur – in Gehäusen fader Sachlichkeit. Deshalb ist es nur allzu verständlich, wenn der *Spar*-Kaufmann es bedauerte, daß man in Leeder diese kultivierte Kundschaft – sprich: nicht solche Pfennigfuchser wie die Schwaben – verscheucht hatte: »So nett sind die, so fleißig, so gebildet, so lustig und so reich!« Vermutlich rechnete er hoch, was er für seine eigenen Ländereien bekommen und wieviel mehr Lebensmittel er im Laufe der Jahre umgesetzt hätte. Und er seufzte tief an jenem Weihnachtsabend: »Mei, immer wenn ich nach Kaufbeuren will und am Schild Neugablonz vorbeifahre, blutet mir das Herz. Das hätt' alles in Leeder sein können.«

Damit ist aber das Weihnachtsmärchen von den netten Gablonzern zu Ende, und leider muß ich nachtragen: Nett sind sie, die Böhmen aus Neugablonz, aber auch braun – brauner geht's nicht! Nicht nur ihr Gründungsvater Erich Huschka war ein Nazi, wie er im Buche steht, ebenso seine Kompatrioten und deren Nachfahren, die bis heute zum harten Kern der Sudetendeutschen Landsmannschaft gehören. Zu deren Pfingsttreffen umstellen die Böhmen regelmäßig den bayerischen Ministerpräsidenten Edmund Stoiber mit einem Wald von Traditionsfahnen und fordern die Aufhebung der Beneš-Dekrete. Sie besitzen sogar die Frechheit, die Einrichtung eines Fonds für Härtefälle nach dem Muster der Zwangsarbeiterentschädigungen zu verlangen. Als hätte es in der alten Bundesrepublik keine Lastenausgleichszahlungen für Heimatvertriebene gegeben! Diese Gelder waren es doch, die oft genug den Grundstock vieler schöner Vermögen bildeten. Den staatlichen Ausgleichszahlungen lag unausgesprochen die richtige Einsicht zugrunde, daß der Nachfolgestaat des Dritten Reiches auch für die Folgen von dessen Kriegsverbrechen zuständig sei und nicht etwa die von den Deutschen okkupierten Staaten.

Heimatrecht? Bis 1918 gehörte Böhmen zu Österreich-Ungarn und danach zur Tschechoslowakischen Republik. Im Jahr 1938 besetzte die Deutsche Wehrmacht das Gebiet, es hieß fortan: ›Reichsgau Sudetenland‹. Und so wie Reichsdeutsche in einem Reichsgau führten sich die netten Deutschen auf in den Sudeten. »Unsere Deutschen widmeten sich zu achtzig bis neunzig Prozent dem Dienst des barbarischen Nazismus zur Vernichtung unseres Staates«, erklärte Präsident Edvard Beneš 1945 in einer Rede vor dem Parlament. Damit hatte er leider recht, und noch ein Zitat von Beneš: »Das deutsche Volk hat in diesem Krieg aufgehört, menschlich erträglich zu sein, und erscheint uns nur noch als ein einziges großes Ungeheuer. Diese Nation muß für alles eine schwere und strenge Strafe treffen.« Wer außer verblendeten Rechten kann diesen Feststellungen widersprechen? Vereinfacht lautet die schreckliche Wahrheit: Die Tschechoslowaken wollten mit der Austreibung endlich Ruhe haben vor dieser deutschen Minderheit, die überall dort, wo sie sich angesiedelt hatte, ein Stachel im Fleisch anderer Völker war. Man muß also Beneš' Vertreibungsdekrete hinter der Folie der sudetendeutschen Nazitradition lesen und darf nicht immer wieder Ursache und Wirkung verwechseln, wie das Edmund Stoiber ständig tut. Im Mai 2002 versprach der damalige Kanzlerkandidat beim Pfingsttreffen unter brausendem Beifall dieser fünften Kolonne des Revanchismus: »Wenn ich am 22. September 2002 Bundeskanzler werden sollte, dann werde ich Ihre Anliegen in Prag voranbringen.« Was ohne Kreide im Hals nichts anderes bedeuten sollte als: Entweder die Tschechen kuschen, oder wir lassen sie nicht in die Europäische Union. Na ja, mit dem Bundeskanzler war das wohl nix, wenigstens solche Dummheiten sind uns erspart geblieben.

Quelle oder Keil?

Von Kay Sokolowsky

Man sollte diese Stadt in der größten Toilette der Welt runterspülen!

Robert De Niro (Taxi Driver)

Vier Wochen war ich nich mehr in Kiel ... da kommt man wieder und immer noch die gleichen Pißgesichter!

Werner (Wer sonst?)

Es gibt viele Gründe, Kiel nicht zu mögen: z. B. dort geboren zu sein.

Rainer Affeldt (geboren in Kiel)

Als brutalste Strafe, so in der Seefahrt ersonnen, gilt das *Kiel*holen. Richard *Kiel* gab als »Beißer« den härtesten Hauer, den James Bond je zu bestehen hatte. Der *Kiel* hängt unterm Bauch des Schiffes, nicht unähnlich hämorrhoidalen Ausstülpungen – von Seepocken überwuchert, vom Rost zerfressen, klagen ihn Tierschützer weltweit als messerscharf-schartigen Todfeind des lustig durch den Okeanos gleitenden Tümmlers an.

Kiel ist sprachgeschichtlich eng verwandt mit »Kehle«. Eben sie drückt's vielen zu, die zum Zwecke der Kriegsdienstableistung in die Stadt Kiel verschickt werden, um dort alsbald zügig zu verrohen und sich dem Alkohol- und Antibiotika-Abusus zu ergeben. Dazu später evtl. mehr. Die Stadt Kiel hat ihren Namen aber nicht aus dem *Duden Etymologie*, sondern vom Grafen Adolf (!) IV. von Schauenburg, der sie »zwischen 1233 und 1242« (*Baedeker*) gründete: »neun Jahr gegrüblet und doch gefehlet« (apokryph). Friedlich, ach, strich und streichelte einst der Ostseewind über die Halme und Büschlein am Ufer der kleinen Förde ... Bis der feine »Herr« Graf beschied, in den feineren Sand ein Rathaus usw. zu rammen.

Er nannte das »nasty Nest« (Keith Richards) »Holstenstadt tom Kyle«. *Kyle* aber hieß in der friesischen Mundart des (später reuig ins Kloster gekrochenen!) Buchtschänders »Quelle« resp. »Gewässer«. »Holsteinische Stadt am Gewässer«? Das war so originell, wie der Ort später wurde. Die mittelniederdeutsche Alternative bietet für »kyle« übrigens die Übersetzung »Keil« an. Das paßt schon besser. Trieb denn Kiel nicht in die »Beziehungskisten« zahlloser zur Kriegsmarine Gepreßter einen – Keil?

Der *Kiel*. Die *Quelle*. Der *Keil*. In Kiel hat der Keil seinen Kiel in der Quelle? Oder die Quelle einen Keil im Kiel? Kriegt der Kiel Keile von der Quelle? Kiel Keil Quelle – Kelle Kerl Qual? Zwischenruf: »Ach, hör' schon auf! Ist der Stinkhaufen doch gar nicht wert, den Aufwand. Mach' lieber was mit Olm!« Das hättest du gern.

Vom Hochmittelalter bis in die frühe Neuzeit wollte es in *Kiel* einfach nicht vorangehen. Obzwar von 1284 bis 1518 Mitglied der Hanse, hat das »Kackdorf« (John F. Kennedy) im »Vorläufer der EWG« (Mahatma Gandhi) »niemals eine Rolle gespielt« *(Baedeker)*. Seinerzeit beliebter Scherz in den norddeutschen Kontoren: »›Wat wullt du denn in Kiel, Hinnerk?‹ – ›De Lüüt övern Tisch trecken, Uwe!‹« Besser wurde die Lage auch nicht, als in den 1630er Jahren Herzog Friedrich III. beschloß, via Kiel »einen Seidenhandel mit Persien zu eröffnen« *(Baedeker)*. Wenige der Kaufleute überlebten die Reise. Die Mullahs, die von Kiel noch nie was gehört hatten, ließen die abgerissenen Gestalten aus dem Spätabendland vorsichtshalber zerhacken und in Ziegenmilch beizen. Ganz wie es Landesart und -brauch für »ungläubige Söhne läufiger Hündinnen« vorsehen. Der Islamismus – ein Vorbild?

Gleich allen Städten, die man besser sofort nach Errichtung abgerissen hätte, suchte das lebensuntüchtige Kiel sein Heil in der Verführung Unmündiger und richtete 1665 eine Universität ein. Was an hoffnungslosen Fällen Abitur »baute« (J. R.) im Norden, strömt seither dorthin. Zarin Katharina II., Erbin des feuchten Fleckens, hatte 1773 genug und tauschte die »Region« *(Gays Only)* mit dem dänischen König gegen die Grafschaften Oldenburg und Delmenhorst.

Gewinn machte sie dabei nicht, aber das merkte die »Husaren-Hure« (Mussorgski) erst, als es zu spät war.

Den klotzigen Kielern ging es unter der klugen, freundlichen, toleranten bzw. »gütigen, milden, trefflichen« (Herder) dänischen Herrschaft erstmals gut, ja, so gut, daß sie 1848 nichts Besseres zu tun wußten, als lauthals Anschluß an Großpreußen zu fordern. Den bekamen sie nach mehreren Waffengängen denn auch i. J. 1864. Und ihre »Pinseltown Rebellion« (Frank Zappa) wurde 1865 belohnt mit der Verlegung der preußischen Flotte in den so-called Kieler Hafen. Also nahm das Unheil seinen Lauf. Einige Zeit später kam der »Kaiser-Wilhelm-« resp. »Nord-Ostsee-Kanal« hinzu. Nun war man wer. Zigtausend »shanghaite« Matrosen marodierten fortan täglich durch die muffkalten Straßen, vor Augen den Seemannstod, im Nacken die Knute der Bootsleute; Zigmillionen Seelen wurden hier für immer verdorben. Leichtfertig die Frauenzimmer – scheinbar. Tatsächlich: berechnend. 11 198 Hektar Stadtgebiet, durchtränkt vom Weichen Schanker.

Die Literatur macht, gleich allen anderen Künsten, einen weiten Bogen um die Stadt »tom Kyle«. Es gibt hier keine Dichter, wird niemals einen geben. Gott (Allah) wollte es so. Darum verlieren sich Spur und Verfasser des folgenden Textes im selben Nebel, der jeden Abend und Morgen über der scheußlichen Schrundwunde am Strand der kleinen Förde webt und klebt.

»Man fährt nicht aus Spaß nach Kiel. Nur aus Not. Die einen bedürfen einer Fährpassage gen Schweden, die andren verdienen ein Zubrot als Taschendiebe auf der Kieler Woche. Die meisten jedoch folgen dem Ruf des Vaterlandes. Verlorene sind sie, Verdammte, Verachtete! Sie wissen es, sobald sie vor die Tore des Sackbahnhofs treten. Ein dicker Himmel von der Farbe kalter Zigarettenasche lastet auf den Dächern, als habe er dort immer schon Platz genommen, als würde er sich nicht erheben, ehe die Totenhäuser unter ihm zu Staub zermahlen sind. Wie Lebertran und Schneckenschweiß kriecht die Kieler Luft unter das Matrosenhemd. Von fernher erklingt ein schwindsüchtiges Akkordeon: ›Wein nicht, mein Kind, die Sehnsucht, sie ist vergebens ...‹

Schlachtschiffgrauen Gesichtes stapfen die Eingeborenen vorüber, unschlüssig, ob sie dich jetzt töten oder vorher noch berauben und foltern sollen. Kiel sitzt dir an der Kehle, Kamerad, und, glaube mir, es wird deine Seele aussaugen wie ein Vampir das Blut seidenhäutiger –« (Fragment)

Kurzum: »Kiel ist wie Bremen, aber Bremen ist eher so wie Hamburg.«

Das Deutsche Eck in mir

Von Rolandt Saß und Harald Schamkowski

> Schlag dir das aus dem Kopf [...], es bringt nichts, noch ist es nicht zu spät, hör auf damit.
>
> *Jim Thompson*

Milano – Koblenz – Köln, 21. September 1997

Lieber Rolandt,
gestern kam ich von meinem Seminar »Selbsterkennung & -behauptung in einer komplexer werdenden Welt« (»Woher komme ich, wohin gehe ich – Wege aus der Krise«) zurück. Es war schön, endlich wieder einmal in der Toskana gewesen zu sein.

Auf der Rückfahrt war ich noch immer aufgewühlt, stand im Zuggang und starrte aus dem Fenster. Während des Seminars hatte ich erfahren, daß sich mein Leben grundlegend, von den Wurzeln her ändern muß. Sorge bereitete mir jedoch die Frage: WO ANFANGEN? Worauf soll ich die freigesetzte Energie fokussieren? Wohin gehen? In diesem Moment begann der Boden unter meinen Füßen zu beben, und der IC-Nibelungenexpreß von Mailand nach Amsterdam kam mit leichtem Rütteln und Rucken in Koblenz zum Stillstand.

Mir wurde augenblicklich klar: Von dieser Stadt sollte die Neuordnung meiner Welt ihren Ausgang nehmen. Hier sollte mein Werk beginnen, in jener Stadt, in der ich meinen Militärdienst abgeleistet hatte, der größten Garnisonsstadt Europas, einer Stadt, die ich nur allzuoft ein »verpißtes Drecksloch« genannt habe. Einer Stadt, deren Verunglimpfung ich mit Lust und beinahe sportlich betrieb. Eine Stadt, die es mir leicht machte, in ihrer Verdammung zur Meisterschaft zu gelangen – weil sie nun mal war, wie sie war.

Aber nun, nachdenklicher, besonnener und vielleicht auch weiser geworden, stellte sich mir die Frage, ob ich diesem Koblenz nicht Unrecht tat. Gerne würde ich Koblenz nochmals aufsuchen und prüfen, ob meine Wahrnehmung evtl. falsch und irrig war. Da Du ja Koblenz auch besser kennst, würde ich mich freuen, wenn Du mich begleitetest.

In Erwartung Deiner Antwort:
Harald

Vallendar, 28. September 1997

Lieber Harald!
Wie könnte ich, wo ich doch weiß, was Du erlebt hast, kein Verständnis haben für die Entwicklung, die Du gerade durchmachst. Es ist gut, Erlebtes aufzuarbeiten, sich finden zu wollen, die Dinge in seinem Leben neu zu bewerten. Aber ein wenig Sorge mache ich mir doch, v. a. angesichts Deines Vorschlags, Deiner Zeit in Koblenz und der Stadt als solcher Gerechtigkeit widerfahren zu lassen. Was willst Du dabei entdecken, welche Erlebnisse willst Du aufarbeiten, was hatte und hat das alles mit Deinem ›Leben‹ zu tun? Wie Du richtig schreibst, trage auch ich meine Koblenz-Vergangenheit mit mir herum, wie mutmaßlich jeder einigermaßen labile Mensch. Aber doch nur, um sie zu überwinden! Das Koblenz in mir ist etwas, dem gegenüber ich keinesfalls Fairneß walten lassen möchte. Eher schon Rücksichtslosigkeit. Denn die Wochen, die ich dort zugebracht habe, ja, die sich gewissermaßen in mich eingebrannt, hineingefräst und -gefressen haben, waren das Deprimierendste, Hoffnungsloseste und Geisttötendste, was ich je erleben mußte.

Man hatte mir versichert, ich könne zu Koblenz leben wie im »Herzen Europas«. Doch ich fand mich eingesperrt zwischen Krankenhäusern, Verwaltungszweckbauten und muffigen Mehrfamilienhütten, umgeben von Menschen, die wahlweise Verwaltungsdeutsch sprachen, mehrere Familien hatten oder Schwesternuniformen füllten, deprimiert von Monaten (oder Jahren?) ohne Inspiration und sensual-intellektuale Offenheit, nur allerentschiedenstes Maulaffenfeilhalten, Brüten allerorten und Verdörflichung des Bewußtseins. – Du weißt, was mir das angetan; hast selbst genug darunter gelitten. Deshalb tue ich mich schwer, Deiner Bitte zu folgen.

Nachdenklich und besorgt –
Rolandt

Köln, den 2. Oktober 1997

Lieber Rolandt,
natürlich haben wir alle unsere Koblenz-Vergangenheit. Jeder deutsche Wehrpflichtige hat seine Koblenz-Vergangenheit. Wem ging es nicht so: Vom heimeligen Zuhause wurden wir in zugige Baracken verschleppt. Wir sollten Bettdecken strammziehen, Hemdfalten planieren und den Gebrauch von Vorputz-Schuhbürsten erlernen. Statt Deutschunterricht erhielten wir Lektionen im Waffenschmieren. Statt warmer Mahlzeiten gab es zerfallene Kartoffeln im Fleischsaft. Nachmittags inspizierten schweißgeile Männer die Photos in unseren Wandschränken. Und nachts konnt' ich nicht schlafen vom Jucken der Fußpilzsalbe. War einmal Dienstschluß, dann war eben Disco. Und nicht einmal dort bekam ich jemand' zu sehen, dessen Muskeln am ausrasierten Nacken *nicht* strammstanden. Es war degradierend.

Und dennoch: Könnte es nicht sein, daß ich der Stadt gegenüber zu harsch urteile? Könnte es nicht existieren: das *andere* Koblenz? Ein hübscher, netter Ort, an dem man die Leut' in Ruh' und leben läßt?

Ich verzweifelte, gäbe es jenes Koblenz tatsächlich – und spräche eben, ohne es je gesehen zu haben, schlecht darüber. Laß uns doch noch einmal Koblenz anfahren. Laß uns versuchen, Koblenz in einem anderen, in warmem Licht und gutherziger Stimmung zu schauen.

Der Spätherbst wäre gerade gut dafür ...

Harald

Bergisch-Gladbach, 5. Oktober 1997

Harald,
ich bitte Dich! Gutherzig sagst Du, gutherzig willst Du Koblenz anschauen, das Nette an Koblenz herausfinden? Was hast Du in Deinem Seminar gelernt: Soft-thinking? Wie kannst Du das ganz Andere bedenken und dabei Koblenz im Sinn haben? Die schiere Unmöglichkeit! Neu anzufangen heißt doch: sich von Koblenz lösen! Und von allem, was damit zusammenhängt. Mensch!

Verzeih', Harald, ich wollte nicht grob sein. Du weißt, ich bin sensibel, was das Thema Koblenz betrifft. Ich habe sicher nicht das gleiche erlebt wie Du. Aber ich habe diese Stadt, mit der Du es aufnehmen willst, von einer anderen Seite gesehen, von einer Seite, die auch mir das Rückgrat stauchte (und beinahe brach!). Wann immer ich nur den Versuch unternahm, meinen bald so getauften »Koblenz-Frust« alkoholisch zu bekämpfen (und darob wahllos Kneipen aufsuchte), geriet ich unter rührige Rekruten mit Rettungsschwimmerwesten. Wann immer ich an der Strandpromenade ein Eis zu kaufen trachtete, wurde ich angewiesen, das schokoladenbekleckerte Papier BITTESCHÖN UNBEDINGT ANGEMESSEN ZU ENTSORGEN. Bemühte ich mich auf meinen der schieren Verzweiflung geschuldeten und diese noch verstärkenden Sprittouren nicht mal mehr, die Weinlokale zu umsteuern, fing mich ebenda die rabiate rheinische Fröhlichkeit ein: Saufen und Singen im Viervierteltakt. Der Sonntagnachmittag bestand darin, Schnauzbärte zu sichten, die durch Koblenz' Fußgängerzone schoben. Und weil ich gerne die Ohren zwei-Drittel-bedeckt habe, wurde ich in meinem angestammten Supermarkt als Jesusjünger beschimpft. Es schien, als sei die Bundeswehr der ideelle Gesamtvorgesetzte der Stadt.

Wenn Du meinst, es lasse sich dazwischen Gutes finden, dann freue ich mich über Dein neugewonnenes positives Weltbild. Geh' Deiner Wege aus der Krise. Ob ich Dir aber darin und gen Koblenz folgen kann, darüber werde ich immer unsicherer.

Es kommt eine ganze Menge hoch in mir ...

Rolandt

Köln, den 12. Oktober 1997

Lieber Rolandt,
könnte es nicht sein, daß wir jener Stadt und ihren Bewohnern grundlegend falsch Bescheid geben? Wäre das nicht unerträglich? Einer Stadt und besonders ihren Menschen falsch tun? Könnte es nicht sein, daß unsre schnauzbewehrten Feldwebel nett und zuvorkommend sind? Liebende Familienväter gar? Vielleicht kann man mit ihnen ja sogar reden? Evtl. diskutieren? Vielleicht haben sie sogar recht? Gegebenenfalls gibt es wirklich nichts Schöneres, als im Weindorf zu schwofen? Muß man sich denn über alles echauffieren? Kann man

sich nicht zufriedengeben mit Einfamilienhaus, Frau, Waschmaschine und einem Sohn, der Schuh-, entschuldige: Schulprobleme hat?

Ich stelle es mir behaglich vor, entlang der von Schatten befreiten Uferpromenade zu spazieren, am Kiosk mein Cornetto-Kirsch zu erwerben und zu spüren, wie der Gehirnsaft vaporisiert.

Das nette, einfache Leben: sauberer Haarschnitt, Warten auf den Sommerschlußverkauf und zwischen Grillwurst und Katerfrühstück Sorgen um den Zustand der Nationalelf und des Deutschen Ecks.

Laß uns nicht nur Koblenz besuchen. Laß uns nicht nur versuchen, Koblenz gut und schön und prima zu finden. Laß uns doch gleich nach Koblenz übersiedeln und werden wie diese Stadt: lieblich und selbstzufrieden.

Was kann es Besseres geben?

Harald

Olpe, im *Stiefel*, Montag, 23 Uhr 40

Ja, H.,

was kann es Besseres geben, wenn Du das nicht selbst weißt? Ich fürchte: tatsächlich nichts. Ich bin entsetzt. War Dein Seminarleiter Koblenzer? Oder warum denkst Du, Dein Schikksal, das mir immer noch (wenn ich auch unter diesen Umständen nicht weiß, wie lange noch) einiges bedeutet, müsse weiter von diesem Trumm von Stadt belastet werden? Wenn es um Dein Selbst geht, dann vergiß sie. Sonst vergißt Du Dich!

Überhaupt: Was ist zu loben, zu preisen an der Lieblichkeit, außer der Tatsache, daß sie für jene süße Plörre steht, mit der ich mich Abend für Abend abzudichten pflege, seitdem ich dort, unweit von Vallendar, gewesen bin. Die Lieblichkeit aber, die Koblenz den Menschen meint andienen zu müssen, ist Klebrigkeit. Klebrigkeit, die dick macht. Die Klebrigkeit der bei Hitze aufs Pflaster plumpsenden Eiskugeln, die Schweißnässe, die einen bedrängt, wenn man locker die vielgepriesene sonnenbefleckte Rheinpromenade abschreiten will, die Zähflüssigkeit der Mosel-Rhein-Loreley-Laune, die sich durch Innenstadt, Weinberge und Wanderwege wälzt, die Zuckrigkeit der Häuseranstriche, dienlich allein dem Zweck, die Buden mögen auf Prospekten eindrücklicher prangen.

Und die bied're Selbstgefälligkeit, die Du Selbstzufriedenheit nennst, die Selbstgenügsamkeit des durchschnittlichen Koblenzer Aff' – merkst Du nicht, daß sie nur zu dem Behufe in der Welt ist, Dich wieder einzufangen und zurückzuzerren dorthin, wo Du schon mal warst, Dich zum Teil einer schäbig-pittoresken Lokalkulisse zu modeln, einer bärtigen Schmierenkomödie, Dich eingemeinden zu wollen wie all die Vororte, die vor Jahren schon in den Koblenzer Sog geraten sind?!!

Ich weiß, was Du erleidest. Die Zeit, die man in dieser Stadt verbracht hat, war in allen Maßen derart verstörend, daß man außer sich geriet. Doch ist nichts gutzumachen, gerät man dieser Art auf den Ast der Innerlichkeit. Die Koblenzer Zeit ist verdorben. Deshalb rufe ich Dir zu: ENTSORGE DEINE KOBLENZVERGANGENHEIT! ENTSORGE KOBLENZ!

Ro.

PS: Sollten wir nicht lieber gemeinsam einen heben gehen – wo auch immer?

Institut für mentale Infrastruktur
[...]
59609 Wuppertal

18. 10. 1997

Herrn Harald Schamkowski
[...]
50969 Köln

Betr.: Honorierung von Seminarleistungen

Sehr geehrter Herr Schamkowski,
für das Seminar »Woher komme ich, wohin gehe ich – Wege aus der Krise« inkl. Unterkunft, Vollpension und Kursunterlagen vom 15. 09. bis 20. 09. erlauben wir uns, Ihnen den Betrag von DM 6499,– in Rechnung zu stellen.

Wir bitten darum, für einen baldigen Ausgleich zu sorgen,

und hoffen, Ihnen durch unser Bildungsangebot eine kleine Hilfestellung bei der Bewältigung Ihrer Alltagsprobleme gegeben zu haben.

Mit den besten Wünschen verbleiben wir,

[Unterschrift]

Köln, 19. Oktober 1997

Lieber Rolandt,

unlängst ist mir etwas passiert, das mich zu dem Schluß kommen ließ: Dieser gesamte Selbstfindungskram lohnt sich nicht. Was das kostet – an Kraft. Ich will mir das sparen, und das neue Fundament, auf dem ich mein Leben aufbauen will, soll eher ein finanzielles sein. Darauf kommt es doch schließlich an, und überhaupt: Ich bin doch immer gut gefahren mit meinem Koblenz-Bild. Warum sollte ich es also ändern? Es hat sich schließlich bewährt. Der Großteil der Bevölkerung teilt Deine und meine Einschätzung von Koblenz. Und so viele Menschen können nicht irren. Warum verspürt man bloß immer diesen ruinösen Zwang, alles anders machen zu wollen? Ich möchte da lieber beim Bewährten bleiben, und in bezug auf Koblenz heißt das: Koblenz ist scheiße, war schon immer scheiße und wird nie was anderes sein als Scheiße.

Laß uns nicht nach Koblenz fahren. Laß uns zu Hause bleiben.

Harald

Gütersloh, am Büdchen, 14 Uhr 30

Ach!

Jetzt bin ich dem Herrn wohl zu nahe getreten. Na, scheißrein. Ich hab' eh geladen. Echten Moselwein. Paar Pils. Und Sekt: auf Deinen großartigen Entschluß. Wenn's mal einer war. Ich versteh' den Herrn nicht. Neuerdings ist Koblenz also einfach wieder »scheiße«. Erst reißt Du meine alten Wunden wieder auf, versuchst mir den Pflock des Spießertums in den Leib zu treiben und zwingst mich, die Ära meiner größten Trinkerniederlagen vor meinen brechenden äh Augen passieren zu lassen, umgarnst mich mit Koblenzprosa und setzt unsere Freundschaft für ein dreckiges Pißloch aufs Spiel – und dann? War es dem Herrn zuviel der Mühe. Mitläufer! Kleinaktionär! Spaziergänger! Du glaubst wohl, die Angelegenheit ist erledigt, wenn Du Koblenz liegenläßt, wo es immer lag, und Deiner Wege gehst. Du meinst wohl, Koblenz ist Koblenz – und Schluß. Die Hunderte, ja Milliarden von unschuldigen Menschen, die in dieser stadtgewordenen Jugendherberge auf den falschen Weg gebracht, malträtiert und gedemütigt, ja komplett versaubeutelt wurden, sind Dir egal! Egal die Niederlagen und katastrophalen Demütigungen, die von diesem Moloch ausgegangen sind und IMMER WEITER AUSGEHEN!! Egal die GANZE WELT, sobald die Dividende stimmt!!! Ich sach Dir was: Ich mach' da nicht mit. Koblenz ist nicht Koblenz, Koblenz ist nicht scheiße, Koblenzum est delendum – und nichts anderes, mein Lieber. Jawoll.

R.

Statt-Reisen e.V.
Auf der Würth 3
56099 Koblenz

18. 10. 97

Herrn
Rolandt Saß
[...]
Gütersloh (postlagernd)

Sehr geehrter Herr Saß,
hiermit bestätigen wir Ihre Anmeldung für unser Erlebniswochenende »Koblenz zum Kennenlernen – Unbekannte Seiten einer nicht so unbekannten Stadt« (25.–27. 10. 97). Wir freuen uns über Ihr Interesse an unserem Programm und hoffen, der Wettergott wird es gut mit uns meinen. Letztes Jahr hatten wir doch noch einige regenfreie Tage.

Mit sonnigen Grüßen,
[Unterschrift]

Noch 'n Kölsch, bitte!

Von Peter O. Chotjewitz

Ursprünglich hätte ich mir nie träumen lassen, nach Köln zu ziehen.

Ich war 'n paarmal da, früher, schon in den sechziger Jahren, aber wenn mir diese Frau nicht begegnet wäre, die irgendwie nicht dazugehörte, die paßte überhaupt nicht zu dieser städtebaulichen Mißgeburt, dieser kriminellen Anhäufung von Palazzo Prozzi und Scheußlichkeiten in Beton und Sandstein, aber mit einem Schuß Alt-Nürnberg.

Ein völlig verbautes Kaff, dieses Köln. Dagegen sind Wolfsburg, Pforzheim und Berlin-Mitte urbanistische Perlen, und die sind schon ein Fanal für den Untergang des Abendlandes. Denk nur mal an die Reichsparteitagsarchitektur vom Gerling-Konzern.

Also, nä, Köln, nie im Leben, wenn diese Frau nicht gewesen wäre. Und jetzt, wo ich zehn Jahre da bin, muß ich dir sagen: Ich habe recht gehabt!

Was das menschliche Leben betrifft in dieser deutschen Pissoirlandschaft – der Ausdruck ist nicht von mir –, verfüge ich dagegen über keine besonderen Erfahrungen.

Ich sitze in meinem Kiez, lauter nette Leute, »Guten Tag, wie geht's, sieht man dich auch mal wieder«, dabei haben wir uns erst gestern nacht um eins das letzte Mal gesehen, als die Stühle hochgestellt wurden, und die fünfhundert Meter im Radius verlasse ich eigentlich nur, wenn's sein muß, schon wegen der vollgekackten Bürgersteige.

Ich bin wirklich viel rumgekommen in meinem langen Leben, Paris, Madrid, Rom, Kopenhagen, aber nirgends habe ich eine Zivilisation erlebt, die so ungeniert ihre Stadt vollscheißt wie der Kölner Hundehalter.

Nicht nur die Bürgersteige, nein! Am liebsten scheißen sie aufs öffentliche Grün, gibt ja nicht viel, wo man sich mal hinsetzen könnte, wenn's schön wird; oder diese Straßenverschönerungen, die neuerdings überall aus dem Boden gestampft werden, wirst du vielleicht schon gesehn haben.

Da werden also mit viel Getöse und gartenbauamtlichen Mitteln gewisse Boulevards geschaffen in den Wohnvierteln, Bäume und Blumenrabatten links und rechts, ein breiter Kiesweg in der Mitte, den sie mit Eisenrohren garnieren, und überall Poller, damit die bescheuerten Autofahrer, die sich auf der Nordsüdfahrt umzubringen versuchen, diese neumodischen Anlagen nicht auch noch zuparken.

Aber was ist, wenn du denkst: Jetzt geh' ich da mal spazieren? Total zugeschissen!

Um alles kümmern sie sich: Klagemauer auf der Domplatte? Muß weg, Schandfleck! Zigeuner, Roma, Fixer, Straßenmusiker, Penner, Bauwagen, Hausbesetzer, Fahrradfahrer? Schandfleck, muß weg!

Nur da, wo der Mensch sich mal ein bißchen die Beine vertreten könnte, wegen der Wadenkrämpfe, die man vom Kölschtrinken kriegt. Früher, als man jung war, haben einem nie die Beine weh getan, wenn man morgens aufstand, aber da hat man auch noch mehr Pils gezischt.

Trinkst du auch noch einen? Na bitte. Zwei Kölsch, Ernesti, dann ist aber Schluß für heute. Wo waren wir stehengeblieben? Ah ja.

So ist das in Köln. Ihr Köter ist ihnen heilig. Der Köter und das Auto. Je größer, desto besser, weil dann noch mehr Scheiße rumliegt. Nur in Köln ist es mir passiert, daß ein Nachbar zu mir sagt: »Oh! Kann man zum neuen Auto gratulieren?«

Kleines Beispiel.

Treffe ich neulich unseren Dorfpolizisten vor seinem Revier in der Elsaßstraße. Da lungern sie ja immer rum, wenn das Wetter schön ist, schlotzen ihr Eis oder schmatzen an ihrer Dönerpita. Wenn du sie brauchst, sind sie nicht da, aber dafür haben sie Zeit. Doch, ehrlich. Bei uns im Haus ist letztes Jahr dreimal eingebrochen worden. Am hellichten Tag. Einmal haben sie den ganzen Türrahmen mit rausgebrochen.

Polizei angerufen, mal kommen sie, mal kommen sie nicht. Unternehmen tun sie nie was. Lohnt sich nicht. Höchstens, daß du mal 'nen Einstellungsbescheid kriegst, wenn du Glück hast.

Wegen jedem Knöllchen gibt's ein Gerichtsverfahren, mit Zeugen, volle Besetzung, Haufen Papierkram. Aber wenn das Privateigentum, der Grundpfeiler unserer demokratischen Grunzordnung, verletzt wird? Lohnt sich nicht.

Da müssen sie schon bei einem Spitzenpolitiker in Marienburg die Orden aus der Vitrine geklaut haben, bis diese grünen Pfeifen ihren Arsch aus dem Dienstwagen liften.

Oder Körperverletzung auf offener Straße. Lohnt sich auch nicht. Da stehen sie ein bißchen blöd rum, bis der Krankenwagen abfährt, und damit hat es sich.

Du trinkst ja gar nicht?! Na, dann Prost. Noch zwei Kölsch, Ernesti, aber dann ist Schluß.

Also neulich in der Elsaßstraße: »Möchten Sie bar zahlen, oder hätten Sie lieber eine Anzeige? Mit zehn Mark sind Sie dabei.«

»Wofür?«

»Einbahnstraße falsche Richtung.«

Da bin ich vielleicht ein bißchen zu scharf geworden.

»Haben Sie nichts Besseres zu tun? In Köln wird alle fünf Minuten ein Einbruchsdiebstahl begangen, Aufklärungsquote Nullkommafünf pro Mille. Und Sie belästigen harmlose Radfahrer.«

»Das müssen Sie schon uns überlassen.«

»Und was ist mit dem da?«

»Das ist ruhender Verkehr, dafür ist die Stadt zuständig.«

Nun meinte er natürlich, ich hätte die Falschparker gemeint. Die Merowingerstraße von Anfang bis Ende zweireihig zugeparkt, zum Teil schon dreireihig. Da ist kein Durchkommen, und wenn du normal geparkt hast, brauchst du Tage, bis der Abschleppwagen kommt.

Dafür war er nicht zuständig. Aber ich hatte ja auch nur den Menschen gemeint, der seinen Köter gerade auf den Bürgersteig kacken ließ, und da hörte sich das jetzt so an, als hätte dieser Polizist gesagt: »Das Scheißen vor meiner Haustür gehört in Köln zum ruhenden Verkehr.«

Das ist genau wie mit der Kunst. Kunst und Köter, da lassen sie nichts drauf kommen. Was die Kölner Stadtverwaltung für Kunst hält, das ist wie der ruhende Verkehr auf den Bürgersteigen. Werden ja permanent irgendwelche Denkmäler aufgestellt und in der Lokalpresse bejubelt.

HA Schult und sein Flügelauto zum Beispiel. Das ist Köln, wie es singt und lacht. Überall auf der Welt muß der Halter sein Fahrzeug ordentlich entsorgen, wenn er's nicht mehr durch den TÜV kriegt und stillegen will. Nur in Köln darf er es auf den Turm des Stadtmuseums stellen und behaupten, es wäre Kunst.

Aber an solchen Geschmacklosigkeiten sind in erster Linie die Lokalzeitungen schuld. Eine Schlagzeile wie »Mit achtzehn schon Jungfrau« wäre auch nur in Köln möglich. Oder daß ich wochenlang mit der Lebensgeschichte eines Pferdehändlers gepeinigt werde, nur weil er im Zweitberuf Karnevalspräsident war.

Ich hab' mir mal die Mühe gemacht und im *Express* nachgezählt, wie oft King Size Dick oder dieser HA Schult und seine Muse erwähnt werden. Das ist die, die nicht mehr alle Kaffeekannen im Schrank hat, weil sie so viele davon hat, daß sie nicht mehr alle reinpassen.

Es ist unglaublich! Wenn du in Köln die Zeitung aufschlägst, könntest du meinen, die Welt besteht nur aus dem Herausgeber, ein paar Callgirls, die erfolgreiche Porno-Filme machen, einigen Schreckschrauben, die mit Versicherungsfritzen und Bierbrauern verheiratet sind und auf Parties für schlechte Kunst schwärmen, Willy Millowitsch, Wolfgang Niedecken, Trude Herr ihrer Nichte und der Bockmist-Theatergruppe, den versammelten Deppen von EMI Elektrola und einer gewissen Frau Käse oder Kessel, die im Mustöpfchen hockt.

Die Bevölkerung kommt praktisch nur vor, wenn sie schunkelt und ihre Kinder aus dem Fenster wirft.

Ich kann jetzt nicht alle Abartigkeiten aufzählen, durch die mir diese Stadt in den vergangenen zehn Jahren ans Herz gewachsen ist.

Ein Hauptpluspunkt sind sicher die vielen Ausländer. Ohne die hätte ich's nicht so lange ausgehalten. Die sind dermaßen verwurzelt hier, daß sie sich zum Teil schon genauso aufführen wie der Deutsche.

Aber die Vorteile überwiegen zweifelsohne. Du brauchst z. B. nicht mehr in Urlaub zu fahren; wenn du mal in einer italienischen Bar ganz ohne Deutschland sein willst, brauchst du nur zweimal über die Straße zu gehn, kriegst prima Lammfleisch, und keiner zuckt zusammen, wenn du zugibst, daß du immer noch Kommunist bist, weil der Deutsche ja praktisch weltweit die einzige Spezies ist, die den Kommunismus so haßt wie der Kölner den Arbeitsmarkt.

Na ja. Ist auch nicht alles. Das Leben geht vor. Zwei Kölsch noch, Ernesti, oder meinst du, wir hätten genug für heute? Na bitte, sag' ich doch.

Ob du hier bleibst oder nicht, ist gehuppt wie gesprungen. Oder meinen Sie, Zürich ist eine andere Stadt? Oder Stuttgart? Na bitte. Da kannst du genausogut in Köln bleiben.

Ich geh' manchmal ins Völkerkundemuseum. Ist gleich bei mir um die Ecke. Ganz hübsch. Nur die Blickrichtung ist falsch. Wie schon der Dichter sagt: »Warum denn in die Ferne schweifen?«

Die wahren Abartigkeiten liegen nicht in der Südsee, am Polarkreis oder in Schwarzafrika. Die find'st du hier in Köln. Ein Eldorado für Ethnologen.

Na, dann Prost. Bevor die Nordsee kommt.

Mein Vorschlag: Zaun drum, Schild davor, Eintritt nehmen!

Neunzehn Variationen

Von Björn Schroth

Identität gedeiht hier schwach.
Martin Walser

1.
Ich bin in dieser Stadt nicht geboren. Aufwachsen durfte ich zum Glück auch woanders. Als ich nach Konstanz zog, hatte ich jene Lebensphasen, in denen man ausschließlich von seiner Umgebung geformt wird, längst hinter mir.

Klug war ich trotzdem nicht, denn sonst wäre ich kaum freiwillig, ohne jeden Zwang nach Konstanz gezogen.

2.
Noch heute schaffe ich es nicht zu erklären, weshalb eigentlich Konstanz.

Mich bewegte ein Sentiment. Ein unbestimmtes Bedürfnis nach Naturverbundenheit und Weltabgeschiedenheit. Kräutertee und Stricksocken. Der Bodensee sollte mein *Walden pond* sein. Und ich wollte wissen, mit wie wenig zum Leben ich auskomme.

3.
Ich war beeinflußt von Hermann Hesses Seebeschreibungen und dachte, ich könnte dort etwas tun, was »zu sich selbst finden« heißt. Den Irrungen einer langwierigen und schwerblütigen Pubertät entwachsen, besinge ich heute die tollen Sportmöglichkeiten, Ski fahren in den nahen Alpen und Segeln und Wandern.

Aber ich kann weder Ski fahren noch segeln.

4.
Einmal war ich segeln, und ich langweilte mich dabei. Zu Fuß wär's schöner gewesen, und man hätte auch nicht so brüllen müssen, um den infernalischen Krach zu übertönen.

Wandern ist in dieser Region der schweißtreibende Versuch, vor Einbruch der Dunkelheit das Etappenziel des Bodensee-Rundwanderweges abzuhaken. Man verschlingt im Gehen Energieriegel und bekommt sichelförmige Salzkrusten am Hosenboden.

Aber so muß das wohl sein, in einer Stadt, der zum Flanieren die Boulevards fehlen.

5.

Für einen Menschen, der von sich behauptet, rational zu handeln, sind das dürftige Begründungen, um zwei Jahre zu bleiben. Es gab Sachzwänge: Kurz vor dem Examen wollte ich nicht noch mal umziehen.

Aber der Zuzug? Irgend jemand sagte mir, die Uni sei schön, modern und lichtdurchflutet: ein Profanbau klösterlicher Gelehrsamkeit auf dem Berg vor der Stadt. Doch das Allerbeste: Jede Fakultät sei in einer anderen Sektion des Gebäudes untergebracht, die alle gleich aussähen. Damit man wisse, wo man sich befinde, seien die Türgriffe und Geländer von verschiedener Farbe: Aha, lila Türgriffe, hier bin ich also bei den Psychologen.

Die Realität war natürlich ganz anders.

Im Frühjahr, Zeit der Schneeschmelze, mußte man durch die Gänge Slalom gehen, um nicht über Eimer zu stolpern, mit denen versucht wurde, das Tropfwasser aufzufangen. Und im Winter war die Bibliothek so kalt, daß man der Hämorrhoidenbildung nur entging, indem man sich voll auf die Heizung setzte. Und das Allerschlimmste: Die farbliche Kennzeichnung der Fakultäten war nicht in Konstanz, sondern in Regensburg. Das hatte ich verwechselt.

6.

»Zwischen den Vorlesungen kannst du ganz einfach im Bodensee schwimmen gehen!« Das machte ich nur einmal. Meistens hatte ich keine Badehose dabei, und ich bildete mir ein, zum Nacktschwimmen sei mein Gemächt zu wuchtig.

7.
Jenes eine Mal, das ich zwischen den Vorlesungen schwamm, hatte ich am Vortag geplant. Eingeladen war der russische Gaststudent, der ein Semester bei uns wohnte und Schlappen trug, mit denen ich nicht mal zum Briefkasten gegangen wäre. Morgens aß er kalte weiße Bohnen, die er aus der Konservenbüchse in einen Suppenteller kippte, angereichert durch staubtrockene Weizenbrötchen. Aus Gehässigkeit sagte ihm keiner, daß man sie aufbacken müsse. Dazu trank er Dosencola.

8.
Manchmal besuchte ihn sein Freund. Der brachte dann ein Glas Würstchen mit und rosafarbenen Sprudel in einer großen Plastikflasche.

Ihr Frühstück dauerte nur dreißig Sekunden, und sie mußten Unmengen verschlingen, weil ihnen die Hälfte immer wieder aus dem Mund fiel.

Schwimmen konnte er übrigens auch nicht. Beim Kraulen hielt er den Kopf über Wasser und schmiß ihn von einer Seite zur anderen.

9.
Ein Sommerabend am See – entspannen und die Stille genießen. Ein Traum, dessen Vollkommenheit niemals durch die Realität gestört wurde. Schwadronen von Stechmücken ließen fürchten, der Zorn eines alttestamentarischen Gottes treffe die Stadt. Oder bewiesen sie, daß auch ER Konstanz längst aufgegeben hatte?

Jedenfalls halfen sie, der mentalen Rastlosigkeit eine körperliche Dimension zu verleihen. Ständig rutschte man hin und her, kratzte und schlug sich, am ganzen Körper Schweiß. Entnervt und zerstochen ließ man den Abend ausklingen.

10.
Im Winter waren Teile des Sees zugefroren und fürs Schlittschuhlaufen freigegeben. Man konnte Pirouetten drehen zwischen Glühweinständen und Maronenbuden.

Aber Schlittschuh kann ich auch nicht fahren.

Sicher, man konnte am See spazierengehen.

Zur Linken die Altenheime und zur Rechten die brackige Süßwasserlache, die unendlich mühevoll und kleinwellig gegen die Uferbefestigung schwappte. Auf dem Rückweg waren die Altenheime rechts.

11.

Und was gibt es über die Stadt zu sagen?

Exemplarisch dies:

Konstanz hat eine etwas breitere Straße, die dazu dient, den Autoverkehr um die Innenstadt herumzuführen.

Über eine solche Einrichtung lohnt es sich eigentlich nicht zu reden, schon gar nicht, da sie die Größe einer Fußgängerzone besitzt.

In Konstanz beschwört man jedoch gleich den Infrastrukturinfarkt, die ökologische Großkatastrophe und ruppiges Verkehrsverhalten, das alles versinnbildlicht in einem Brunnen, der etwa so anstrengend provokant und kritisch ist wie das Projektwochenergebnis eines engagierten Oberstudienrates.

12.

Da sitzen aus Stein gehauene nackte Rentner mit Bierbauch und Mercedesstern im Becken und spritzen Wasser auf den Hintern einer ebenfalls nackten und unförmigen Alten. Im Nebenbecken geschieht ähnliches, und über allem schweben häßliche Putten mit Gasmasken und runzligem Arsch; eine Art Arc de Triomphe der unbequemen Zeitkritik.

Die Penetranz der reproduzierten Klischees und die pubertäre Lust am Ordinären sind für sich schon peinlich. Übertroffen werden sie nur noch von der öffentlichen Wirkung, das Ensemble dient nämlich als Fixpunkt der moralischen Standortbestimmung. Hier sieht man gleich zwei Konstanzer Tabus gebrochen: nackte Menschen zeigen und das Auto angreifen.

Und je nach Präferenz ist der Brunnen daher eine pornographische und zukunftsfeindliche Schande oder eine radikale und lustvolle Beanstandung von Mißständen.

Dieses Ding einfach zu ignorieren oder friedlich mit Efeu zuwachsen zu lassen – undenkbar.

13.
Etwas ähnlich Behämmertes steht auf der anderen Stadtseite am Seeufer: die überdimensionale Figur einer Frau mit ausgeprägten sekundären Geschlechtsmerkmalen und einem Kleid, das bis zu den Hüftknochen aufgeschlitzt ist. Auf ihren Handflächen hockt in Schulterhöhe jeweils ein kleiner fetter Mann, König und Kardinal. Die Frau versinnbildlicht die Macht und dreht sich mit dem Wind.

Subtilität, keine Stärke des Konstanzers. Und seine Vorstellung von Keckheit entspricht der eines kleinen Jungen, der auf Frauenphotos Schnurrbärte malt.

14.
Diese, sagen wir, distanzierte Reflexion der Macht soll die Erinnerung wachhalten an das einzige Mal, als Konstanz mit der Macht in Berührung kam: dem Konzil vor deutlich über fünf Jahrhunderten, einer mehrjährigen katholischen Fachtagung, die ihren feierlichen Höhepunkt in der Verbrennung des Tschechen Jan Hus fand.

Das mag jetzt nicht das Stichwort liefern, um die Xenophobie des Provinzlers zu besprechen. Die unterscheidet sich hier nicht von jener in anderen Regionen, in denen »Ausländer« Synonym ist für Asylbetrüger und Krankheitsüberträger. Methusalix fände Zustimmung: »Ich habe nichts gegen Fremde, aber diese Fremden sind nicht von hier.«

15.
Zwischen dem historischen und dem der ökologisch bewältigten Zukunft zugewandten Größenwahn, symbolisiert durch Konstanz' Skulpturblamagen, liegt das, was Karl Baedeker »malerische Altstadt« nennt – und deren Sehenswürdigkeiten ihm einen Stern wert sind.

Eine deutsche Standardstadt, ausgestorben, sobald die Geschäfte schließen. Schatten nur, wenn ihn die Ladenzeilen werfen. Citybegrünung wird durch Betonkübel voller Stiefmütterchen erledigt. An der Ecke eine Indio-Gruppe, die »El Condor pasa« intoniert, kleinen Mädchen Bänder ins Haar flicht und hier noch verlorener als anderswo wirkt.

16.
Was in Konstanz aus dem Rahmen fällt, versprüht den spröden Charme der frühen Adenauer-Ära. So das Schaufenster eines Kugellagerladens: drei Kugellager auf roter Karodecke.

Wer's gesehen hat, weiß, wieso der Name dieser Stadt zum Synonym für Unveränderlichkeit werden konnte.

17.
Museen gibt es drei. Und wer frühmorgens anfängt und ganz sorgfältig ist, wird mit ihnen erst zum Mittagessen fertig. Besondere Erwähnung verdient die Ausstellung »Die Schraube im Wandel der Jahrhunderte«. Vornehmlich fickrige englische Gaststudenten besuchten sie, die lernten, daß »screw« auf deutsch keine zweite Bedeutung hat.

18.
Man beginnt hier leicht, sich über Kleinscheiß aufzuregen und ihn schließlich hinzunehmen. Und bevor man sich versieht, nimmt man den Gestank nicht mehr wahr, sondern nur noch die Wärme und findet es gemütlich. Außerdem ist die Stadt so trist, daß es kaum Spaß bereitet, einen Witz über sie zu machen.

Mein Wegzug wurde nötig, als ich merkte, mit so wenig zum Leben nicht auszukommen.

19.
Ich glaube, wenn die Stadt Konstanz ein Mensch wäre, würde sie zu jenen gehören, die man als Kind auf dem Pausenhof immer verprügelt hat.

Potenzprobleme

Von Rainer Moritz

Am schwersten haben es Städte mittlerer Größe. Sich über Klein- und Kleinststädte wie Brunsbüttel, Schwandorf oder Rottenburg herzumachen, dazu bedarf es keiner großen Kunstfertigkeit. Ihr Naturell ist mit flinker Feder abschließend zu denunzieren; ihre Kritiker dürfen des geballten Zorns der Stadtväter sicher sein, denn der in Brunsbüttel, Schwandorf oder Rottenburg Lebende weiß natürlich im Innersten seiner Seele, daß er nicht das große Los gezogen hat, und reagiert deshalb auf Anfeindungen besonders allergisch.

Anders steht es um Millionenstädte, die es mühelos verkraften, von randständigen Schreiberlingen mit Schmutz beworfen zu werden. Wo viele Hunderttausend Menschen leben und die geographische Ausdehnung zwangsläufig stattliche Dimensionen erreicht, echauffiert sich so schnell niemand. Natürlich sind auch Hamburg oder München (und Berlin sowieso) Teil der erdballumspannenden Ödnis, doch gut beraten, nehmen sie das nicht allzu schwer.

Was aber ist mit Gemeinwesen, die zahlenmäßig als richtige Großstadt gelten und die gleichzeitig von wahrer Größe weit entfernt sind? Wie also steht es beispielsweise um Hannover, Stuttgart oder Leipzig? Oder noch konkreter: Läßt sich mit Leipzig etwas anfangen?

Nein, lautet die lapidare Antwort. Denn fast alles, was die Stadt in den letzten Jahren an Anstrengungen unternahm, das Bild eines aufsteigenden Marktfleckens zu präsentieren, verströmte den Geruch lächerlich anmutender Großspurigkeit. Leipzig will und muß nach vorne, um sich als Wirtschafts- und, so Gott will, Kulturzentrum des Ostens zu etablieren, und von Anfang an tat man dies mit einer Inbrunst, wie sie nur schlechte Imagepromoter an den Tag legen. Beginnen wir beim Schlimmsten: »Leipzig kommt«, so schallte es lange von den Plakatwänden – eine Aufforderung zum kollektiven Höhepunkt, die der mit Verstand Gesegnete nur als Drohung aufzufassen vermag. Ein »Kommen«, das derart lautstarker Ankündigung bedarf, kaschiert, sexualtherapeutisch gesehen, natürlich vehemente Potenzprobleme und ist Ausdruck höchst problematischer Verdrängungen. Kein Wunder, daß sich »Meinungsträger« wie das Stadtmagazin *Kreuzer* dazu aufschwingen, Leipzig mit kalifornischer Geste als »L. E.« zu apostrophieren. Das schmerzt, vor allem, wenn jenes Stadtmagazin selbst in den Augen Böswilliger kaum mehr denn eine zur Selbstbeweihräucherung neigende Querbeetpostille darstellt.

Genau da liegt das Dilemma der Stadt: Geht sie daran, Neues zu installieren, gefällt sie sich darin, offenkundig durch das Renommee längst vergangener Tage bestärkt, dieses Neue pompös zu verkaufen. Immer und immer wieder tut die »Heldenstadt« des Guten zuviel – sei es, wenn man ein Messegelände vor die Stadt verlegt, das mit der Welt konkurrieren will und nicht weiß, wie; sei es, wenn man den ehrwürdigen Hauptbahnhof zur Erlebnispassage umformt, in der – kaum ist der erste Lack ab – wurstreiche Imbißbuden, ungezählte Backfilialen und Durchschnittsboutiquen den Ton angeben; sei es, wenn man verzweifelt bemüht ist, seinen Ruf als »Buchstadt« zu retten, und deshalb ein mit niederschmetternder Innenarchitektur geschlagenes *Haus des Buches* baut, dessen Atmosphäre den »Tod der Literatur« als alleinig rechtfertigende Maßnahme erscheinen läßt; sei es, wenn die *Leipziger Volkszeitung* eingedenk ihrer Monopolstellung schamlos jede typographische Sorgfaltspflicht außer acht läßt und sich gleichzeitig als Blatt von Format aufspielt; sei es, daß man sich als Olympiastadt wähnt und schon die ersten Hürden reißt; sei es, daß man den Deutschen Bücherpreis unter tatkräftiger Mithilfe des furchtbaren Mitteldeutschen Rundfunks so zelebrierte, daß den Verantwortlichen nichts anderes übrigblieb, als ihn sofort an den Main nach Frankfurt zu verlegen.

Das alles ist entsetzlich und rührt, wie gesagt, allein daher, daß man auf Teufel komm raus der von der Natur zugewiesenen Mittelmaßebene entkommen möchte. Leipzig weist, bei Lichte besehen, vermutlich eine normal hohe Zahl von Scheußlichkeiten auf. Nennen wir einige Phänomene beim Namen: Das von Einkaufszentren der perfidesten Art eingekesselte Umland ist frei von Naturschönheiten. Das konsequenterweise von Neonationalisten als Versammlungsort wiederentdeckte Völkerschlachtdenkmal verdient es, endlich durch die Sprengmeistergilde als Versuchsobjekt genutzt zu werden. Die im Stadtteil Gohlis feilgebotene »Gose« ist ein Bier, das auf Grund seiner spritzig-ekligen Säure nicht zu den ernst zu nehmenden Getränken zählt. Der im »Herzen« der »City« liegende Sachsenplatz hat alle Chancen, als Deutschlands häßlichste Leere ausgezeichnet zu werden. Die samstägliche Häufung bunter Jogging- und Hausanzüge in der lange Zeit demütigend verbauten Hainstraße übersteigt alle ostübliche Kunststoffrecycelästhetik, und ein Badevergnügen in der Plörre des Kulkwitzer Sees möchte kein mit Hautproblemen behafteter Zeitgenosse mehr als einmal genießen.

Das alles ist Leipzig, und das wäre schon schlimm genug. Das Maß des üblichen Weltekels freilich übersteigt die freche Lobhudelei, mit der sich Zugereiste oder windschnittig verwestlichte Einheimische einreden, man habe es hier mit etwas ganz Famosem zu tun. Daß Leipzig viele baufällige Häuser aufweist, diese nach und nach in lange leerstehende renovierte Edelensembles umgewandelt werden und somit an zahllosen Ecken und Enden alte und neue Häuser nebeneinanderstehen, ist ein recht normaler Zustand – in den Augen seiner Bewunderer jedoch Sinnbild des kulturellen Fortschritts. Leipzig, das ist dann die »offene« Stadt, die sich »nicht festlegen« läßt, in der »alles möglich« sei, was der »verkrustete«, dekadent-spätkapitalistische Westen nicht mehr auf die Beine bringe. Leipzig, das ist dann die Stadt des »Nebeneinander«, auf die alle nie erwachsen Gewordenen ihr psychisches Hin und Her projizieren dürfen: Hier verändert sich alles von einem Tag auf den anderen, und so haben wir uns doch unser Leben immer vorgestellt – »heute so, morgen so« (Roberto Blanco).

Nicht zuletzt gibt Leipzig Altvorderen die Hoffnung, die Ideale einer Zeit, als mit Adorno und Uschi Obermaier gut diskutieren war über die Revolution, ließen sich in Leipzig reanimieren. Helmut Böttiger z. B. beschrieb 1994 in seiner Schrift *Rausch im Niemandsland* unter der Überschrift »Leipzig kommt schnell und gewaltig – Einblicke in die Stadt der Zukunft« all das, was jeder zugereiste Cabriofahrer und Immobilienverhökerer gerne hört: In Leipzig walte, heißt es da, eine »Dynamik«, eine »Beschleunigung der Alltagsgefühle«, eine »Entfesselung der Gefühle«, und »selbst das Bier«, so Reiseführer Böttiger, werde in Leipzig »mittlerweile bewußter getrunken«. Bei soviel Reflektiertheit nimmt es nicht wunder, daß in der ganzen Stadt zuletzt ein »einziges Pochen, ein Heben und Senken« wahrgenommen wird und auch dem klassisch schönen sächsischen Dialekt plötzlich »Wärme« und »Heimeligkeit« beiwohnen.

Da liegt der Hund begraben: Leipzig will toll und tough sein, will sich nicht mit der Rolle einer unauffälligen Großstadt begnügen. Muß das sein? Kann Leipzig nicht einfach Ruhe geben – wie, sagen wir, Duis- oder Augsburg? Warum immer dieses abgedroschene Sichwichtigtun mit der versunkenen Vergangenheit, die mal *Auerbachs Keller*, mal Kurt Masur, mal »Pleißathen« und mal Täve Schur heißt? Warum immer in lichte Höhen streben, wo der ortsansässige Fußball in die Elendsregionen abstürzte und die Oberbürgermeister der Stadt so symbolträchtig bodenständige Namen wie Lehmann-Grube oder Tiefensee tragen?

Es tut Menschen und Städten nicht gut, die eigenen Grenzen zu ignorieren. Leipzig kommt nicht – heute nicht und morgen nicht. Es hat den ehrwürdigen Reclam Verlag in seinen Mauern, das muß genügen.

Meerumschlungene Hochkultur

Von Eckhard Henscheid

Was ist das für eine Stadt, in welcher zwar jener bekannte Roman *Buddenbrooks* spielt, der dann 1929 endlich und mit achtundzwanzig Jahren Verspätung den Nobelpreis abkriegte; deren langjähriger Ex-Oberbürgermeister Michael Bouteillier (SPD) aber keine siebenundsechzig, sondern schon sechsundsechzig Jahre später seinen unter größtmöglichem Getöse neu nach Lübeck zugezogenen Promibürger G. Grass vor dem Hintergrund der partiell unfreundlichen Resonanz auf den Dickschmadderroman *Ein weites Feld* in bestmöglicher sozialdemokratischer Goebbelstradition gegen »zersetzende« Kritik in Schutz nimmt, um schließlich triumphal festzustellen: »Mann redivivus«? Was ist das für eine Stadt und sogenannte Hansestadt (momentan: 214410 Insassen), in der jener Grass sodann nur noch auf das erlösende Auslöserwort wartete und es sich gesagt sein ließ, sich noch mehr aufzublasen und sich nämlich noch inniger und sinnfreier an diesen fürs Geschäft immer noch weißgott sehr nützlichen Th. Mann ranzuschmeißen und wie dieser endlich den Nobelpreis einzusacken, um dann sogar noch einen entscheidenden Schritt weiterzugehen und unter Mißachtung des ja gleichfalls lübeckgebürtigen und aber mehr negligeablen, ja störenden Heinrich Mann die Einheit gleich noch eherner zu schmieden, nämlich zur Trias:

Nämlich vor zwei Jahren ließ Grass sich zuerst peu à peu, dann immer gußeiserner und Fluchtmöglichkeiten beschneidender den genialen, zumindest aber grunzdummen Bauerntrick einfallen, die eingeschüchterten Lübecker, und ihre sozialdemokratischen Stadtväter voran, mit der Schmeichelei zu umgarnen, wie es doch weltweit ziemlich, ja absolut einmalig sei, daß gleich drei Nobelpreisträger, noch dazu so verschiedener Ressorts (Friede, Epik, Dummgeschwätz), mehr oder weniger geborene oder jedenfalls sonstwie konstitutionelle Lübecker seien; daß aus so einer kleinen Stadt gleich drei Stück kommen; nämlich Willy Brandt, Th. Mann und eben er, Grass, ja neuerdings auch – und dafür gelte es jetzt aber ein dreifaches Signal als unsterbliches Denkmal in Lübeck aufzuziehen, nämlich neben dem längst existenten Buddenbrookhaus auch ein Willy-Brandt-Haus und im Verbund eben damit aber auch gleich noch ein G.-Grass-Zentrum – und siehe da, übers Jahr war es dann auch schon soweit, dieses Grass-Zentrum in der Glockengießerstraße 21 wurde vor den benommenen Augen und Ohren der Bürgerschaft aufgetan – das Brandt-Haus aber soll, angrenzend und »durch einen Kubus verbunden«, nächstens nachrücken, mit einer »Cafeteria« in diesem Kubus; und, so darf man heute schon sicher sein, mit einem Weisepfeil: »Besuchen Sie auch durch den Kubus hindurch das G.-Grass-Zentrum!«

Mag ja sein, daß Grass nur zu dem Zweck von Hamburg oder Danzig oder weißgottwoher nach Lübeck gezogen ist, um dort mit Pomp diesen neuerlichen Unsterblichkeitsuntermauerungsversuch zu veranstalten; mag sein, daß ihn sodann das bereits etwas gewohnte Leben mittenmang unter den ja sonst nicht so sehr inspirierenden Lübeckern auf die Glanz- und Grappa-Idee brachte; was aber, nochmals, ist das für eine meerumschlungene Hanse- und Hochkulturstadt, deren Bürgerschaft dem Grassschen Unheilstreiben zwar zunächst einigen Widerstand entgegenstemmte und das Dreierpackprojekt als »so unnötig wie ein Kropf« zurückwies; die aber dann doch den seitens Grass ruchlos verheuchelten Schöntuereien von wegen »glückliches Lübeck, armes Lübeck« usw. nachzugeben begann – zu vergessen begann, daß in dieser ihrer Heimatstadt wie zum Beweis des Gegenteils von Kultur ja auch noch ein nutzlos durchgefütterter Frührentner namens Bj. Engholm lebt, nominell geführt als Kulturmanager im Rahmen so großartiger Dinge wie einer »Agenda 21« und gar des »Pro Baltica Forums«; jener Ex-Ministerpräsident Engholm, wie er bis zu seinem persönlichen Niedergang 1993 sogar als SPD-Kanzler aufgeboten oder dann wenigstens als selbst eingebrachter Lübecker OB-Kandidat kurz im Angebot war, ehe er, Engholm, sodann geschmerzt erfahren mußte, daß es einen solchen OB hier schon gibt.

Was, ein letztes Mal, ist das für eine Stadt, die zwar neuerdings unangefochten die Schach-Bundesliga-Tabelle anführt, aber, sieht man genauer hin, doch nur mit einem (die Baltica-Connection Engholms?) mitgebrachten spanischen Exil-Letten namens Alexander Schirow? Was ist das für eine angeblich stolz in der Meeresbucht gelegene Stadt, in welcher laut Th. Mann einst Patrizier- und Kaufmannsfamilien das machtvolle Sagen hatten, in der aber nunmehr ein unter fadenscheinigsten Gründen zugeeilter, ja zugewieselter G. Grass die ganze Zivität narrt und am Gängelband seiner finsteren Großplanungen zieht, all diese scheinbar stolzen Schleswig-Holsteiner, wie wir sie noch unlängst als sogenanntes Holsten-Tor zumindest auf unseren guten alten 50-Mark-Scheinen zu schätzen wußten! All diese in Tat und Wahrheit aber schwerst bouteillier- und engholmbescheuerten Lebewesen und auch sonst gravierendst »verhatschten« (Karl Kraus, der aber zu seinem Heil nie in Lübeck war) Existenzen und sonstigen Schrumpfformen, die da nunmehr mit ihrem Mann-Grass-Brandt-Supercenter natürlich besonders behämmert aus der bescheuerten Wäsche schauen – denn: auch jetzt, mit diesem Center-Triptychon, hat sich ja für die braven, in Wahrheit steintörichten und offensichtlich besonders leicht zu prellenden Lübecker ja partout nichts geändert. Geschweige denn erleichtert. Oder gar erledigt.

Nach wie vor streunen trostlose Katzen, ältere Hunde, Engholm, der neue OB und unverbrüchliche Pfeifenraucher Bernd Saxe, zu Recht verlassene Witwen und jetzt eben auch G. Grass durch die Stadt, im trüben Licht des nahen Nordens; wackeln sie unterm Protektorat des Holsten-Tores hin und her, Grass einmal täglich zwischen 14 und 15 Uhr, Engholm in seiner Eigenschaft als emsig-agilitätsbeschlagener Baltikumsberater jetzt schon bis zu siebenmal täglich quer durch die nach wie vor funzelig dämmrige Altstadt, zum tiefen Augenschmerz der noch geduldigsten und aber an alles gewöhnten und sich jetzt offenbar auch damit abfindenden Lübecker; die da, zumal zum Wochenende, ja auch noch »als Beitrag zur weiteren Stadtverschandelung« (Wolfgang Wandel) betrunken einfallende und noch viel betrunkener wieder wegrauschende Wildgänse von Skandinavierhorden erdulden müssen; fast zu schweigen von dem furchtbarst widerwärtigsten Getue und Gehacke des sogenannten Weihnachtsmarkts, auf den der eingeborene Lübecker aber nun schon ganz besonders stolz ist; auch sonst fehlt es der Stadt nicht an unsäglichst abgerissenen Menschenformationen; sonst aber, das gute Marzipan beiseite, praktisch an allem:

Es hat in Lübeck keinen richtigen Flugplatz, keine Staatsoper, es hatte noch nie einen Erstligafußballclub, es hat kaum eine ordentlich gemischte Sauna, es gibt keine attraktive Drogenszene – dafür aber Fehler und unverzeihliche Mißgriffe im Städtebaulichen: befremdliche Stilmelangen aus Hochgotik und spätester Postmoderne, aus Jugendstil und schwer degeneriertem Hansa-Backsteinbarock vom Scheußlichsten – und eben verfehlteste »soziologische Gruppierungen« (Gerhard Polt) fast aller Art: außer Brandt und den Brüdern Mann und Grass auch noch Frau Grass, genannt Ute, dann die alten und schon sehr vergreisten Seeleute Kuddeldaddeldu und Kuddeldaddelsie – Hans Albers auch, Golo Mann, endlich auch diese ganze verräterisch dumpfe Mannschaft vom Kieler *Arkadencafé*, also neben den geschworenen Pfeifenrauchern Engholm und Saxe auch noch diese ganzen Barschels und Pfeiffers und diesen hibbeligen Klaus Kribben, freilich, dort im *Arkadencafé* und im Western-Safari-Hightechlife-Pub neben dem Grass-Center ließ man sich schon 1987 diesen ganzen Stuß rund um die Brandtnachfolge, Pro Baltica und Freia-Barschel-Ermordung einfallen – ja und auch sonst kommen halt einfach die minderwertigsten Figuren und Charaktere der deutschen Nationalgeschichte und der internationalen Kriminalitätsszene aus ausnahmslos Lübeck-Mitte: Möllemann, Frau Engholm, Honecker, Ulbricht, Grotewohl, Strauß, Netanyahu, Hitler, Saddam Hussein, Jan Hus – –

Decken wir den Mantel des Schweigens drüber; es ist dies eine Liste der Beschämung und der Trauer; wie der Name der Stadt heute ausschließlich mehr traurig, traurig, traurig tönt; ja eigentlich schon verflucht.

Recht schön mahnt allerdings diese mittelgroße, eckige, spitze Kirche mitten in der Stadt; sowie jenes nette Wässerchen (Bach? Kanal?), was sich so irgendwie rundlich um die Altstadt schlängelt.

Offener Brief an Herrn Bundeskanzler a.D. Dr. H. Kohl

Von Oliver Maria Schmitt

Sehr geehrter Herr Dr. H. Kohl,
um mich kurz vorzustellen: Ich bin seit kurzem ADAC-Mitglied und bitte Sie, mir in den nächsten Tagen den Betrag von DM 11 086,45 auf mein Konto Nr. 239 637 bei der Kreissparkasse Heilbronn zu überweisen.

Begründung:

Nicht alle waren glücklich und feierten am 3. Oktober den Tag der Deutschen Einheit. Ich machte mir Sorgen. Sorgen um Deutschland. Und ich war nicht allein. Auch der Frankfurter Privatier und Kunstraucher Bernd E. machte sich Sorgen. Sorgen um Deutschland. Um Ihr Land, Herr Kohl, dessen Geschicke Sie nun leider nicht mehr lenken können.

Genau das bekümmerte uns, und dieser Sorge wollten wir im Rahmen einer politischen Aufklärungsveranstaltung glaubhaft Ausdruck verleihen. Mit einem Lichtbildervortrag über die Geschichte der Deutschen Wiedervereinigung, die Sie, Herr Kohl, damals so überaus elegant im Handstreich erledigt haben. Und wo wäre eine solche Kohlwürdigungsveranstaltung besser aufgehoben als in Ihrer Heimatstadt Ludwigshafen? Doch nirgends! Wir also nix wie hin nach Ludwigshafen am Rhein.

Ja, Ludwigshafen, Herr Kohl. Die Stadt, die außer Ihnen und ausgerechnet Ihrem Erzfeind und ehemaligem Schulkameraden K. Biedenkopf nichts, buchstäblich gar nichts hervorgebracht hat. Allenfalls noch den Querdenker Ernst Bloch, der, kaum hatte er dieses Geschwür am Rhein verlassen, auch schon notgedrungen den Vor-Schein erfand, denn der bloße An-Schein Ludwigshafens schien ihm schon gar zu unerträglich.

Und genau dort hatte auch schon der geheimnisvolle Pfälzer Kulturaktivist Dieter Steinmann einen passenden Veranstaltungsort für uns aufgetrieben, nämlich das erst kürzlich zum Kulturpalast umfunktionierte ehemalige Straßenbahndepot der Stadt. Dort sollte die Sie so ehrende Matinee um 11 Uhr stattfinden.

Am Sonntagmorgen, die offiziellen Feierlichkeiten am vorangegangenen Einheits-Day waren mählich verebbt, verließen wir das *Steigenberger Hotel* zu Mannheim, in dem wir standesgemäß logiert hatten, und stürzten uns frohgemut in den sonnigen Tag. Mit einem neuartigen Infrarotschlüssel funkten wir gegen 10 Uhr unser Auto auf, dann schwebten wir geräuschlos in unserer zwanzig Meter langen Daimler-Benz-Kombilimousine ins benachbarte Industriegebiet Ludwigshafen.

Natürlich war uns nicht im Traum eingefallen, dort drüben, jenseits des Rheins, in der Nähe der Badischen Anilin- und Soda-Fabrik zu nächtigen; denn daß Ludwigshafen nüchtern und ohne Schutzbrille keine fünf Minuten zu ertragen ist, das wußte der an Bord befindliche Ludwigshafenkenner Bernd E. aus eigener schlechter Erfahrung. So überquerten wir den Rhein und suchten das Gefängnis, in dessen Nähe, so war uns mitgeteilt worden, sich das Kulturdepot befinden sollte.

Unglaublich, wie häßlich hier alles war!

Einen umherstreunenden Ludwigshafener, der vor lauter Ödnis nicht mehr schlafen konnte, fragten wir nach dem Gefängnis. Statt Auskunft zu geben, stellte er sich tot. Offensichtlich war er gerade ausgebrochen und hielt uns für Polizisten, die ihn wieder zurück in seine Zelle chauffieren wollten.

Wir schwebten weiter und überquerten aus Versehen noch mehrere Male den Rhein, bis uns eine freundliche Pensionistin darauf aufmerksam machte, daß wir mitnichten in Ludwigshafen, sondern im Mannheimer Stadtteil Neckarstadt seien und der Fluß, der uns schon die ganze Zeit zu schaffen gemacht hatte, folglich nicht der Schicksalsfluß Rhein, sondern der Schwabenstrom Neckar sei.

Schöne Scheiße! Noch zwanzig Minuten bis zur Matinee! Mit zugeschalteter Turboeinspritzung kachelten wir zurück nach Mannheim, bis wir aus Versehen einen anderen Fluß entdeckten, der nach unseren Berechnungen der Rhein sein mußte. Niwwa iwwa die Brick und Atemanhalten waren eins: Unglaublich, hier war ja alles noch häßlicher!

Kein Zweifel – das war nun wirklich Ihre Geburtsstadt Ludwigshafen, Herr Kohl!

Amtliche Wegweiser führten uns über Betonwucherungen durch Baustellen und Fußgängerzonen, bis wir schließlich den Knast und den riesigen Komplex des Straßenbahnkulturdepots erreichten. Hier pflegte man vor allem eine Kultur der Geschlossenheit, denn ausnahmslos alle Türen waren verrammelt und dicht. Wir mußten wohl oder übel andere Gebäudeteile anfahren, aber das war kein Problem, denn wir hatten ja noch vier Minuten bis elf.

Bra-batsch! Mit Gefühl und sauber dosiertem Bleifuß setzte ich zurück und die Limousine krachend gegen einen riesigen gußeisernen Laternenpfeiler. Im Gegensatz zum Auto blieb der Pfeiler von der Karambolage völlig unbeeindruckt.

Nicht so mein Beifahrer. Fix sprang er aus dem Karren, taxierte begeistert den Heckschaden und schrie: »Das wird teuer! Rücklicht gesplittert, Kotflügel über die Länge des Radkastens eingedrückt und gerissen, Heckschürze gesplittert und aufgerissen, das wird teuer, Sie Rindviech!« Ich blieb völlig cool und entgegnete, daß mich das nicht die Bohne interessiere, das sei schließlich nicht mein Wagen.

»Wie – der ist gestohlen? Sind Sie verrückt? Da drüben ist das Gefängnis!« Seine Hysterie sei lächerlich, beschied ich E., und dieser Riesenbock da natürlich ein Leihwagen und als solcher bestens versichert. Und an dem Laternenpfosten sei schließlich keinerlei Schaden entstanden.

Zufrieden setzten wir unsere Reise fort. Im Eingang eines mehrere Kilometer entfernten Gebäudetraktes empfing uns ein aufgeregt rauchender Herr. Er zeigte sich sehr interessiert an unserer Lesung, denn er hatte die Aufgabe, diese in technischer Hinsicht vorzubereiten.

»Ich hab' keine Ahnung, was ihr hier wollt oder vorhabt«, sagte der Herr, saugte an seiner HB und führte uns nach innen. Dort präsentierte er uns mit stolzer Gebärde einen völlig kahlen Raum ohne Stühle, ohne Tische, ohne Licht und ohne Luft.

Nur drei weitere Herren standen darin und rauchten um die Wette. Einer begnügte sich mit dem Hinweis, daß »hier eben Ludwigshafen« sei, der Veranstaltungsort ferner neu und noch nicht eingeführt und zudem Sonntagvormittag. Ob uns das keiner gesagt hätte. Ein anderer betonte, daß es in Ludwigshafen eh kein Vortragspublikum gebe, sondern nur »Schaffer bei der BASF« und daneben eine verschwindend kleine Ausbeuterelite, die jedoch ihre Villen nie verlasse. Wenn wir doch wenigstens, so meinte der Dritte, einen Namen hätten. Wenn wir z. B. Henscheid hießen oder Goldt oder Droste, »dann wären hier bestimmt fünfzig Leut' hergeströmt ... oder sagemermal dreißig ... oder fünfundzwanzig«, korrigierte er seine Hochrechnung nach unten. Aber so, lediglich als Herr E. und Herr S., das sei natürlich schwierig.

Kein Grund jedoch zur Verzweiflung. Er schaute aus dem Fenster hinunter auf die Straße und rief: »Na, wer sagt's denn – da strömen ja schon drei!«

Es war gar nicht so einfach, das Publikum von der geplanten Annullierung der Lesung zu überzeugen. Zwei ältere Damen drehten zwar willenlos bei, eine energischere aber ließ sich nur schwer abwimmeln. »O nein«, heulte sie, »ich bin extra gekommen, weil ich mir das Gebäude anschauen wollte!« Wir ließen sie schauen und verstauten unseren Diaprojektor im kaputten Fahrzeug, um diesen Ort der Schaffer und Paffer so schnell wie möglich zu verlassen.

Der Vorteil einer Zentralverriegelung ist ja, daß sich alle Verriegelungsknöpfe im Auto gleichzeitig automatisch senken. Gebannt folgten Herr E. und ich diesem Schauspiel. Von außen natürlich. Dann wollten wir einsteigen und stellten fest, daß alle Türen verriegelt waren. Von innen natürlich. Von dort, wo auch mein Jackett mit dem Infrarotschlüssel lag. Ich hatte es zuvor in den Wagen gefeuert und die Heckklappe zugeknallt. Nun kamen wir nicht mal mehr in unser Wrack.

Auf den ADAC-Pannendienst mußten wir eine Stunde warten, weil er sich gegenüber im Gefängnishof verfahren hatte. Der Fahrer jedoch war sehr freundlich, ja geradezu sympathisch. Er lachte, als er unser verriegeltes Autowrack sah. »Hahaha«, meinte er, »das sind die neuen mit Infrarotschloß, die krieg' ich nicht auf.« Dann wurde telephoniert. Die Leihwagenfirma bot an, einen Ersatzschlüssel zu schikken, der wäre dann in zwei Tagen da. Das hätte allerdings einen gewaltigen Nachteil: Man müßte zwei volle Tage in Ludwigshafen bleiben. Kam überhaupt nicht in Frage.

Da war der Notrufdienst der Daimler-Benz AG schon kooperativer. Kein Problem, meinten die, einfach die Scheibe einschlagen, dann könne man ja die Jacke rausholen. Nur ginge dann natürlich meine Jacke kaputt und die Alarmanlage an. Und die Aussicht, zu zweit nach einer abgeblasenen Lesung am Sonntagmittag mit zerfetzter Kleidung und einem verbeulten und scheibenlosen Mercedes-Benz rhythmisch hupend durch Ludwigshafen zu eiern, das schien weder Herrn E. noch mir sonderlich verlockend.

Also feuerten wir den Pannenmann an, das Äußerste zu geben. Nach längerer Suche entdeckte er eine nicht ganz ins Schloß gefallene Türe, die er sodann mit einem aufpumpbaren Preßkissen quietschend und krachend aus dem Türrahmen pumpte; so lange, bis ein Spalt frei war, durch den er mit einer drei Meter langen Stahlstange mit Angelhaken im Wageninneren nach meiner Jacke fischen konnte.

Kurz und gut, Herr Kohl: Um den Pannenmann und seinen Arbeitgeber menschlich nicht zu enttäuschen, wurde ich ADAC-Mitläufer und bin jetzt eins von elf Millionen Parteimitgliedern. Anschließend hatten wir noch einen schönen Tag in Speyer, wo Heiner Geißler gerade zusammen mit dem Bischof eine Ausstellung scheußlichster Kirchenkalender eröffnete.

Am nächsten Morgen, Herr E. hatte sich längst wieder in seinem Humidor verkrochen, knatterte ich mit der Daimler-Benz-Ruine zur Annahmestelle der Leihwagenfirma und gab den Wagen zurück. »Das wird teuer!« schrie der Leihwagenentgegennehmer und fuchtelte mit den Papieren. Ich blieb völlig cool und entgegnete, daß mich das nicht die Bohne interessiere, das sei ja ein Leihwagen, und der sei schließlich vollkaskoversichert.

»Aber nur, wenn man auch eine Vollkaskoversicherung abgeschlossen hat, und Sie haben das nicht!« kreischte er und deutete auf ein von mir völlig unbeachtet gebliebenes

Ankreuzkästchen auf den Papieren. »Das wird teuer!« brüllte er abermals und fing an zu rechnen: »Rücklicht gesplittert 900, Kotflügel über die Länge des Radkastens eingedrückt und gerissen 3500, Heckschürze gesplittert und aufgerissen 1665,90, Arbeitszeit 4020,55 und noch mal 1000 Idiotenzuschlag, Sie Rindviech!«

Das mit dem Idiotenzuschlag sehe ich ja noch ein, auch das mit dem Rindviech, denn das sagen ja alle, aber mit den restlichen 10 086,45 und vor allem mit der ADAC-Mitgliedschaft, Herr Dr. H. Kohl, bin ich nicht einverstanden. Das war nur wegen Ihnen, und das haben auch Sie, so finde ich, in Ordnung zu bringen.

Ich bin der tiefsten Grundüberzeugung, daß sich in den letzten sechzehn Amtsjahren so einiges an Knete bei Ihnen angesammelt hat, und gerade im Namen Ludwigshafens haben Sie einiges wiedergutzumachen.

Vor allem an mir!

Mit den besten Grüßen, auch von Herrn E.,

Ihr S.

Der Q-Quotient

Von Jürgen Roth

Aaah, Mannheim! Mann-heim. Mein Gott, Mannheim. Es ist ja nicht auszuhalten, es ist ja furchtbar. Mann, dieses Mannheim. Heimstatt des Schnöden, Schalen, Schoflen. Keimzelle aller städtischen Häßlichkeit, Urgrund aller architektonischen Verfehlung, Urbild zivilisatorischer Schandtat schlechthin. Platonische Uridee der Wirklichkeit der Unwirtlichkeit unserer Städte. Locus a-amoenus in purster Reinform per se. Mannheim? Fahr da bloß nicht hin!

Also fahr'n wir da mal hin und schau'n uns dieses berüchtigte und darob berühmte Schachbrett an. Dieses steinerne Herz der derangierten Ratio, diese Monströsmißgeburt, dieses quadratkilometergroße Mahnmal für tödliche, alles Leben verkastelnde und verknastende Planungswut und Reißbrettingenieurirrenkunst.

Das Planquadrat, das Zentrum Mannheims, der zweitgrößten Stadt Baden-Württembergs und des Sitzes solch kulturförderlicher Institute wie des Nationaltheaters (Stätte der Uraufführung von Schillers Räuberpistole *Die Räuber*), des SV Waldhof Mannheim (Klaus »NPD« Schlappner, Dieter »Eisenfuß« Schlindwein, Jürgen »Hau um!« Kohler), des Instituts für Deutsche Sprache (ich sage: Duden-Redaktion! Rechtschreibterror! Regulierungs-, ja Normierungswahn!) und der glitzernd neuen, nageldoofen Deutschen Popakademie – das Planquadrat, nach 1945 im Furor des Wiederaufbaus und in rasender Barbarenverachtung der Bedürfnisse der Bevölkerung aus dem Boden gestampft, wurde ja eigentlich 1606 im Zuge der Stadtgründung und Grundsteinlegung durch Kurfürst Friedrich IV. von holländischen Baumeistern entworfen und ist aus nördlicher Richtung über die Friedrich-Ebert- und die Goethestraße zu erreichen.

Die ringförmig um das Quadrat (im folgenden: Q) geführten Straßen sind breit. Es gibt Stau. Die Ampeln haben kurze Phasen. Man steht und schaut. Dann biegt man ab und fährt hinein ins Q, d. h. in ein Parkhaus. Am Rande des Qs gibt es zahllose derartige Errungenschaften der Zivilisation – Häuser, die man tief in die Erde grub, um in ihnen stundenlang herumzurangieren. Sie sind in der Regel auf dem neusten »Stand« (sogenannte Topmodelle).

Goethe, unser Lieblingsbesserwisser und -europakreuzfahrer, fand Q »gleich und heiter« gebaut. Näheres über eines der hundertvierundvierzig Quadrate des Qs, die erst 1811 die bis heute beibehaltene Numerierung erhielten, hat er nicht hinterlassen. Das erschwert die Orientierung. Deshalb landen wir auch gleich nicht etwa in »L 12«, sondern an den »Kapuzinerplanken«, einer Art Achsenstraße, auf der Straßenbahnen verkehren (wieso eigentlich? Es könnten doch Autos fahren!).

Gegenüber erstrahlt gleichwohl und zum Glück ein Schild, auf dem »O 5« steht. Es ist befestigt an einem Haus, das »Mode im Quadrat« beherbergt. An der modischen Erscheinung der Menschen, die hier wandeln, ist nichts auszusetzen. Die Popakademie hat offenbar noch nicht viel ausrichten können in Mannheim, zumindest nicht im Q.

Aber irgend etwas stimmt nicht im Q. Q hat sich schön gemacht, extrem schön gemacht. Extra unseretwegen? Wird das alles, wenn wir Mannheim über die grauenhaften Vororte Lindenhof und Almenhof wieder verlassen werden, wieder abgebaut? »Husch, ihr Kulissen, zurück in den Fundus!«?

Mit »A 1« am Lot der Schloßseite beginnt Q, es endet mit »U 6« am Ring. Die Numerierung scheint keine Auswirkung auf die Psychen der Inhabitanten gehabt zu haben – noch zu haben. Man wird in einer Minute zweimal gegrüßt und bedankt sich. Die Sonne scheint.

Sicher, manch ein Mannheimer trägt statt einer Mütze ein Brot auf dem Kopf, das ist Sitte hier, weil Mützenmangel herrscht. Doch die Sittsamkeit ist ausgeprägt, die Schönheit der Frauenbeine überbundesdurchschnittlich.

»Hier drin ist immer gute Stimmung«, sagt der Betreiber einer italienischen Cafébar, der zwar Gott sei Dank weder Goethes *Italienische Reise* noch Schillers *Räuber*, geschweige denn unser Ansinnen kennt (nämlich Mannheim ungespitzt in den Boden zu rammen), aber friedlich koexistiert in »Q 2, 24«, mitten im Q, im knusprigen Kerngehäuse der 1803 aufgelösten Kurpfalz und der demzufolge epochal gewordenen Residenzruhmstätte eines Kurfürsten Carl Philipp et al.

Der Italiener existiert und koexistiert. Q sei o. k., sagt er, sonst sei Mannheim, das Nicht-Q-Mannheim, »eine langweilige Stadt«. Wir glauben das und nicken entsprechend. Wir hocken am Tresen und sehen uns um. Wir sehen, was Koexistenz heißen kann. In dieser Q-Markthalle ist der besondere Clou die sympathische Parallelkulinarkultur aus Cappuccino, frischem Roggenbrot, spanischer Snackpointopulenz, privater Brauhauswerbung, Salzfelder Wurstspezialitäten und ethnisch indifferenten Balkanobstofferten. Die Gäste haben eine Ruhe, trinken und sehen zu, daß sie sich umschauen.

Draußen schweben hochhackige Damen mit Hüten und Mannheimer Working-class-not-so-Heros mit Weißbroten auf den Köpfen vorbei. Die gängige Wollmütze wird im Q nicht sehr geschätzt. Man hat Stil, Extravaganz, ja eine »gewisse« Klasse. Deshalb kostet ein unifarbiger Normalkopfstoffschutz im Kaufhaus bloß fremdenfreundliche vier Euro. Mützenmekka Mannheim.

Auf dem *Kaufhof* thront eine stählerne Weltkugel. Der Paradeplatz, der sich davor erstreckt und brüderlich gerahmt wird von *C & A*, *Telekom* und dem *Bücherhaus Kober*, öffnet seinen Brunnen zur Begehung. Die luftige Agora begrenzt auf der gegenüberliegenden Seite das Stadthaus, Nr. »N 1«.

Q kommt mental gut. Wenn man vor dem Stadthaus sitzt, im Rücken das indefinite Etwas aus Treppen, Stahlturm und Drehtüren, dann fällt einem schon gar nichts mehr ein. Das ist gut. Städte, in denen man ständig denken muß: »Mensch, Venedig, das ist aber eine Stadt!«, die taugen nichts. Zumindest taugen sie dem Taugenichts nicht.

Im Stadthaus, das sich trotz seiner ahistorisch-stilistischen Egalheit geschmeidig zu älteren Q-Gebäudlichkeiten verhält und gesellt, finden wir eine VHS, *Betten Easy Living* und den *Akademischen Büchermarkt*, in dem günstig die vielfach begehrte Sprachtheorie zu erwerben ist.

Die Sprache möge es einem verschlagen, fahre man nach Mannheim, sagt der Gemeinmund. Er weiß vielleicht nicht, was er spricht. Gut, »B 1« und »M 1«, sich, durch eine normale Stadtstraße getrennt, gegenüberstehend, bieten a) einen Waschbetonbau und b) ein Haus namens *Linoleum* auf; aber doch sieht das, das Q, grosso modo vernünftig aus. Kaum zweihundert Meter weiter ragt die prachtvolle Sandstein-Barock-Jesuitenkirche empor, in der, neben seinen höflichen Aufenthalten im Rittersaal des kurfürstlichen Schlosses, Mozart jenem Gotte lauschte, an den er aus Vernunftgründen nicht glaubte. Und im nächsten Straßenzug rechts weg, in »C 4«, gammelt bürgerlich ernüchtert der übliche Klinker- und Verputzschmutz herum, der schon gar nicht mehr verärgert, sobald wir einen Blick auf das Zeughaus werfen, das auf einer Sichtachse dem Museum für Archäologie und Volkskunde opponiert, das sich als kleine Ausgabe des Palastes der Republik präsentiert.

»Entschuldigung, wo haben Sie die Mütze gekauft?« fragt uns am Gendarmenmarkt ein Mannheimer Mädel, das so schön in Magdeburg niemals anzutreffen wäre. »In eurem Kaufhaus«, sagen wir und scharwenzeln dem Wasserturm am Friedrichsplatz entgegen, um einen friedlich-frohgemuten Tag durch inneres Einkehren feierlich zu beschließen.

Fahren Sie bloß nicht nach Mannheim. Sie könnten Ihre Vorurteile enttäuschen. Und aus denen bestehen Sie doch.

Leider haben wir vergessen, in welchem Q-Quadranten das Auto steht.

Magnesium oder: Mein ist das MG

Von Björn Blaschke

Als Ina Deter Ende der achtziger Jahre durch Deutschland tortourte, um das Publikum mit ihrer Forderung, neue Männer brauche das Land, zu traktieren, kam sie auch einmal an den Niederrhein. Mitten im Städtedreieck Köln/Aachen/Düsseldorf bot man ihr – unverständlicherweise – eine Bühne, von der herab die singende Nymphomanin bekannte: »Ich hab' immer gedacht, diese Stadt liege in Holland.« Ob Ina Deter wirklich in der Lage war, das Verb *liegen* in den Konjunktiv zu setzen, könnte wohl nur ihr Deutschlehrer beschwören. Ihr Geographielehrer jedoch sollte zu dreiunddreißig Tagen Deter-Dauer-Dudelei verurteilt werden, denn »diese Stadt« in Holland zu verorten heißt, unser niedliches niederländisches Nachbarvölkchen aufs tiefste zu beleidigen; »diese Stadt« ist nämlich keine andere Stadt als Mönchengladbach.

An dieser Stelle will ich nicht verheimlichen, daß ich nicht in Nordrhein-Westfalen, sondern in Bremerhaven das grelle Licht des Kreißsaals erblickte. Erst deutlich später, Pickel sprossen, Wichspuckel wuchsen, siedelten mich meine Erzeuger nach Mönchengladbach um, und ich konnte es erst wieder verlassen, als ich das Stadtwahlrechtalter erreichte. Damals indes schwor ich mir, Mönchengladbach nie wieder zu besuchen. Ist es also ein Wunder, daß ich, ein heimatloser Billiglohnschreiber, den Auftrag für diesen Beitrag zwar gerne annahm, dafür allerdings nicht noch einmal zurückkehren mochte? Allein die Vorstellung, wortbrüchig zu werden, ließ meine Hände feucht werden – und mich nach dem schreien, was sich hinter dem Autokennzeichen von Mönchengladbach verbirgt: MG, das chemische Zeichen für Magnesium: zu trocknen meine schweißnassen Hände, damit sie das MG halten können, niederzumähen die Verursacher meiner postpubertären Alpträume.

In der Hoffnung, aktuelle Informationen über Mönchengladbach und den Mönchengladbacher einzuholen, surfte ich durchs Internet. Und tatsächlich: Unter *staedte.seiten.de* ist auch *moenchengladbach* zu finden, mit Links: »Allgemeine Informationen«, »Aktuelles«, »Bühnen«, »Ausgehen« oder »Anreise«. Aber: Jeder Mausklick hatte nur eines zum Ergebnis: »File not found!« Selbst Statistisches wie »Einwohner«, »Bevölkerungsdichte« oder »Wohnungen« fehlte komplett. Fragen stellten sich: Sollte die Stadt inzwischen, Kathargo gleich, untergegangen sein? Völlig unbemerkt von der Weltöffentlichkeit? Weil Mönchengladbach niemals so interessant war wie Kathargo? Die Antwort lautete: Es wäre schön, ist jedoch unwahrscheinlich! Es half also nichts. Ich mußte trotz aller inneren Widerstände, darum flehend, tatsächlich nichts als Trümmer vorzufinden, noch einmal gen Mönchengladbach ziehen.

Bei meiner Ankunft am Bahnhof, einem der wenigen älteren Gebäude der Stadt, die nicht durch die vier schweren Bombardements während des Zweiten Weltkriegs zerstört wurden, steht mein Plan fest: Ich gehe getreu der Drei-lassen-Regel des Fallschirmjournalisten vor: abwerfen lassen, Bericht ablassen und das Krisengebiet schnell wieder verlassen. Also besteige ich rasch ein Taxi, um in die Innenstadt zu gelangen. Zwar ist die gar nicht so weit entfernt, lediglich fünfzig Meter, doch es gilt, das unwirtliche, feindliche Terrain möglichst abrupt zu sondieren. Und die besten News, das weiß jeder Kriegsberichterstatter – die besten News »aus gut informierten Kreisen« und »die Stimmung in der Bevölkerung« erfährt man vom Taxifahrer.

Der Mann braust eine breite Ausfallstraße entlang. Es geht vorbei an einem Einkaufszentrum namens *Vitus-Center* sowie an einigen genauso gläsern-stählernen Banken. Irgendwo in der Ferne sehe ich die Kaiser-Friedrich-Halle, in der bereits Ina Deter heulte; und nebenbei entpuppt sich der Pilot als Topinformant. Er fragt, ob auch ich gerade mit einem der verspäteten Züge aus dem Süden angekommen sei, was ich bejahe. Da habe, erklärt er, so ’n Typ versucht, das »Unternehmen Zukunft, hehehe« auszubremsen, und sich vor den Zug geworfen. So würde er – persönlich – sich nicht entleiben. Lieber klassisch römisch in der Badewanne die Pulsadern öffnen und sanft wegdämmern. Oder »the way of Kurt Cobain, Wumme an Omme un' Hirn 'erus«. Aufhängen sei auch gut. Man bekomme kurz vor Exitus einen Ständer und könne noch mal richtig abgehen. Mein Gott, denke ich, warum hat man dich nicht auf eine heiße Herdplatte gewichst, dann hättest du nur einmal gestunken. Kurzum, der Taxifahrer erfüllt meine Erwartungen voll und ganz, da er genau die Haltung repräsentiert, die ich dem Mönchengladbacher schon lange unterstelle: immer nahe am Selbstmord und doch nicht mutig genug, den Rest der Menschheit zu erlösen.

Ich bitte den Mann, mich zu einem zentral gelegenen Café zu bringen, was er auch macht. Er hält vor einem zentral gelegenen Café, das *Das Café* heißt. Recht gemütlich liegt es an einer breiten Kreuzung. Eine Straße führt in Richtung Alter Markt, eine zurück zum Bahnhof und eine nach Viersen, einem Ort so fies, wie es sein Name verspricht. Dennoch benannten Mönchengladbachs Stadtplaner die Straße nach ihm. Warum? Aus purem Spott? Wollten sie ihre Nachbarn hänseln? Nein! Sie wollten ihren eigenen Bürgern den Weg weisen – nach Viersen / Süchteln, zur regionalen Klapsmühle.

Schräg gegenüber war einmal der Klinkerbau der Marienschule zu sehen, ein vom Bistum Aachen kommandiertes Mädchengymnasium, das Ende der achtziger Jahre geschlossen wurde, nicht etwa, weil die Mönchengladbacher dem Bistum keine kleinen Mädchen mehr zuführen wollten. Sie wiesen ihm für seine Zöglinginnen das Gebäude einer kurzerhand aufgelösten anderen Lehranstalt zu und machten aus dem schönen Gebäude ein Ärzte-Apotheke-und-sonst-was-Haus. Das allerdings verschwindet hinter einem auf dem alten Schulhof hochgezogenen gläsernen Einkaufsparadies mit u. a. Borussia-Fan-Boutique. Da ich weißgrüne Unterwäsche hasse, stöhne ich kurz »J'accuse« und trolle mich. Mein Ziel: der Alte Markt.

Der Alte Markt ist das, was der Mönchengladbacher das Herz seiner Stadt nennt. Hier findet er alle möglichen Arten und Abarten von Kneipen: das *Canapé*, besser bekannt als die fickende Hölle auf Erden, oder das *Pam Pam*, eine Disko, deren Besucher, um es gelassen auszudrücken, plem-

plem plus sind. Mit Vorliebe bestellt der Eingeborene in jedem dieser Läden Altbier, zu Karneval, wenn der lustige Kamelleumzug den Alten Markt erreicht und die Jecken »Hal' Pol« (zu deutsch etwa: »Bleib bei Stange«) lallen, literweise. Dabei erstaunt der Zeitpunkt des Getöses. Während normale Rheinländer am Rosenmontag durch ihre Städte gondeln, wählt der Mönchengladbacher den Veilchendienstag. Zu spät, wie immer.

Wohl für Touristen hält manch Gastwirt auch andere Getränke als Altbier parat. Während meines Rundganges entdecke ich jedenfalls auf einer Werbetafel einen interessanten Spruch: »Bist du durstig und geschafft, trink dir einen Apfelsaft.« Nicht nur, daß der Mönchengladbacher beschissen reimt, nein, obendrein trinkt er *sich* ein Getränk und raucht *sich* eine Zigarette. Er *setzt* sich seine Brille auch nicht auf; er *zieht* sie auf die Nase! Generell pflegt er eine bizarre Form der Artikulation. Als ich noch hier wohnte, mußte ich, ob ich wollte oder nicht, manchmal in Kontakt mit meiner Außenwelt treten. Wenn ich dann meinen Schulfreund Hartmut E. anrief und seine Mutter erwischte, schrie die schrill: »Harrrrrrrrrchchtmut, der Björrrrrrren is am Telllllllllefon.« Hätte das Bundessozialministerium Erbarmen, stellte es die Stadt unter Sprachquarantäne und zwänge jeden Logopäden zu einem praktischen Jahr in Mönchengladbach.

Derlei Dinge im rasenden Kopf, drehe ich eine Runde über den Alten Markt. Den Schildern »Museum«, »Münster« und »Rathaus« folge ich nicht. Das Museum mußte ich in meiner Schulzeit oft genug besuchen, und schon damals dachte ich, daß man die mit Fett beschmierten Rodelschlitten eines Joseph Beuys lieber in Köln einlagern sollte. Düsseldorf geht nicht, da die Putzfrauen, die in der Landeshauptstadt arbeiten, allesamt aus Mönchengladbach stammen. Das Münster ist ohnehin meist verschlossen, und im Rathaus interessierte allenfalls das Goldene Buch mit den Einträgen der »großen Söhne« Mönchengladbachs. Doch die Stadt hat keine »großen Söhne«, sieht man von Hans Jonas, Berti Vogts und Joseph Goebbels ab. Ersterer mußte vor den Nazis fliehen. Und Vogts und Goebbels wurden genaugenommen nicht in Mönchengladbach zusammengekleistert. Berti erlangte zwar mit der Borussia Berühmtheit, weshalb man ihn und zwei andere prominente »Fohlen« in einer Bronzeplastik verewigte, aber er ist gebürtig in einem der Grenznester. Und Goebbels hat der liebe Gott in Rheydt ausgeworfen, das jedoch erst 1975 zu Mönchengladbach stieß.

Mission erfüllt. Ich kann den Rückweg antreten, über die Hindenburgstraße, die so breit ist, daß man annehmen könnte, sie sei als Landebahn für die Fliegerstaffeln der NATO-Verbände konzipiert worden. Gleichzeitig strahlt sie allerdings den Charme der alten Berliner Stalinallee aus. Wie es zu diesem gegensätzlichen Ambiente kommen kann? Einerseits wohl, weil so gut wie sämtliche florierenden Geschäfte *City-Apotheke*, *City-Floristik*, *City-Bäcker*, *City-Toilette* oder *McDonald's* heißen. Anderseits hängen, ganz DDR, in den Läden, die sich nicht *City-Blabla* nennen, Plakate mit der Aufschrift »Nicht mehr im Angebot«, »Wir schließen« oder »Räumungsverkauf«. Das städtische Theater vervollkommnet die vollkommene Sputnikatmosphäre. Genosse Ulbricht hat es persönlich entworfen, vermutlich. Vor dem Bahnhof endet die Hindenburgstraße. Zum Glück.

Bevor ich jedoch nach einem Aufenthalt von exakt drei Stunden, vierundzwanzig Minuten und achtundfünfzig Sekunden wieder den Zug gen Süden besteige, statte ich noch der Buchhandlung *Prolibri* einen Besuch ab. Sie war schon zu meiner Jugendzeit eine Oase inmitten der Wüste Mönchengladbach. Auf meine Frage, ob es ein Buch zur Stadt gebe, werde ich erneut nicht überrascht: »Ja, das hier. Dreißig Seiten in drei Sprachen. Und ganz viele Bilder.« Warum ich denn nicht einfach angerufen hätte? Man hätte mir auch am Telephon Bescheid geben können, daß sich die Stadt seit meinem Auszug nicht verändert habe. »Und überhaupt: Reichte denn nicht ein Blick ins Internet?«

Ich ging, sah nicht mehr über meine Schulter und erbrach mich, im Rücken die Ruinen von Absurdistan.

Semantisch uneindeutig, auch sonst: eher mies

Von Jürgen Roth

Wieviel Torheit muß eigentlich speziell in München ansässig sein? In dieser durchaus hämisch verfehlten Stadt südlich von Regensburg, südöstlich von Augsburg, nördlich von Garmisch-Partenkirchen, über deren Bewohner das durch den Telekom-Keller-Telephonbuchverlag verbreitete Gratismagazin *Schaufenster München* urteilt: »So sind sie eben, die Münchener: witzig, selbstkritisch und geschäftstüchtig zugleich«?

Wobei bislang nicht mal nachgewiesen werden konnte, welchen Namen exakt sie tragen. Ähnlich dem ungelösten Problem, ob es korrekt *bayrisches* Weißbier oder *bayerische* Weißwurst heißen muß, ist die »Situation« (K. Ebel) betreffend *Münchener* bzw. *Münchner* diffus, d.h.: eine einzige unermeßliche Kopflosigkeit, mutwillig angestiftete Verwirrung und parabelhafte Unordnung. Klarer stellt sich die psychische Disposition jener eher rückständigen als mondän gesonnenen Bewohner dar, von denen die Mär geht, sie seien kultiviert, gemütlich im Gemüt und gastlich im Rahmen endloser Gastlichkeiten, bei Steckerlfisch, beim Bier unter sonnenstrahlenabweisenden Kastanien und beim Hendlbraten – obschon alle drei Gelegenheiten die klassische, die strenggenommen anthropologisch zentrierte Melange aus mopsiger Herzlichkeit, also Emotionsschleim, und Barbarei zum Ausdruck bringen.

Stets galt München jedem, der von außen kam, und bald auch den Stadtoberen, weil sie ihr deprimierendes Image zu Recht nicht los wurden, als »Millionendorf«. Dank der Olympischen Spiele 1972 belobigte man den zusammengehäuften Haufen ziemlich unansehnlicher Gemarkungen, schäbiger Käffer, abbruchreifer Höfe und stets Autobahnbreite erreichender Durchgangsstraßen als »Weltstadt mit Herz«. Anläßlich starker U-Bahn-Grabetätigkeiten zierten Bautafeln die laute Stadt und schrien folgende hopfenfrische Erkenntnis aus wie Spatensauerbier: »München wird modern« – und dokumentierten somit der Gemeinde hergebracht eisernen Willen zur nun nicht mehr bloß orthographischen, sondern obendrein semantischen Uneindeutigkeit. Wenigstens der angebliche Philosoph Wolfgang Welsch (*Unsere postmoderne Moderne*, Weinheim 1988) reflektierte noch zu abebbenden Hochzeiten der sogenannten Postmoderne, daß man ja durchaus den Wortsinn von *modern* durch eine einzige winzige Betonungsakzentverschiebung in ein *modern* transformieren könne, so daß Habermasens »Projekt Moderne« und auch das ganze Projekt U-Bahn-Bau, daß letztlich beide genuin der Aufklärung geschuldete Vorhaben ihrer prinzipiellen Antimodernität überführt seien, denn München werde eben nach wiederholter Lektüre mitnichten künftig mo*dern*, sondern *mo*dern, verrotten, haha. Super.

Es könnte aber auch Jean-François Lyotard während einer Durchreise nach Genf so was gedacht haben (Durchreisen via München generell schwierig wegen Sackbahnhof).

Streift man heute als unvoreingenommener Tourist durch Bayerns Landeshauptstadt, scheint an allen Ecken und Enden Franz Josef Strauß zu fehlen. Übrigens wirken diese modernen Großstadtgesichter der Mehrzahl nach »gehetzt«, keineswegs gemütlich oder knorrig-grantlig; sie machen einen recht miserablen, nicht zu klagen: schlechten, miesepetrigen, förmlich miesen Eindruck. Rasend oft bin ich nach München gereist, zumeist, um bei guter Sicht, d.h. unter Föhneinfluß die vors Alpenpanorama geklebte Medienlandschaft zu erforschen. Es konnten dennoch ausschließlich kaum mitteilenswerte, wenig qualifizierte Eindrücke (»Impressions«) »entstehen« – was nicht weiter verwundern darf bei einem »Umfeld«, unter dessen Einfluß selbst Uli Hoeneß an- und eingespannt wirkt, obwohl er es über Jahre und Jahrzehnte hinweg verstanden hatte, »Münchens Medienlandschaft« (U. Hoeneß) zu instrumentalisieren (Spieler anlocken, Spieler davonekeln). Schließlich zieh er diese jene »Medienlandschaft« (F. Beckenbauer) jedoch übertriebener, eben »typisch Münchnerischer« Aufmerksamkeit für seines Vereins Belange und sperrte demzufolge an der Säbener Straße und teils auch im Olympiastadion die vollständig erschienene Presselandschaft beziehungsweise Medienlandschaft für länger aus. Weil er die Schnauze voll hatte. Is' klar.

Interessenkonflikte also zerfurchen das schöngeredete Gesicht der Aushängevoralpenmetropole München, sehen wir nur genauer hin. Beispiel Olympiapark. Seine wichtigste, seine herausragende Sportanlage, das Radstadion, gleicht einem Trümmerhaufen, und die weltberühmte Zeltdachkonstruktion taugt laut Bayern-Spitze Rummenigge-Hoeneß-Beckenbauer auch nicht mehr viel. Abriß wäre wohl das Beste. (Siehe auch: Stadionneubau.)

Verfall, Fäulnis, Verwesung. Bequemes Leben an der Isar: unmöglich. Freilich, vor der dortigen, allenthalben zartschönen Ufer- hat es schon die »Medienlandschaft München« (U. Hoeneß) in sich. Der *Münchner Merkur* meldete bereits am 5. Mai 1997 auf Seite eins, Regierungschef Stoiber motiviere Ohlstadter landsmannschaftliche »Gebirgsschützen«, der »Überfremdung dieser Kultur«, d. h. der Gefährdung ihrer Trachtenweltanschauung entgegenzutreten, notfalls mit dem Schießgewehr. »Wir in Bayern, rief er, pflegen unsere Identität wie nur wenige Völker der Welt.« In derselben Zeitung am selben Tag: »Stoiber will das Amerikahaus retten.« Ist da noch ruhigen Gewissens von Glaubwürdigkeit zu reden? Wohl doch nein und aber.

Inkonsistenz scheint Münchens Hauptcharakterzug zu sein, daneben regieren Mißgunst und Verbohrtheit sowie »Ruhe und Bequemlichkeit«, wie abermals der *Münchner Merkur* erneut am 5. Mai postulierte. Hinsichtlich »Faxen und Telephonieren« jedenfalls.

Die Konkurrenz schläft währenddessen nicht. Denn München gilt ab ovo vor allem als »Medienlandschaft« (U. Hoeneß), in der sich mindestens fünf gewichtige Presseorgane tummeln und »zwanzig, dreißig Kameras« (Franz Beckenbauer in *Blickpunkt Sport*, Bayerisches Fernsehen, 5. Mai 1997) stehen. Fragen muß man sich heute bohrender denn je, ob es mit den »Medienvertretern« (U. Hoeneß) und »der Medienlandschaft Münchens« (U. Hoeneß) insgesamt evtl. übertrieben wurde. Sauer der FCB, sauer die »Medien« (U. Hoeneß). Folgen: bekannt. Verheerung. Zwist. Negativstimmung. Bonjour, Tristesse.

Deshalb baute die *tz* ihren Kulturteil ab Mai 1997 signifikant aus und setzte münchenweit ein Signal, indem nun eben just das Feuilleton Aufmacherqualitäten bewies: »Günter Grass treibt's bunt«, lautete die Erstmeldung vom 5. Mai 1997. Grass selbst: »Nach einer langen Prosapause habe ich meinen alten Aquarellkasten entstaubt und angefangen, in der Natur zu aquarellieren«, erscheinen mußte das erschrekkend quietschbunte Steidl-Malbuch *(Fundsachen für Nichtleser)* nachert zum siebzigsten Geburtstag des Poeten (»Nach einer gewissen Zeit meldeten sich Wörter. Es wurde dinglich [...]. Aus den Wörtern wurden [...] kurze Gedichte. Die Niederschrift fand im Aquarell statt, direkt in das Stillleben, das Landschaftsbild hineinkomponiert«); während einen Tag zuvor, am 15. Oktober, die verfilmte *Rättin* lief, Peter Radek in der Rolle des »Otto Matzerath«, welcher, wir lesen den Romanklappentext zur gestrengen Kontrolle quer, »als Chef eines Medienkonzerns wiederauftaucht« und mit Vornamen Oskar heißt. Ist ja wahr.

München – ein Circulus vitiosus? Eine Medienhölle, woselbst der Kreis sich buchstäblich schließt? Wird der Streit der Meinungen auf die Spitze getrieben? Liegt München schon in Agonie? *Bild München*: »Dreister Streich«: »Michael Jackson – Ein Double in seinem Bett«; *tz*: »Der Besuch eines Doubles«, und trotzdem: »Die ganze Zeit über schien Jacko in München wirklich gut drauf zu sein.« Schien, *schien*!

War er's? Oder war er längst vom Münchner Gefühl befallen, war er heimgesucht worden von dieser zähen, immer wieder medienverursachten Bosheit, Lumperei und Bubengaunerei? »Schwungvoll warf er ein großes Kissen« vom Balkon seines Hotelzimmers, auf dem vorher ein wahnsinniger Doppelgänger »mit Teddybären und Luftballons gespielt« hatte. Die *Abendzeitung* allerdings schlief noch, meldete tags zuvor, »der private Besuch des King of Pop bei Marcel Avram im Gefängnis [...] wurde auf unbestimmt verschoben«. Pfff.

Am 5. Mai aber doch auch die *Abendzeitung*: »Also doch: Jacko & Avram: Umarmung in der Zelle.« Und die *Süddeutsche Zeitung* (Stadtausgabe): »Michael Jackson doch hinter Gittern.« Sappradi!

Hoch geht es allzeit her und zu in München, wahrhaft.

Und die Eingangsfrage? Beantwortet?

»Einkaufen in München, Genießen in München, Leben in München« *(Schaufenster München)* – es sind das jeweils für sich ziemlich zweifelhafte Unterfangen, dürfen wir festhalten, jedes einzelne Unternehmen gleicht wahrscheinlich sogar einem »Menetekel« (W. Welsch).

So eindeutig liegen die Dinge in München. Immerdar für always.

Fuchtel, Raub, Rückgauer

Von Rudi Deuble

Ein sonniger, früher Frühsommertag vor fast vierzig Jahren, im Mai, im Juni '59, wir waren gerade eingeschult seit Ostern, konnten Hans und Liese schreiben und kümmerten uns um alle wichtigen Dinge der Welt. Die Schiefertafel im Ranzen, trödelten wir nach Hause, erfanden Umwege und achteten umständlich darauf, die Erwachsenen als erste zu grüßen. Mein Freund Dieter und ich. Dieter kannte sich aus in der Welt, sein Vater war bei der *Volksbank*, und so mußte ich ihm wohl oder übel auch glauben, daß Nagold in der Welt nahezu unbekannt, höchstens bis Calw, ausgerechnet Calw, eine Stadt, die wir nur als »Kalb« kannten und die ganz und gar zu Unrecht Kreisstadt und damit auf jeder Autonummer als CW herumfuhr. Nagold aber so gut wie gar nicht vorhanden, und, Gipfel der Bedeutungslosigkeit, wir hatten ja nicht mal eine Ampel in der Stadt. Wie, fragten wir uns, während wir von der Waldachbrücke beim *Autohaus Benz* »Steiner« (die Mehrzahl von Stein hatten wir erst in der zweiten Klasse) in den Bach schmissen, können wir Nagold aus diesem unerträglichen Zustand heraushelfen? Die Bundeswehr, so mein Freund Dieter, vielleicht sagte er aber auch nur: die Soldaten, die Soldaten, die doch jetzt irgendwann auf den Eisberg kommen, die würden das sicher ändern. Wenn erst die Kasernen gebaut wären, die Soldaten eingezogen, schlußfolgerten wir, wird das sowieso anders, die Soldaten kommen nämlich von überall her, aus Norddeutschland und sogar aus dem Rheinland, und dann kennt man uns auch dort. Wie recht wir hatten. Kaum paar Jahre später kannte man Nagold in der ganzen Welt. Jedesmal in den Nachrichten im Radio bin ich zusammengezuckt vor Stolz, wenn der Sprecher wieder »Nagold« sagte. Der *Spiegel* eine Titelgeschichte, selbstverständlich in der *Quick*, im *stern*, in der *Revue*, in *Kristall*, der *Neuen Münchner Illustrierten*, der *Bunten Illustrierten*, unmöglich konnte man alles lesen, wenn man beim Friseur die Mappen des Lesezirkels in die Finger bekam. Überall »DER SCHLEIFER VON NAGOLD«, immer in dieser großartig filmreifen Formulierung, angeblich sogar in der *New York Times*, einem Blatt, das, wußte man beim Friseur, auf jeden Fall auch Präsident Kennedy las.

(Bei Erwähnung von Kennedy immer noch schnell den Witz erzählt:

»Adenauer: ›Gestatten, Adenauer.‹

Kennedy: ›Angenehm, Kenn I di?‹«)

Also auch er kannte jetzt Nagold. Chruschtschow sowieso. In Nagold selbst die Erwachsenen verdruckst unglücklich damit, regelrecht empört sogar. Als die *Bild*-Zeitung in Riesenschlagzeilen »SAUSTALL NAGOLD« titelte, beriefen sie, nachdem *Bild* bereits frühmorgens in der ganzen Stadt vergriffen war, eine Bürgerversammlung in die Stadthalle ein und barmten über den schlechten Ruf der Stadt. Da konnte man sehen, daß sie rein gar nichts vom Leben verstanden. Übelnehmerisch, wie sie waren, kritisierten sie später unverhohlen selbst den Bundespräsidenten Heinrich Lübke, der seine Neujahrsansprache natürlich nicht vortrug, ohne Nagold zu erwähnen. Und das alles wegen eines Gefreiten (vielleicht deshalb lieber nie nix davon gehört) namens Raub, auch diese Figur wie aus dem Vorspann eines reißerischen Films. Gleich stellst du ihn dir vor, kommt aus Köln-Ehrenfeld oder Wanne-Eickel, im Krieg mit ein bißchen Glück noch Flakhelfer oder Kindersoldat, der Vater ein Säufer, erst spät – von Bundeskanzler Dr. Adenauer! – aus russischer Gefangenschaft befreit. Eine frühreife Schwester – ideal: Karin Baal –; und die Mutter mehrere Onkelehen. Immer Landserheftchen gelesen und unterm Bett in Schuhkartons gesammelt. Dann endlich wieder neue Wehrmacht – und schon Ausbilder in Nagold geworden. Auf dem Eisberg, fängst du gleich zu frieren an. Rekruten muß man schleifen, weiß doch jeder, müssen für den Ernstfall, Bürger in Uniform hin oder her. Für Raub eindeutig Pech, daß gleich einer beim Hitzemarsch an Hitzschlag gestorben, und schon die ganze Presse auf dem Hals. Auch das Ausland so empfindlich, wegen früher. Bei der

Bundeswehr war man dann gleich darauf aus, den Rufschaden auszubügeln, so durfte ich mit der Jungschar einen Tag auf den Eisberg, richtig mit Diavortrag, Essenfassen, Stuben angucken und Kleinkaliberschießen, leider nur zwei Schuß jeder. In der Schule eher Zurückhaltung, weder Erlebnisaufsatz noch Thema in Heimatkunde. Wohl um uns abzulenken, mußten wir uns jetzt mit Eifer schon einem anderen Nagolder Großereignis zuwenden: der Hirschkatastrophe von 1906. Bis dahin den *Hirschen* nur als Hirschstraße gekannt, da kamen wir auf dem Schulweg immer dran vorbei. Bis zum 5. April 1906 dort ein Gasthaus, erfuhren wir jetzt von den Alten, die wir hausaufgabenmäßig befragen mußten. Oral history natürlich als Begriff noch nicht gekannt, oral nicht mal als Schweinerei, höchstens vom Arzneizettel gewußt, daß es das Gegenteil von Zäpfchen bedeutet. Ein Gasthaus gleich gegenüber vom Rathaus, so was läuft immer, bevor man aufs Rathaus geht, muß man sich erst Mut ansaufen, hinterher natürlich die Erleichterung. Oma Gutekunst wußte über den *Hirschen* sehr genau Bescheid, ihr Vater war dort umgekommen. Das Gasthaus also längst zu klein, der Wirt so ein moderner Unternehmer, aufgeschlossen allem Neuen, wollte schon längst umbauen, aber so, daß er nicht lange auf Umsatz verzichten mußte. Da kam ihm der Stuttgarter Architekt Rückgauer gerade recht. Der hatte nämlich in Altensteig schon vorgemacht, daß man mit Winden, Flaschenzügen und Stützen ein Gebäude anheben und ein neues Geschoß schnell daruntermauern konnte. So wollte es der Hirschwirt auch, aber als Clou ließ er die ganze Veranstaltung bei laufendem Betrieb durchführen. Während drinnen bei Metzelsupp und Viertele die Stimmung stieg, ließ man sich mitsamt der angeblich bis zum letzten Platz gefüllten Gaststube ruckelnd von den Flaschenzügen nach oben heben. Gegen Mittag stürzte der *Hirsch* dann einfach unter Getöse in sich zusammen. Dreiundfünfzig Tote zog man aus dem Trümmerhaufen. Für mich aus heutiger Sicht eindeutig der verunglückte Beginn der Erlebnisgastronomie. Ich weiß, warum ich schon immer dagegen war.

Und heute? Wo früher der *Hirsch*, steht jetzt ein Drogeriemarkt, ein *Schlecker*, ein *idea-Markt*, ein *kd-markt*, ein

Müllers-Drogeriemarkt, jedesmal, wenn du in die Stadt kommst, heißt er anders. Die Eisberg-Kasernen geschlossen, die Soldaten weg, der Standort aufgegeben. Ein Kamelzüchter mit den besten Verbindungen in den Orient und der selbstlosen Unterstützung des Bundestagsabgeordneten Fuchtel will dort eine Kamelfarm, einen Kamel-Erlebnispark mit Kamelponyreiten und eine Kamelstutenmilch-Schönheitsfarm einrichten, heißt es. Ich müßte Dieter mal fragen, ob wir das so gewollt haben.

S'wädschowiddä oder: Der lange Abschied

Von Klaus Bittermann

Zehn Jahre habe ich in Nürnberg oder zumindest in der Nähe der Stadt gelebt, in der Stadt des Lebkuchens, der Bratwurst und der Reichsparteitage, zehn Jahre meiner Jugend, zehn verlorene Jahre, denn in Nürnberg ist jedes Jahr ein verlorenes Jahr. Ich schätze, das ist heute noch so, denn was immer sich in den vergangenen fünfzehn Jahren, seit ich Nürnberg fluchtartig verließ, auch geändert haben mag, die Stadt wird immer die geziert-idyllische, geistig beengte Zuckerbäckerstadt bleiben, die sie seit jeher war. Nicht mal die Alliierten schafften es, aus Nürnberg etwas anderes zu machen, obwohl sie sich große Mühe gegeben und tonnenweise Bomben abgeworfen hatten; denn rechnen konnten sie nicht damit, daß der Brei aus Lebkuchen, Bratwurst und Nazis so zäh sein würde. Nicht umsonst hat Nürnberg mit Julius Streicher einen Nazi hervorgebracht, dem selbst Hitler viel zu gemäßigt war und der auf normale Menschen den Eindruck eines »schmutzigen alten Mannes« (Rebecca West) machte, der kleine Kinder belästigt. Aber statt ihn in eine Anstalt zu stecken, jubelten ihm die Nürnberger zu.

Als Jugendlicher hatte ich natürlich keine Ahnung davon, wie ranzig und klebrig Nürnberg wirklich ist. Ich war einfach froh, dem Elternhaus entkommen und in einer nahe Nürnberg gelegenen Wohngemeinschaft gelandet zu sein, die man damals noch Kommune nannte. Richtig weltmännisch kam ich mir vor, wenn ich ab und an einen Ausflug in die Großstadt unternahm. Ich merkte nicht, daß hinter der Kulisse das gleiche Provinznest steckte, dem ich entronnen zu sein glaubte, nur etwas aufgeblähter, voluminöser. Ohne Eltern im Nacken sah die Welt eben gleich ganz anders aus. Ja, nicht mal der scheußliche Dialekt irritierte mich. Ich war dumm und unerfahren und erfüllte somit genau jene Kriterien, die einen Menschen zum idealen Einwohner Frankens und Nürnbergs (als dessen Metropole) qualifizieren.

Heute weiß ich, daß jemand, der zu seiner Stadt »Nänbech« sagt, auch sonst ein bißchen verrückt oder, wie der »Nänbechä« sagen würde, »ballaballa« ist, was aber niemanden, der freiwillig in Nürnberg lebt, besonders stört, denn den echten Nürnberger bringt nichts aus der Ruhe. »S'wädscho« respektive, wenn der Nürnberger ausgesprochen redselig ist, »S'wädschowiddä« und »Basdscho« lautet folgerichtig sein bei jeder Gelegenheit unermüdlich vor sich hin gebrabbelter Wahlspruch, der wörtlich übersetzt bedeutet: »Es wird schon« bzw. »Es wird schon wieder«; bzw. »Paßt schon«.

Nun irrt man, würde man annehmen, der Nürnberger wäre ein Mensch mit vielleicht schlichtem, aber sonnigem Gemüt. Nein, der Nürnberger ahnt in seinem tiefsten Inneren, daß die Aussicht, alles gehe irgendwie weiter, schließlich auch zutiefst deprimierend ist. Dieser frustrierenden Perspektive begegnet der Franke im allgemeinen und der Nürnberger im besonderen mit Eigenschaften, die er zur Vollendung entwickelt hat: Mit Sturheit und Wortkargheit trotzt er allen Wechselfällen des Lebens, allen Anfeindungen und allen gutgemeinten Ratschlägen. An ihm perlt alles ab, solange er sich am Tresen festhalten und voller Verachtung für das eigene Schicksal eines der weltweit schlechtesten Biere hinter die Binde kippen kann; oder, wie mir der letzte noch in Nürnberg ausharrende Freund, Dietmar Dorn, optimistisch zukeckerte: Der Nürnberger ist weltoffen und gesprächsbereit. Man darf ihn nur nicht ansprechen.

Natürlich ist an dieser Dickfelligkeit noch jede Aufklärung gescheitert. Einer, der selber aus Nürnberg stammt und diese Stadt vermutlich in Notwehr schon frühzeitig verließ, nämlich Hans Magnus Enzensberger, hat dahinter die Renitenz als Tugend des Kleinbürgers ausgemacht. Aber diese Renitenz steht in keiner Verbindung zu einer wie immer gearteten Aufsässigkeit gegenüber Autoritäten, sie ist lediglich Attitüde, mit der angedeutet wird, man ziehe so etwas wie eine widerständige Handlung unter Umständen vielleicht irgendwann mal in Erwägung, würde man es der Mühe für wert befinden, einen Gedanken zu verschwenden, der über das nächste Tucher hinausginge – was nicht der Fall ist.

In Nürnberg hätte Karl Valentin keinen Erfolg gehabt. Sein subversiver Humor wäre auf völliges Unverständnis gestoßen. Der Humor der Nürnberger hieß Herbert Hiesl: »Is miä schlääächd! Ich glaaab, ich hob zvill Kadofflsalod geßn.« Und weil dem unergründlichen Geheimnis, was an der schlichten Darstellung eines in Nürnberg ganz gewöhnlichen Benehmens komisch sein sollte, nicht beizukommen war, rückte man den sechziger Jahren, die solchen Humor hervorbrachten, eben durch eine ordentlich aufgerüstete Ordnungsmacht zu Leibe. Schließlich stieg Nürnberg in den siebziger Jahren zur Stadt mit der höchsten Polizeidichte auf, was zu den ästhetischen Zumutungen dieser Zeit nicht unerheblich beitrug. Die Menschen waren so schlecht gekleidet wie überall, wurden jedoch aus ganz anderen Gründen verfolgt und drangsaliert. Obschon die RAF um Nürnberg immer einen großen Bogen machte, erschoß man dort etliche ihrer Mitglieder – z. B. Elisabeth von Dyck.

Ich selbst hatte Glück. Ich war nicht bei der RAF und wurde auch nicht erschossen, was aber leicht hätte passieren können. Als durchaus normal galt beispielsweise, zu jeder beliebigen Tages- und Nachtzeit auf der Straße angehalten zu werden. Mir nahm gewöhnlich ein schnittiger BMW mit quietschenden Reifen die Vorfahrt, und nicht-uniformierte Polizisten, sogenannte Zivis, sprangen, ihre MPs im Anschlag, heraus, um mich in Schach zu halten. Obwohl ich nie eine Waffe besessen habe, wurde ich jedesmal auf Waffen untersucht. Die Prozedur nahm mindestens eine Stunde in Anspruch. Manchmal wurde ich sogar auf die Wache mitgenommen. Dann dauerte es zwei Stunden oder noch länger, eine alles in allem lästige Angelegenheit, vor allem dann, wenn ich es zufällig mal eilig hatte, was zugegebenermaßen nicht sehr häufig vorkam.

Eines Tages brachte mir ein Freund einen Kassettenmitschnitt des Polizeifunks vorbei, dem zu entnehmen war, wo genau ich mich in den vergangenen Tagen aufgehalten hatte. Das aufmerksame Auge Nürnbergs wachte darüber, daß ich keine Dummheiten anstellte, die ich sowieso nicht zu unternehmen gedachte. Zuletzt wuchs die polizeiliche Fürsorge ins Grenzenlose: Gegenüber meiner Wohnung hatte die

Polizei in einem Laden auf Kosten der Steuerzahler hinter heruntergelassenen Jalousien Quartier bezogen und Richtmikrofone und Kameraobjektive in Anschlag gebracht, um meinen geruhsamen Tagesablauf vollständig zu dokumentieren. Als jedoch nach den berühmten Vorfällen vom 5. März 1981 (auf einer Demonstration in der Innenstadt waren drei Fensterscheiben zu Bruch gegangen) das *KOMM* umzingelt und 172 harmlose Jugendliche festgenommen wurden, entwischte ich ihnen, ich, der »Rädelsführer«. Ich spazierte durch die polizeiliche Abriegelung hindurch.

Später hat mich dieser immense Aufwand amüsiert, damals jedoch war ich schwer empört über die Eingriffe in meine Privatsphäre, auch wenn die Observierung sehr diskret vorgenommen wurde. Andererseits fühlte ich mich natürlich äußerst geschmeichelt, denn das ganze Theater verriet ja ein überaus großes Interesse an meiner Person. Ich durfte mir also ungeheuer wichtig vorkommen, ja geradezu gefährlich, was ich allerdings nicht war. Irgendwann begann mir allerdings die ständige Polizeipräsenz ebenso stark und nachhaltig auf die Nerven zu gehen wie der Dialekt meiner Mitmenschen und ihr »Basdscho«-Gemüt. Wollte ich nicht als Bratwurst enden, übers Bierglas hinweg meinem Gegenüber ein »S'wädschowiddä« zuhauchen oder gar einem finalen Rettungsschuß erliegen, mußte ich schleunigst verschwinden. Das tat ich auch. Und es war eine meiner weisesten Entscheidungen.

Noch heute leide ich unter den Langzeitschäden, die ein Jahrzehnt Nürnberg hinterlassen hat. Selbst nach fünfzehn Jahren werde ich darauf angesprochen, woher ich denn käme, weil ich es nicht geschafft habe, den fränkischen Akzent restlos zu eliminieren. Und wenn ich beschämt meine Herkunft gestehe, dann sehen mich die Leute voller Mitleid an oder machen sich laut lachend darüber lustig – wie mein Untermieter Wiglaf Droste, der ganze Abende damit zubringen kann, meinen Dialekt zu imitieren, am liebsten vor Gästen.

Doch ich weiß, auch er hat eine schwere Jugend hinter sich, in Bielefeld, einer Stadt, die Nürnberg vielleicht sogar noch übertrifft, und deshalb bin ich ihm auch nicht böse.

Braune Lage

Von Thomas Schaefer

Für Gerhard Delling und Pinkas Braun

Läge Baden-Baden nicht am Schwarzwald, sondern am Harz, hieße es nicht Baden-Baden, sondern Boden-Boden, so, wie Osterode am Oberharzrand Osterode heißt.

Mittelgebirge sind an sich schon vorhöllengrauenhaft und heißen nicht umsonst Mittelgebirge, so wie Mittelmaß – Topographien des Terrors, wo alte Leute Urlaub machen oder Ehepaare, deren Kinder »aus dem Haus« sind, Menschen, die sich nichts mehr zu sagen haben, »zünftige« Knikkerbocker tragen und graue Jägerhütchen mit angesteckter Auerhahnfeder, *Wanderer*, die in Gaststätten »einkehren«, die *Zum Braunen Hirsch* heißen, und die sich auf Knotenstöcke stützen, an denen Plaketten angenagelt sind, die dokumentieren, in welchen Mittelgebirgen die Wanderer bereits herumgewandert sind.

Manche haben aber wenigstens hübsche Namen (nicht die Wanderer, die Mittelgebirge): Rhön klingt schön, Hunsrück reimt sich auf Glück, Spessart klingt nach Dessert oder zumindest irgendwie keß, Elm nach Schelm, Bayerischer Wald ist einfach praktisch, Thüringer auch, Fichtelgebirge klingt nach kecken Wichteln, Schwarzwald war schon vergeben. Heißt der Harz halt Harz – ein halbwegs passabler Knarzname für jenes Gebirge, dessen höchster und meist benebelter Berg der Brocken ist, wo auf dem Blocksberg die Hexen hausen und wo den Kindern, wenn sie das entsetzliche Lied »Drei Chinesen mit dem Kontrabaß« singen, immer nur »Dro Chonosen« einfällt, und dann hören sie auf zu singen oder vielmehr zu murmeln, und sie werden ganz still in den Gassen, Gossen und Grotten von beispielsweise Osterode. Osterode – ein gott- und trostlos vor sich hin modernder Tortort, vom Harzreisenden Heinrich Heine boshaft als »Moosrose« verhohnepipelt: »Die Stadt hat soundso viel

Häuser, verschiedene Einwohner, worunter auch mehrere Seelen, wie in Gottschalks *Taschenbuch für Harzreisende* genauer nachzulesen ist« – und mehr ist zu Osterode nicht zu sagen.

Zu den Seelen gehört möglicherweise der als größter Osterode-Sohn profilierte, bodenständige Literaturkritiker und Ex-Brav-Fußballprofi Marco Bode (379 Rezensionen für Werder Bremen). Zumindest zu den ehemaligen Einwohnern zählt der ZDF-Bolzrhapsode Rolf Töpperwien. Bode heißt auch ein Harzstrom (aber nicht Marco, obwohl es ganz hübsch wäre, wenn Flüsse solche Vornamen hätten), Oder heißt ein anderer Bach, Oker ein weiterer und zusätzlich auch ein Ort (beides bei Goslar, wo eine beliebte Kneipe *Gose-Quell* heißt, in der die Goslarer Alcooliker wortlos hocken und zocken). Oker oder so ist auch annähernd die Farbe des Harzes, eher aber braun, tiefbraun, so, wie Braunlage, das St. Moritz des Harzes, tiefbraun ist. Braunschwarz ist die Haselnuß, braun die Lage des Harzes und Braunlages: Braun verschalte Häuser und braungesinnte Menschen dukken sich in dunkle Täler, schwarz sind die Tannenschonungen und mordslustigen Gedanken der Harzer.

Der Vorteil des eigentlichen Harzes ist, daß man ihn vor lauter dunklen Bäumen nicht sieht. Ab und an begegnet der Wanderer da und dort Trotteln, zotteligen Trollen, Kobolden und dieser oder jener Hexe, die einen großäugig anglotzen, bevor sie grobmotorig retour ins torfige Hochmoor oder ins monotone Unterholz zockeln, wo sich ihre Spuren verlieren.

Am schlimmsten sind die Harzrandorte, von hinter Eternit verborgenen Baracken gesäumte Straßendörfer, die sich die immer enger werdenden Täler hinaufwinden, und am Ende jedes Ortes steht eine verfallene Fabrik. Kein Fühlender hat Phantasie genug, es zu denken, wie und ob sich Menschen in onomatopoetischen Orten fühlen, die – Nomen sind Omen – Altenau, Bad Grund, Bockswiese, Gomorrha, Lonau, Torfhaus, Steina, Sodom, Sorge, Zorge oder Wildemann heißen. Wenn nicht gar Elend. Aber dort wohnen sie ja alle.

Schöne neue Heimat

Von Hans Zippert

Die Gegend, die ich Heimat nennen darf, habe ich mir nicht ausgesucht. Das hat Frau Radtke von der Firma City Immobilien-Consulting getan. Zuvor hatte sie versucht, mir liebenswert heruntergekommene Altbauwohnungen an vielbefahrenen Frankfurter Durchgangsstraßen nahezubringen: »Wenn Sie die Türklinken polieren, dann sieht das richtig pfiffig aus.« Ich weigerte mich, zu polieren, heuchelte aber weiterhin Interesse, und eines Tages bestellte sie mich, »es ist vielleicht nicht ganz, was Sie sich vorgestellt haben«, nach Oberursel. Dort wartete eine prächtige Vierzimmerwohnung inklusive polierter Klinken darauf, von mir mit Kunststoff-Teppichböden ausgelegt zu werden. So wurde ich Oberurseler oder, wie die Menschen hier sagen, »Oscheler«.

Zunächst war mir dieser Zustand sehr fremd, deshalb fühlte ich mich auch so. Geduckt schlich ich durch die Straßen, immer darauf bedacht, mich nicht zu häufig dem harten Idiom der Einheimischen auszusetzen. Nie hätte ich es damals gewagt, ein Geschäft mit Namen *Oscheler Teebüchs* zu betreten. Nach und nach legte sich die Angst, und ich begann, eine ständig wachsende Wertschätzung für meine neue Heimat zu entwickeln.

Das Beste an Oberursel ist höchstwahrscheinlich, daß es nicht Bad Homburg ist. Obwohl alle Stadtbusse mit dem Befehl »Bad Homburger lieben Oberurseler und umgekehrt« verziert sind, hassen sich die Bewohner dieser Städte auf das innigste. Kein Wunder, Bad Homburger sind arrogant, borniert, kleingeistig, häßlich, geizig, ungezogen, humorlos und reich – eigentlich genau wie die Oberurseler, nur daß die nicht auch noch damit angeben. Bad Homburger halten sich für etwas Besonderes, nur weil Hölderlin die Bücher des Kurfürsten alphabetisch geordnet hat, wozu wohl damals sonst niemand fähig war, und weil Dostojewski mal in ihren Kurpark gekotzt hat und Alfred Herrhausen direkt vor der

Taunus Therme in die Luft gesprengt wurde. Sollen doch sämtliche Touristen die sogenannte Kurstadt mit »Champagnerluft« besuchen und uns Oberurseler dafür in Ruhe lassen. Wir haben hier nämlich genug zu tun. Seit dreißig Jahren bauen wir beispielsweise an einer vollkommen überflüssigen Umgehungsstraße, und jedes Jahr müssen wir mindestens drei neue Brunnen einweihen oder eine Geschenkboutique eröffnen.

Andere haben es da aber keineswegs besser. Epinay-sur-Seine, um mal einen exotischen Namen ins Spiel zu bringen, ist eine grauenvolle Ansammlung von sozialen Wohnbauten im Pariser Norden, deren Höhe ungefähr der Verbrechensrate entspricht. Bei Rushmoor handelt es sich um einen häßlichen britischen Industriestandort, an dem hauptsächlich Rüstungsgüter hergestellt werden. Beide Städte sind, wie nicht anders zu erwarten, mit Oberursel verschwistert. Generationen von Oberurseler Schülern werden Jahr für Jahr an diese sozialen Brennpunkte transportiert und lernen die schmutzige Seite Europas kennen. Das kann ihnen nicht schaden. Sehenswerte Sehenswürdigkeiten sieht man in Oberursel so gut wie keine, nur eine fade Innenstadt, die problemlos mit ähnlichen Schandflecken in Detmold, Gifhorn oder Rheine zu verwechseln wäre, gäbe es da nicht noch diese Unzahl von teilweise abenteuerlich gestalteten Brunnen. Es existiert auch eine semimalerische Altstadt, in der außer einem Beerdigungsinstitut keine nennenswerten zwischenmenschlichen Begegnungsstätten zu finden sind, mit Ausnahme von Sankt Ursula, wo ich zu Weihnachten 1996 einer wirklich aufrüttelnden Messe beiwohnte. Bis kurz vor Schluß las mir der Pfarrer derartig die Leviten, daß mir die ewige Verdammnis beinahe wie eine Erlösung erschien, doch im letzten Moment bekam er leider noch die Kurve und speiste mich mit Hostien und einer versöhnlichen Lüge ab.

Oberursel hat nur ein Ereignis von historischer Bedeutung zu verzeichnen, nämlich die Erfindung der Seifenkiste und des dazugehörigen Rennens. 1903 rasten erstmals geschwindigkeitsberauschte Jungen durch die Straßen der Stadt. Heute finden sogar Weltmeisterschaften statt, allerdings in den USA. Das Umland von Oberursel wird durch diverse keltische Befestigungsanlagen archäologisch aufgewertet. Diese sind zugewachsen und nur mit viel gutem Willen und ausreichender Beschilderung überhaupt zu erkennen. Brunnen muß es dort aber auch geben. Klar, daß sich kaum jemand hierher verirrt und man im Wald wirklich seine Ruhe hat.

Der kratzbürstige Charme von Oberursel entfaltet sich nicht beim ersten Hinschauen, doch hat man erst mal ein Auge für die verborgenen Schönheiten entwickelt, entdeckt man z. B. den Weinhändler, der auf Befragen erklärt: »Also, direkt empfehlen kann ich Ihnen den Wein nicht, ich hab' den nur im Angebot, weil er öfters verlangt wird.« Für Liebhaber der bizarren Küche gibt es ein mexikanisches Restaurant mit indischer Bedienung unter hessischer Leitung. Glücklicherweise findet man kein Café, das nur den Hauch von Atmosphäre böte und somit zu unproduktivem Müßiggang verleitete. Ebensowenig wird man auf die abseitige Idee verfallen, sich in den schmalen und spärlichen Parkanlagen niederzulassen, die einzig zu dem Zweck existieren, damit schwer sozialisierbare Mitbürger ihren Kötern beim Koten zuschauen können. Die Menschen ohne Hunde sind aber zum überwiegenden Teil sanftmütig und von angenehmen Manieren. Niemals würde es einem Oberurseler einfallen, mit einer Kettensäge in der Innenstadt ein Blutbad anzurichten; obwohl er die Kettensäge bei *Alberti* zu einem erstaunlich günstigen Preis bekäme. Nein, wenn der Oberurseler mal so richtig über die Stränge schlägt, stellt er Tische und Bänke raus, grillt Würste, zapft Bier und dreht die Musik ganz laut. Das nennt man hier Brunnen- oder auch Marktschreierfest und ist so erbärmlich wie überall sonst auch.

Oberursel überzeugt durch ein rigoroses Bekenntnis zur liebenswerten Durchschnittlichkeit, und man kann sich nur glücklich schätzen, von dieser Stadt als Bürger akzeptiert zu werden. Der richtige Wohnort ist nämlich von entscheidender Bedeutung, will man jemals den Titel »Größter Sohn der Stadt« einfahren. In Bielefeld, wo ich geboren wurde, wäre ich niemals gegen den Regisseur Friedrich Wilhelm Murnau angekommen, und selbst Showmaster Ingolf Lück würde mir den Ruhm streitig machen. Hätte ich mich unvorsichtigerweise im benachbarten Schmitten niedergelassen, wäre sofort der bärtige Schatten von Gerhard Zwerenz und seinen 89 Büchern (sieben lieferbar) auf mich gefallen. Frankfurt am Main scheidet automatisch goethetechnisch aus; in Oberursel gilt es immerhin Hans Thoma hinter sich zu lassen. Der lebte aber bloß zwei Jahre hier und malte unglaubwürdige Stadtansichten. Da wäre also nur noch Gerda Jo Werner, die Frau, die jeder Deutsche schon mal hatte, weil sie auf der Rückseite des Fünfzigpfennigstückes abgebildet ist. Doch spätestens mit der Einführung des Euro brauche ich auch diese Konkurrenz nicht mehr zu fürchten.

Bleibt mir, eine möglichst umfangreiche Hinterlassenschaft zu produzieren. Seit Jahren werfe ich praktisch nichts mehr weg, Einkaufszettel genausowenig wie Kleidungsstücke, Zehennägel und Barthaare. Mein altes analoges Telephon soll künftige Generationen zu ungläubigem Staunen veranlassen. »Damit konnte man sich mal unterhalten?!!« Meine abgelaufenen Monatskarten werden mich zum Propheten einer postöffentlichen Nahverkehrsbewegung machen, in einer Zeit, in der Menschen problemlos zum Mars fliegen, aber nicht mehr wissen, wie sie nach 18 Uhr von Oberstedten nach Gonzenheim kommen sollen. Allein mein Schallplattenbesitz wird drei ABM-Kräfte zirka vier Jahre beschäftigen, ganz zu schweigen von den Büchern und Krawatten. Um die Kosten für Gedenktafeln möglichst gering zu halten, habe ich bisher nur einmal die Wohnung gewechselt und nach meiner Heirat keinen Doppelnamen angenommen. Ich hoffe, Oberursel wird das eines Tages zu würdigen wissen und einen Brunnen nach mir benennen – mit polierten Türklinken.

Oed

Von Eckhard Henscheid

Die Ortschaft Oed ist eine Ansiedlung zwischen Amberg und Nürnberg, dort, wo, im Lehenbachtal, die Felsenschlucht für die Eisenbahnstrecke am engsten wird, – und überhaupt nicht öd. Sondern malerisch, fast noch idyllisch, trotz oder gerade wegen des Bahn-Straßen-Wanderweg-Gewirrs, waldig, sonnig, schmuck herausgeputzt; und täglich voll von Hundertschaften vorwiegend Nürnberger Rentner. Zumeist redefauler, aber dafür um so eßfroherer Rentner. Sie sind mit ihren schweren Limousinen aus der nahen Meistersinger- und Reichsparteitagsmetropole nach Oed gekommen, um dort absolut keinen anderen Zweck zu verfolgen, als wegzuputzen, was geboten wird. Das sind, abgesehen von Spezialschlachttagen und ähnlichem, vor allem Forelle, Scholle, Zander, Karpfen, Schweinebraten, Kalbsbraten, Schlachtschüssel, bestehend aus Blut- und Leberwurst, Bratwurst, Kesselfleisch und Kartoffeln mit Kraut (9,50 DM), Schäuferl (11 DM aufwärts, je nach Größe) und Knöcherl (12 DM aufwärts). Und vorher natürlich: Brotsuppe (1,50 DM).

Oed zählt heute 143 Seelen (»oder 134«, da geht die Meinung der zuständigen Zentralgasthofchefin etwas auseinander) und hat außer Legionen zahlungskräftiger Nürnberger Rentner auch einen Sängerbund zu bieten, die Jura-Musikanten, eine Militärkameradschaft sowie mehrere mehr oder weniger gastierende Feuerwehren. Gäste kommen zum kleineren Teil auch aus den nahen Schwenderöd und Ödgötzenricht. Dort ist die Gesinnung ebenso: alt, gut und entschieden heimatfroh, sprich Schlachtplatte mit Käsetorte Forelle blau samt Schrammelmusik Bavaria Boys live vom Nordpol.

Bei Gott

Von Thomas Schaefer

Zuerst probierten es die alten Römer. Doch ihr Versuch, Kultur in das dämmrige Zwielicht deutscher Hinterwälder zu bringen, scheiterte 9 n. Chr. (Schlacht im Teutoburger Wald) an der schmutzigen Kriegstechnik germanischer Guerillas, die den Hegemon in einem Hinterhalt abmetzelten. »Die deutsche Nationalität, / Die siegte in diesem Drecke«, resümierte später der zum Christentum konvertierte Heide Heinrich Heine. Aus dem Dreck der Grotenburg bei Hiddesen bei Detmold bei Bielefeld erwuchs 1838–75 das Hermannsdenkmal des »Bildhauers« Ernst v. Bandel. Der kolossale Koloß droht gen Frankreich (Erzfeind, Kulturnation) mit erhobenem Schwert, auf dem im Duktus der seinerzeitigen Empfindsamkeitspoetologie geschrieben steht: »Deutschlands Einigkeit meine Stärke – meine Stärke Deutschlands Macht«. Das gefiel Kaiser Wilhelm I. ebenso wie seinen Untertanen, die noch bis in die 1970er Jahre an Wochenenden massenhaft den Berg stürmten. Heute besuchen in erster Linie Deutschnationale und Heimatkundelehrer das Denkmal.

Dann versuchten nur zehn Kilometer weiter und tausend Jahre später Paderborner Mönche, den Germanen das Germanentum auszutreiben, indem sie Schluß machten mit Easter-, Ostara-, Sonnen- und Lichtlarifari, Götzendienst und Menschenopfern. Mittelfristig christianisierten sie die alte Kultstätte der Externsteine, »drei bis vier einzelne senkrecht in die Höhe strebende Felsen« (Goethe), die aus dem lippischen Waldboden rausragen, machten sich dran, Einsiedeleien und Kapellen in den Sandstein zu schlagen und »die Abnahme Christi vom Kreuz in Lebensgröße« unbeholfen als Relief nachzubilden, auf dem symbolisch die Weltenesche der Heiden gebrochen wird. Vergeblich. Heute huldigen Esoteriker, New-Age-Bewegte, Faschos, Satanisten, Hexen und andere Alt- und Neuheiden in dubioser Eintracht ihren jeweiligen obskuren Kulten am »Zentralheiligtum« und veranstalten zur Sonnenwende druidenhaften Miraculix-Mummenschanz, nachzulesen auf zahllosen faselhaften Websites. »Überall waren nette Leute, es wurde getrommelt, und die Atmosphäre war stets angenehm und entspannt. Überall brannten kleine Lagerfeuer, und es wurde die ganze Nacht und tags darauf getanzt«, wird da pfadfinderhaft referiert. »Bereits bei unserem ersten Besuch bemerkten wir eine nicht näher definierbare Energie. Wir spürten am ganzen Körper, daß die Bezeichnung Kraftort voll zutreffend ist.« Voll wissenschaftlich betrachtet, besteht zwischen Externsteinen und Hermannsdenkmal »eine energetische Verbindung«, die »einer Figur ähnelt, die Quinkunx genannt wird, ein uraltes indogermanisches Symbol, auf das schon C.G.Jung hingewiesen hat«, der freilich nicht ahnte, »daß durch das von der Hermannsfigur senkrecht in den Himmel ausgestreckte Schwert eine unglaublich große Menge an Energie dem Äther entzogen wird« und daß von irgendeinem »Kornkreissymbol« eine »Hauptlinie« »direkt auf die Externsteine weist. Somit wird das Energiefeld wieder ›entlassen‹.« Entlassen wird hier zumindest jegliche Hoffnung auf Menschenverstand.

Verläßt man die düstren Wälder und durchquert die dürre Steppe der Senne, erreicht man rasch Paderborn, den Ort, an dem noch heute tapfere Urchristen versuchen, aus Vandalen Menschen zu machen, zuvörderst in der eigenen, gefährdeten Stadt. Paderborn gefährdet?

Der Weg vom Hauptbahnhof Paderborn in die Innenstadt ist mit guten Sätzen gepflastert. Minderjährige schleppen zwischen Westerntor und Rathaus Papptafeln auf den Schultern einher wie weiland der Heiland sein Kreuz, auf denen geschrieben steht: »Jesus ist Leben!« Andere Alters- und Bekenntnisgenossen pirschen sich konspirativ wie Uhrendiebe an den arglosen Flaneur heran, um ihm Traktätchen verdammt religiösen Inhalts anzubieten: »Die Lügen, Diebstähle und die Schlücke aus der Flasche. Die Pornohefte unter der Bettdecke. Und das frisierte Mofa. Jetzt befindest du dich auf dem Weg. Unaufhaltsam nach unten. Bekenne deine Sünden vor Gott und vor Menschen. Gott weiß sowieso, was gelaufen ist.« Das macht Gedanken.

Auf einem Lkw klampfen Jünger und noch Jüngere nach der Melodie von »Paderborn to be wild« Sakralsongs. An der Franziskanerkirche animiert ein Plakat: »Der Fastenzeit Sinn geben. 15 Minuten still werden. 18 Uhr Mo.–Fr.« Warum eigentlich nicht? 1–2–3–4–5–6–7–8–9–10–11–12–13–14–15. Doch, hat gutgetan. Aber schon stellt sich das Gegrübel wieder ein: Was, zum Teufel, ist los mit den Paderbornern, die ja gemeinhin dem hartnäckigen Vorurteil unterliegen, erzkatholisch zu sein und sonst nichts? Warum wird an einem stinkprofanen Samstagvormittag in der City massiver für Gott & Glauben geworben als für H & M oder neu eröffnete Diskos? Weil eben nichts dringender geboten ist als Mission: Säkularisierung, Laizismus, Häresie, Agnostiker- und Freidenkertum greifen um sich. Unverblümt darf die Freimaurerloge »Zum leuchtenden Schwerdt« im offenkundig bereits gleichgeschalteten *Westfalen-Blatt* unter der widersprüchlichen Skandalheadline »Geheime Riten und weltoffene Toleranz« agitieren, »sie sei weder Religion noch Kirche«, statt dessen fröne man »strengen traditionellen Riten, die der Verschwiegenheit unterliegen«! Dafür wird man Gründe haben; die heilige apostolische o. s. ä. katholische Kirche muß ihre Riten nicht verschweigen! Dasselbe *Westfalen-Blatt* kann ungestraft fordern, zersetzende Hardcorehumoristen wie Hans-Werner Olm oder Rüdiger Hoffmann als »Botschafter der Stadt mit Dom« zu präsentieren, und sogar postulieren, »ein Top-Kleinkunst-Festival an der Pader ins Leben zu rufen«, nur weil »Kabarettisten und Liedermacher, die momentan ganz oben in der Gunst der Bühnen- und Fernsehzuschauer stehen«, »seit Jahren in ihren Programmen und Sketchen mit Paderborn kokettieren« – aber hallo, erst mal! »Paderborn kann neben aller Historie und Seriosität auch ein frech-ironisches Image gebrauchen«, behauptet das *Westfalen-Blatt* unverhohlen. Aber ist es nicht doch ein wenig zu frech, wie R. Hoffmann heiße Tabuthemen wie Nutella-Naschen, Salzstangensucht oder Waschmaschinen- und Fernbedienungsbedienung anpackt? Kein Wunder, daß seine Gesinnungsgenossen von der *taz* Paderborn hämisch als »ganz normal« bezeichnen, »es sei denn, man betrachtet es als ungewöhnlich, daß der frühere Paderborner Stadtdirektor zuvor als Beamter in der Nazizeit die Judendeportationen aus Westfalen mitorganisiert hat«. Pure Polemik. Denn entnazifiziert wurde Paderborn frühzeitig und brutalstmöglich. So ist zum Beispiel die unweit der Stadt aufragende Wewelsburg schon seit 1945 keine NS-Ordensburg mehr.

Wie dem auch sei: Die Lage ist ernst. Nur mal ein Blick auf die Schlagzeilen der Lokalpresse *(Westfälisches Volksblatt, Westfalen-Blatt)*, beispielsweise vom 29./30. März 2003 (Jahr der Bibel). Zwar steht da einerseits: »In Jugendmesse für den Frieden beten« / »Kolpingjugend feiert Liturgische Nacht« / »Gottesdienst mit Dr. Rüdiger Althaus«. Aber andererseits: »Weiterer Mißbrauch im Altenheim fraglich« / »Halleluja: Spaß sollte sein« / »Randale im Omnibus« / »Politischer Frühschoppen mit den ›Linken‹« / »Christen beten mit Muslims« / »Kasper lernt das Gruseln«!

Und erst die Lokalpolitik: Der rote Stadtrat diskutiert die Abschaffung der Inquisition, illegale Ketzerverbrennungen wurden verboten, damit die Feuerwehr mehr Zeit hat, bei den legalen für die Sicherheit der Zuschauer zu sorgen. Wenn Priester das Zölibat aushebeln, indem sie ihre Geliebten – Desideria, Maria Immaculata oder Constantia – schwängern, werden letztere nicht mehr gesteinigt, sondern nur der Stadt verwiesen, die Kinder kommen nicht mehr in die Hölle, sondern ins Internat, und der Pope darf weiterpoppen. Die Restpaderborner verbringen ihr Lotterleben damit, im Männergesangsverein Erika zu singen, Apfelkuchen bei *Weyhers* im Haxtergrund und Oblaten im Dom zu verkosten.

Nicht nur eine Publikation des Museums für Stadtgeschichte fragt besorgt: »Wie aber ist es heute mit den Menschen in Paderborn?« und erinnert daran: »In Paderborn haben über Jahrhunderte hinweg zahlreiche Persönlichkeiten gelebt, die moralisch vorbildhaft, politisch oder wirtschaftlich erfolgreich, kreativ und innovativ gewirkt haben. Beispielhaft wird daran deutlich, wie einzelne Menschen Einfluß auf den Lauf der Ereignisse und die Fortbildung der Zivilisation genommen haben.«

Genau! Nur hier erfand irgendein Herr Nixdorf den Computer und machte Paderborn (Motto »Nix Dorf – Stadt!«) zum Mekka des neuen Marktes. Nur im westfälischen Frieden Paderborns konnte der Apothekerlehrling F. W. Sertürner 1804 »das schlafmachende Prinzip des Opiums« (Infotafel Museum für Stadtgeschichte) entdecken und so – den Seinen gibt's der Herr im Schlaf – das nach dem Gott desselben benannte Morphium erfinden. Nur in Paderborn konnte die Pfarrerstochter Luise Hensel zu ihrem Spitzengedicht »Müde bin ich, geh' zur Ruh'« inspiriert werden.

Doch diese Ruhe war gefährlich, machte satt, selbstzufrieden, anfällig für den Abfall. An das Bleierne Paderborns gemahnen noch heute Zeugnisse wie das Nummernschild »PB« (= Plumbum = Blei) oder der Straßenname »Im Düstern«. Andererseits herrschte schon immer ein Trend zu zügelloser sexueller und sonstiger Libertinage. Nicht zufällig ist St. Liberius der Stadtheilige, der Apostel der Freiheit, dem zu Ehren noch heute das weltberühmte Libero-Fest ausgerichtet wird.

Wie weit der Niedergang gediehen ist, das dokumentiert, daß es nach wie vor nicht gelungen ist, einen Ersatz für den unlängst vom Herrn heimgepfiffenen Befreiungstheologen und 64. Nachfolger des hl. Hathumar (806–815), Erzbischof Johannes Joachim Kardinal Degenhardt, zu finden. Verzweifelt bittet ein im Dom ausliegendes Blättchen Gott: »Schenke der Kirche von Paderborn einen Erzbischof, der deinem Volk als Priester und Hirte auf dem Weg des Heiles vorangeht.«

Dabei ist der schon da – nicht Pulloverpapst Drewermann (zu alt, zu dogmatisch), nein, der Laienbruder Erwin Grosche (»bekannt aus *Die Sendung mit der Maus*«), der, als Verfasser von Kindergebeten und Extremsatiriken unterschätzt, seine »verwegenen und skurrilen Gedankengänge« (H. D. Hüsch) durch die »Kuchen- und Brothochburg« (Grosche) macht. Keiner ist zum Idealscherzbischof so prädestiniert wie »Messias« Grosche (»Gott ist groß, und Paderborn ist klein«) – als Prediger (»Glück ist das Spüren des Himmels«), Kämpfer gegen Antichristen (»Kaloriensünder«) und für den »Akt des Spülens« (Purgatorium!), allgegenwärtig in der Gemeinde: »Hier in Paderborn reden Leute mit mir, die sonst nie mit mir in Kontakt getreten wären. Auch gestandene Männer reden achtungsvoll mit mir Hänfling über das Boxen, Frauen lächeln mir zu, und ich lächle zurück.«

Lasset die Kindlein zu ihm kommen, ihnen ist Grosches Himmelreich. Und die Penner, so wie jener, der sich nach Erhalt eines Obolus mit der Überreichung eines Flugblattes revanchiert, auf dem steht: »Change your life! Jesus liebt dich!« Auf die Frage, ob er denn auch Jesus liebe, antwortet er prompt: »Klar! Und Erwin Grosche!«

Das läßt nicht minder hoffen als der Stadtwerbeslogan »In jedem Deutschen steckt ein Paderborner«. Bei Gott.

Zwischen *Holiday Inn* und holy Innviertel

Von Willi Winkler

Passau, die »Gemeinde Europas«, wie sie noch von der Zeit her heißt, als Europa in einem spitzen Winkel gleich hinter der Ortsgrenze aufhörte, Passau, die Goldgrube für scharfrichternde Kabarettisten und angeschlossene Kapfinger, das gute böse Passau ist dann doch eher eine ziemlich normale Stadt – oder war's bei einem unangemeldeten Besuch. Wie in jeder anderen Fußgängerzone kommen dir schon am hellen Vormittag lauter Aliens entgegen, offenbar frisch aus dem All heruntergetropfte Familienensembles in allen Leuchtstiftfarben, gern auch in Türkis, Ostfriesengelb und seitlich adidasdreigestreift. Eine Streichergruppe jodelt was vom nahen Böhmerwald; die ubiquitäre Indio-Combo läßt den fremdblütigen »Condor Pasa« über dem *Wienerwald* kreisen (»Hendl total!«); die Fahnen knattern im lauen Wind; Frühling ist's und Urlaub wie noch nie. Nachts, bei Vollmond, liefern sich die Gebrauchtwagenbesitzer wie überall ihr spannendes Rennen über die Altstadtspange. Den Sieger erwartet ein kleines Denkmal, ein Marterl am Geländer der Donaubrücke, aber nur, wenn er richtig tot ist, niedergenagelt »in der Blüte seiner Jahre« und seinem ersten BMW.

Obwohl, ein wenig anders ist Passau dann doch: Hier weht noch der Ortsgeist. Wenn du im *Holiday Inn* in den Aufzug willst, mußt du schon den Nacken unter einem bronzenen Kruzifix beugen. Beim Bischöflichen Ordinariat hat ein einheimischer Apostat und Nägeli-Nachmaler die interessante Gleichung »Zölibat = Völkermord« aufgemacht; und abends beim Bier wird mehrere Gesetzl lang diese katholische Zwangswirtschaft durchdiskutiert, weil wieder einmal ein Jahrgangskamerad die vielversprechende Karriere zum Domkapitular hat sausen lassen, um – dem Reinen ist alles draußen unrein – zu heiraten! Wieder einer, der einer, wie das in der Nomenklatur der Branche samt dero Hintersassen so wundermild heißt, einer Dornenvöglerin aufgesessen ist.

Passau ist modern und im Zweifel alles: Europastadt, Universitätsstadt, Festspielstadt, Barockstadt, Kulturstadt, Tourismusstadt, Einkaufsstadt, Kongreßstadt, Behördenstadt, Residenzstadt, Nibelungenstadt, Brauereistadt und obendrein und unten rein auch noch das Oberzentrum der Region.

Ein klein bißchen anders ist Passau also schon, denn dreiundneunzig Prozent bekennen sich ostblockstramm zur Una sancta. Nirgends sonst im weiland Heiligen Römischen Reich Deutscher Nation ist die Verbindung von Kirche und Staat so innig, nirgends der klerikal-politisch-folkloristische Komplex so mächtig wie in der – wie konnt' ich das bloß vergessen? – »Dreiflüssestadt« Passau.

In der nur phallisch zu bezeichnenden Ortsspitze, die sich zwischen der trägen Donau und dem von rechts zuströmenden Inn streckt, wird Passau flüssig. Von Norden mischt sich auch noch die Ilz ein, aber das macht den Strom dann auch nicht mehr wilder. Hier steht das Hochwasser, wenn es im späten Frühling, manchmal auch im Sommer oder im Herbst über die Donau kommt und über den Inn, hier tuckert der bayrische Ministerpräsident vorbei, wenn er bei seinen eingeweichten Landeskindern nach dem Rechten schauen will, hier ist Passau noch wirklich an der Grenze. Nur den Bischöflichen droben macht das viele Wasser nichts, sie hatten ihre Sintflut ja schon vor längerer Zeit. Sie lassen die Orgel erbrausen vom »Lobet den Herren« und beten und segnen und freuen sich ihrer trockenen Füße und der Schäfchen, die es nicht so weit gebracht haben.

Trotz der jahrhundertelangen Knechtschaft in der allerkatholischsten Majestät der Kirche ist Passau nur schön zu nennen. Aber das Verdienst daran ist älteren Datums. Bei Adalbert Stifter im *Witiko* reitet ein junger Mann durch das noch kaum katholisierte Land: »Am oberen Laufe der Donau liegt die Stadt Passau. Der Strom war eben nur aus Schwaben und Bayern gekommen, und netzt an dieser Stadt einen der mittäglichen Ausgänge des bayerischen und böhmischen Waldes. Dieser Ausgang ist ein starkes und steiles Geklippe. Die Bischöfe von Passau haben auf ihm eine feste Burg gebaut, das Oberhaus, um gelegentlich ihren Untertanen Trotz bieten zu können.«

Später gab es in diesem Geklipp oder vielmehr Innviertel allerlei Grenzen und Grenzaufpasser. Einer davon hieß Alois Hitler. Der wurde 1892 zum Zollamtsoberoffizial befördert und nach Passau versetzt. Wie zuvor in Braunau ging er immer ins Wirtshaus, schlug zu Hause Frau und Kinder und liebte nur seine Bienen, die er eine halbe Stunde außerhalb der Stadt hegte und pflegte. Drei Jahre lebte sein Sohn im schönen Passau und behauptete später dreist, sich hier seine Mundart erworben zu haben. Zum Dank bettelte die Grenzstadt den Zollamtsoberoffizialssohn förmlich an, verlangte, daß er nicht bloß das Innviertel, sondern die deutschen Gaue allesamt wieder vereine, und das und noch viel mehr besorgte er dann auch brav.

Die heute bekannteste Passauerin ist Anna Rosmus. Längst ist sie hinausgewachsen über ihre Heimatstadt und weltberühmt. Als Schülerin war sie fleißig und wollte einen vom Bundespräsidenten angeregten Aufsatzwettbewerb gewinnen. Sie tat dafür, was sich nicht gehörte, wühlte, suchte, fragte, wie das denn gewesen sei in der holdseligen Nazizeit und wie sich die Herren Lehrer und Kapläne dazumal verhalten haben mochten. Das bekam ihr gar nicht. Sie schrieben ihr Karten und schickten Briefe. Auf einer Vedoute des schönen Passau stand dann, daß die Stadt »zu schön für Linke« sei. Ein nicht weniger freundlicher Brief brachte einen Gratispariser ins Haus, »damit du Schwein dich nicht vermehrst«. Passau aber auch!

Und was hat sie herausgefunden über das liebe Passau? Zum Beispiel, daß nichts über die Liebe geht oder doch über die Nächstenliebe. Wer folgsam die 321 steilen Stufen vom Inn zur Wallfahrtskirche Mariahilf hinauf abbetet, an Gnadenbildern und frommen Dankbezeugungen vorbeirutscht oder doch -schreitet, der erwirbt einen kleinen Ablaß für sich, den er gern auch lieben Verstorbenen zuwenden kann. 1945, in den letzten Kriegstagen, suchten zwei russische Gefangene im Gebüsch vor dem Kapuzinerkloster Schutz vor dem letzten Aufgebot, das sie zur Exekution geleiten sollte. Der ehrwürdige Herr Prior daselbst wußte aber genau zu unterscheiden, was Gottes und was des Kaisers war, und lieferte, frommer Mann, der er war, die Flüchtigen ihren

Bewachern und damit der Erschießung aus. Wenn schon nicht unter den Schutzmantel der gnadenreichen Mariahilfer Madonna, so fanden die Russen doch umgehend heim zum Herrn. Ehre sei Gott vor allem in der Höhe!

»Strange town!« sagt ein Amerikaner auf dem Domplatz von Passau. Seltsam, ja. Oder normal.

Liebe auf den ersten Blick

Von Tom Wolf

Schicksale zu besiegeln und ganze Landstriche zu verwüsten – dazu genügte dem Adel seit jeher ein Fingerzeig. Der Raketenbauer Wernher von Braun berichtet von einem solchen Fall: »Weihnachten 1935 verbrachte ich zu Hause auf dem Gut meines Vaters in Schlesien. Ich erzählte meinen Eltern [...], daß wir auf der Suche nach einem geeigneten Ort seien, von dem aus man Raketen über Hunderte von Kilometern verschießen könnte; aus Sicherheitsgründen mußte dieser Ort an der Küste liegen. ›Warum siehst du dir nicht einmal Peenemünde an?‹ schlug meine Mutter vor. ›Dein Großvater ging dort auf Entenjagd.‹ Ich folgte ihrem Rat, und es war Liebe auf den ersten Blick.«

Diese Verliebtheit des Technokraten brachte 447 Einwohner – kleine Bauern und Fischer – um ihre bildschöne Heimat. Für Peenemünde, im Jahre 1282 erstmals urkundlich erwähnt, ein zur Gemeinde Wolgast gehörendes Dorf in einer wildreichen Moorlandschaft am Nordende der Insel Usedom (1925 als Naturschutzgebiet ausgewiesen), hatte das letzte Stündlein geschlagen. Am 1. April 1936, während man in Berlin dem »Fest der Freude und des Friedens« entgegensah, genehmigte General Albert Kesselring die Planungsentwürfe für das aufwendigste Waffenprojekt des Dritten Reiches. Noch am selben Tag startete ein Berliner Ministerialrat im Kraftwagen, um das Nordende des Peenemünder Hakens aufzukaufen. Beim Wolgaster Bürgermeister hatte er leichtes Spiel. Rasch steckten auch Optionen für Kaufverträge mit sämtlichen Einwohnern in seiner Aktentasche. Noch einige Kilometer Nordfahrt, dann knickte der Fahrweg in westlicher Richtung ab. Freundlich anzuschauende Wendenhäuser mit blauweiß getünchten Mauern rauschten an dem schwarzen Gefährt des Agenten vorüber. Mächtige Reetdächer neigten sich in den Frühlingsflor bunter Bauerngärten. Die Gänseschar am Ufer des Dorfteichs nahm mit lautem

Angstgeschrei Reißaus, als sich der unheimliche Gast aus der Reichshauptstadt näherte. Seit 1928 der elektrische Strom im Dorf war, spielten die reicheren Anwohner mit dem Gedanken, vom Usedomer Badetourismus zu profitieren. An feinen Sandstränden mangelte es am Ostrand des Hakens zur kleinen Insel Oie hin nicht. Historie hatte man auch zu bieten: Gustav Adolf war im Dreißigjährigen Krieg vor Ort gelandet, und von späteren preußisch-schwedischen Kriegszeiten kündete die Peenemünder Schanz, die bis 1929 als Zoll- und Lotsenstation Verwendung fand.

Kaum anzunehmen, daß sich die Grundeigentümer widerstandslos und freudig in die Zumutung des Berliner Handlangers gefügt haben werden, Haus und Hof zu verkaufen und schleunigst das Weite zu suchen. Zwar wurde keinem das Dach überm Kopf abgerissen wie am Obersalzberg, wo Hitlers Schergen 1933–1937 den Führersperrbezirk von unliebsamen Einheimischen räumten. Aber ganz zwanglos mag man sich die Peenemünder »Entsiedlung« nicht vorstellen, so großzügig die erfolgenden Zahlungen – insgesamt 1,2 Millionen Reichsmark laut offizieller Geschichtsschreibung – auch immer gewesen sein mögen. Die ersten Verträge wurden wohl schnell geschlossen; die letzten jedoch erst 1941. Von da an galt Peenemünde als »einwohnerlos«.

1936 begannen die Holzfällerkolonnen und Planierraupen, den Ort in eine Wüstenei zu verwandeln. Außer dem alten Gasthaus *Zur Schwedenschanze*, das als Bauarbeiterkantine diente, blieben nur wenige nutzbare Gebäude des Dorfes stehen. Verschiedene Baustäbe, ab 1940 unter der Leitung des späteren Bundespräsidenten Heinrich Lübke, krempelten nördlich von Trassenheide und Karlshagen alles um und errichteten ein diffuses Gemisch aus modernen technischen Zweckbauten und Siedlungszentren im Neoklassizismus der NS-Luftwaffe. Wernher von Braun, seit 1943 SS-Sturmbannführer, bestätigte noch 1969, in seinem letzten Dienstjahr bei der NASA, daß Herr Lübke damals »immer zur Stelle« war, »wenn irgendwo ganz schnell eine neue Baracke oder ein anderes [...] Bauwerk erstellt werden sollte«. Betraut mit »dringlichen Aufgaben im Reichsinteresse«, leitete das spätere Staatsoberhaupt der Bundesrepublik

Deutschland zeitweise bis zu vierzig Nazibaustellen gleichzeitig und durfte selbstredend reichlich Baracken errichten – im KZ Trassenmoor und im Lager der als Zwangsarbeiter eingesetzten Kriegsgefangenen.

Von 1938 bis 1945 existierten zwei streng voneinander getrennte Versuchsareale auf Usedoms Nordspitze: Peenemünde West, die Erprobungsstelle der Luftwaffe, die den Kirschkern entwickelte (die Flugbombe Fieseler 103 mit Staustrahltriebwerk: »Vergeltungswaffe 1« in Goebbels' Jargon), und die Heeresversuchsanstalt Peenemünde Ost, die das Schlangenei ausbrütete (das als »Vergeltungswaffe 2« bekannte Aggregat 4, eine durch Kartoffelschnaps und Flüssigsauerstoff angetriebene Rakete mit mehrfacher Überschallgeschwindigkeit und einer Tonne Sprengstoff in der Spitze). Über die technologischen Superlative dieser Entwicklungen, über die Unzahl der an den Projekten arbeitenden Techniker, über die etwa zwanzigtausend durch Arbeit für Peenemünder Projekte vernichteten KZ-Häftlinge sowie über die zigtausend Toten als Folge des Einschlages der Flugbomben und ballistischen Raketen in Antwerpen, Paris und London kann hier nichts weiter gesagt werden. Fassungslos stimmende Abhandlungen existieren hierzu.

Nach Kriegsende wurde von den Heeres- und Luftwaffenanlagen gesprengt, was man sprengen konnte; nur das alte Kraftwerk blieb stehen und lieferte noch bis März 1990 Strom. Rote Armee und NVA übernahmen den Flugplatz und den Hafen. Sozialistische Hochtechnik hielt sich krampfhaft zwischen Ruinen und Bruchbuden in unentwegter Gefechtsbereitschaft, bis der Osten im kalten Wirtschaftskrieg mit dem Kapitalismus einknickte. Der typische DDR-Geruch nach Lösungsmitteln, Dachpappe und Altöl liegt noch heute über der Peenemünder Wallstatt. An den halbverfallenen Plattenbauten neben Lübkes kaputtgenutzten Baracken klebt der Kuckuck des Bundesvermögensamtes. Gänzlich unvermögend erwies sich das zwangsvereinte Land lange bei der Entwicklung vernünftiger Nutzungskonzepte, um die Wunden zu heilen, die ein halbes Jahrhundert technischer Diktatur auf dem Gelände der Wüstung Peenemünde hinterlassen haben. Eigeninitiative und Trotz der letzten ausharrenden Einwohner aus NVA-Zeiten haben zwar Wunder gewirkt: Zäh verschwindet Ruine um Ruine, Fremdenverkehr und Gastronomie kommen erstmals in Flor. Doch die Angst vor der Zukunft ist immer noch spürbar, ungeachtet der fundierten und im besten Sinne beeindruckenden Ausstellung des Historisch-technischen Informationszentrums Peenemünde.

Daß an der Stelle des ausradierten Dorfes Peenemünde, auf einem blut- und schwerölgetränkten Flecken, die weltbeglückende Raumfahrt ihren Anfang genommen hätte, ist zweifellos die unverschämteste Propagandalüge der allseits agilen Techniklobby. Wer Zecken, Dornen und schlummernde Minen nicht scheut, findet leicht zum ehemaligen Prüfstand 7, wo ein kleiner Gedenkstein an die Stätte der A4-Starts erinnert. Im Museumsshop des Historisch-technischen Informationszentrums kann man neben dem Nazibuch des Generals Dornberger, der vornehm-blasiert über das Peenemünder KZ hinweglügt, leider auch NASA-Souvenirs und verherrlichende Biographien des eigentlichen Dorfvernichters Wernher von Braun erwerben – Ironie des Schiksals, daß sich die Raketenkonstrukteure bei der Weiterführung ihrer todbringenden Arbeit an Mittel- und Langstreckenraketen in den USA und der UdSSR gerne »die alten Peenemünder« nannten.

Ob der vor Jahren glimpflich abgeblockte Raumfahrtpark, in dem sich u. a. die Deutsche Aerospace in Selbstdarstellung ergehen wollte, nicht vielleicht doch noch kommt? Dann wäre Peenemünde ein drittes Mal der technischen Barbarei und den Raketenbaronen anheimgefallen.

Zum Spaß gebaut oder: Unfrohe Hommage à Ludwig IX. von Hessen Darmstadt

Von Dieter Steinmann

Meine Heimatstadt heißt Pirmasens, liegt am Rand des Pfälzer Waldes und macht auf den ersten Blick einen einigermaßen unauffälligen Eindruck: eine Mittelstadt mit weniger als 50 000 Einwohnern, in der ziemlich normale Menschen leben und Verhältnisse herrschen. Sachlich und historisch gesehen ist Pirmasens allerdings eine merkwürdig unrichtig in die Welt gestellte Ansiedlung.

In der ersten Hälfte des 18. Jahrhunderts war Pirmasens ein kleines Walddorf, über das es vermutlich bis heute wenig zu berichten gäbe, wenn nicht in Person des Erbprinzen Ludwig IX. von Hessen Darmstadt (1719–1790) ein ganz spezielles Geschick über das Pirmasenser Ländchen gekommen wäre. Jener, ein durchaus klug-sympathischer Mann, ragt aus seiner an hochwohlgeborenen Langweilern nicht armen Epoche als sehr besonderer Sonderling, wohl aber auch als nicht vollends zurechnungsfähiger, ziemlich dramatischer Knallkopf weit heraus. Ihm gehörte die Gegend des heutigen Pirmasens. Weil er offenbar nichts Besseres zu tun hatte, ließ er sich, Landgraf, der er war, auf diesem einsamen, schwer zugänglichen Stück Pfälzer Wald nieder, um auch gleich eine Stadt zu gründen. Das heißt: Die entstehende Stadt nahm er als sich selbst zeugende Folge seiner eigentlichen Gründung, einer Garnison, in Kauf.

Ludwig war ein ausgemachter Soldaten- und Militarianarr, und er hatte den festen Entschluß gefaßt, mit dieser Liebhaberei aufs Ganze zu gehen – sich bis zum Anschlag zu verwirklichen, wie man heute sagt. Zügig ließ er – trotz chronischer und waghalsiger Verschuldung – ein Schloß, eine Garnisonskirche, Unterkünfte für Mannschaften und Offiziere, die zweitgrößte Exerzierhalle Europas und einen gigantischen Exerzierplatz in den Wald rammen. Mit der bald stattlichen Armee war mächtig Staat machen: Ludwigs auch sozial fürsorglich behandelte Soldaten besaßen die höchsten Hüte weit und breit (inklusive innerer Metallverstrebungen), und man hatte sie so verschwenderisch mit Uniformen in x-erlei Farben ausgestattet, daß ihre Aufmärsche eher an heutige Jux-Performances gemahnten denn an Manifestationen praktischen Wehrwillens.

Die dergestalt Herausgeputzten wurden durch ein spezielles Hobby ihres Herrn mächtig auf Trab gehalten. Ludwig liebte die Militärmusik so sehr, daß er als Tondichter tatsächlich mindestens 92 000 verbürgte Kompositionen zustande brachte, in der Hauptsache Märsche jeglicher Couleur. Der Mann verfaßte an guten Tagen über 300 Musikstücke, eine Leistung, die spezielle Bewunderung auch verdient, weil dieser entfesselte Komponist nicht mal Noten lesen, geschweige denn welche schreiben konnte. Man muß davon ausgehen, daß er seine musikalischen Eingebungen fast pausenlos hauptamtlichen Notenschreibern vorbrummte, die sich vermutlich die Finger krummschrieben.

Nicht nur die rekordträchtige Menge gibt zu denken. Mit etlichen – um es nett zu sagen – schwindelerregend putzig geratenen Werken stellte sich Ludwig auch souverän an die Speerspitze der Kuriositätencharts seiner Zeit: Beispielsweise ist ein »persischer Musketiermarsch« erhalten, der vage an schnuckeligste Mickymaus- und Schlumpf-Filmmusiken erinnert und bestenfalls so persisch klingt, wie sich gewisse Backsteinmoscheen in schottischen Schloßgärten an die klassischen Bauten Isfahans anlehnen.

Ludwig, ulkiges Zerrbild des Ideals vom seligen Amateur, komponierte dermaßen störungsfrei, quietschfidel und unbremsbar vor sich hin, daß seine Kapellen und Infanteristen Mühe hatten, mit dem Fortgang und der Ausweitung seines Werkes Schritt zu halten: Sie sahen sich gezwungen, fast rund um die Uhr vor seinem Balkon und auf ihren Übungsplätzen auszuschreiten und Krach zu machen. Uniformen, Hüte, Fahnen und andere Dekorationsartikel wurden bei diesen Marschchoreographien so lange und pingelig vertauscht und rekombiniert, bis nach des Grafen Ansicht das Optische tipptopp zu seiner Musik paßte und der ganze Zirkus in Ausmaßen flotten Eindruck machte, tönte und hin und her wuselte, wie er sich die Pracht vorbildlichen Militärgerumpels zusammenphantasiert hatte.

Vor anderen, weitaus schlimmeren Unbilden des Soldatenlebens waren Ludwigs Truppen hingegen aufs konsequenteste geschützt: Mit dumpfer Realpolitik, echtem Krieg, blutigem Kampf und ernstem Schlachtengetümmel hatten sie nicht nur nichts zu tun, sondern sie wurden von solchen Würgereien sogar mit aller Entschiedenheit ferngehalten. Während zahlreiche Regierende jener Epoche ihre Landeskinder schiffsladungsweise als Kanonenfutter an x-beliebige Kriegsparteien verhökerten, um mit dem Erlös die leergesoffenen Kassen zu füllen, borgte Ludwig seine Grenadiere, Trommler und Pfeifer bestenfalls mal zu Dekorationszwecken für Hochzeitsfeiern aus und achtete im übrigen scharf darauf, daß sie beim Transport zu ihren pazifistisch motivierten Einsätzen pfleglich behandelt wurden. Unschönes Spießrutenlaufen war zwar auch in der Pirmasenser Garnison Disziplinierungsmittel erster Wahl, aber ansonsten ging es selbst hinsichtlich der Bestrafungsrituale vergleichsweise zivilisiert zu: Während andernorts am Galgenplatz stets Mordsbetrieb herrschte, wurde bei Ludwig lediglich ein Bedauernswerter, ein Koch, exekutiert; auch zum Hinmetzeln per Strafrecht waren dem Landgrafen seine lebenden Zinnsoldaten zu schade.

An martialischen Zeichen allerdings wollte es unser Landgraf dann wiederum auch nicht gänzlich mangeln lassen – und verlegte seine diesbezüglichen Neigungen auf das Feld der Baukunst. Die Tore der schnell wachsenden Stadt – die Soldaten hatten ja immerhin Familien, und es entwickelte sich bald eine einigermaßen »urbane«, wenn auch schwache Infrastruktur – zierten elegante Sandsteinsäulen, deren Spitzen von artig gemeißelten, kugelförmigen Granaten gekrönt waren – mit bezeichnenderweise sehr weit heruntergebrannten Zündschnüren. Heute schmücken diese Artilleriesäulen die prima geratene Pirmasenser Fußgängerzone und veranschaulichen handfest metaphorisch den Bombencharakter des einstigen Stadtobersten.

Das Pulverfaß Pirmasens ist in Folge solch einzigartiger Mischung aus Militärspielerei und höherem Pazifismus nicht explodiert, sondern erst mal knallhart implodiert. Ludwigs beinahe »lyrisch« zu nennender Garnisonsbetrieb wuchs sich zur gewaltig teuren Einrichtung aus, die ihren eh schon als Pleitier angetretenen Erschaffer bald schwer unter Druck setzte. Etwaige Versuche Ludwigs, Gewerbe und Handel anzukurbeln, fruchteten wenig. Selbst seine durch Ideen der Aufklärung inspirierte moderne Verwaltung und seine vorbildlich liberale und tolerant inszenierte Kleinstaatsführung vermochten keine nennenswerten Betriebe oder geschäftlich interessierte Investoren hereinzulocken. Zu dicht, dräuend und dummdunkel standen die pfälzischen Urwälder rings um das kleine Soldatenidyll, zu weit entfernt von jeglichen Verkehrs- und Handelswegen hatte der aktiv kreative Spinner Ludwigneun seine mit Tausenden bevölkerte, ökonomisch vollrohr zerrüttete Spielzeugstadt hingebastelt.

Und genau diese harte Hypothek lastet bis heute bürdenschwer auf meiner Heimatstadt. Ludwigs Hauptwerk, die Stadtgründung, hat mehr mit gegenwärtigen Kunst- und Nonsensprojekten zu tun als mit seinerzeit üblicher oder allgemein zweckmäßiger Besiedelungspolitik. In seiner letztlich wahren und echten Stärke gründet leider auch sein gewaltiges, heute mit Schmerzen zu bilanzierendes historisches Negativverdienst: Nach den Folgen diverser städteplanerischer Siebenmeilen-Fehltritte beurteilt, steht er als ziemlicher Dilettant, um nicht zu sagen: als völliger Idiot da. Europaweit hätte er kaum einen ungünstigeren Landflecken finden können, um sein im Exerzierwahn zusammendeliriertes Spezialelysium ins Werk zu setzen. Hätte er Pirmasens auf einer Hallig, in einem Sumpf oder an den Steilhängen des Watzmann gegründet, der Stadt wäre vermutlich auch kein ungünstigeres Schicksal erwachsen. Bis heute reißen sich die Verantwortlichen sämtlicher Bundes- und Landesregierungen, die zuständigen Regional- und Stadtverwaltungen wakker den Arsch auf, um Pirmasens einigermaßen standardgemäß an all jene Autobahnen und Fernstraßen anzuschließen, die in großer Distanz die schwer zerklüftete Wald- und Hügelregion passieren. In Pirmasens auf namhafte Investoren oder von »außen« initiierte Industrieansiedlungen zu schielen, ist weniger sinnvoll als die Hoffnung, der Papst möge freiwillig dic nächste Love-Parade im Namen der Präservativindustrie segnen. Licht und Schatten, Fluch und Segen, drolliger Unfug und schlimmer Absturz lagen in Ludwigs Tun bitter eng beieinander und verliehen seiner Hinterlassenschaft spezifischen wie dauerhaften Charakter: Vermutlich nur hinter den mehr als sieben Bergen versteckt konnte dieser große Naive seinen kleinen Märchenstaat durchziehen, ja durchexerzieren.

Die Bilanz ist in der Tat schrecklich und von grausamer Deutlichkeit: Pirmasens durfte etliche Jahrzehnte so etwas Ähnliches wie eine Blüte als Metropole der deutschen Schuhindustrie erleben, eine Hochzeit der Produktivität und Rentabilität des Daseins, an die nunmehr leerstehende Fabriken, dauerhaft furchterregende Arbeitslosenzahlen und eine zwar beschäftigungspolitisch irrelevante, jedoch teils vor Erfolg nur so strotzende Schuhhandelsbranche erinnern. Auch nach Ludwigs Zeiten verstanden es die Militärs allerweil, sich rund um Pirmasens pudelwohl zu fühlen und die Gegend in toto mit blödsinnigen Milliardengräbern zu verunzieren. So tangierte z. B. Hitlers von nichts als Schwachsinn und Paranoia angestifteter Westwall die Stadt und brachte, während der Bauzeit, kurzfristig Geld und Remmidemmi in die damalige Nazi-Hochburg. Die US-amerikanische Armee verbuddelte in zahlreichen geräumigen Bunkern Atombomben, Giftgasgranaten sowie Schnaps-Vorräte und gab sich der Hoffnung hin, daß der Russe im Ernstfall kaum die Anreise schaffen würde. Gorbatschows starker Arm reichte dann allerdings schnell bis hierher und bereitete auch diesem Spuk ein Ende. Die entsprechenden Truppenreduzierungen der Amerikaner sorgen unterdessen für Hochbetrieb und Ratlosigkeit auf den Arbeitsämtern – offizieller Stand der Erwerbslosigkeit im Winter 1997/98: zirka 20 Prozent. Alles in allem: mehr Flops als Wiederaufstiege.

Der extravagante Landgraf Ludwig IX. gründete einst Pirmasens nicht nach den Gesetzen der Ökonomie und der Vernunft, sondern nach seinen allzu privaten Regeln der Kunst. Infolge derartiger und sehr singulärer Luxusvorstellungen hat es Pirmasens und haben es nicht wenige Pirmasenser heute verdammt schwer, und man müßte eine Menge Lokalpatriotismus aufbringen, um sich hier richtig wohl zu fühlen. Doch Ludwig – irgendwie war er vermutlich – auf seine Art – ein Bombenkerl!

Die gescheiterte Mondäne

Von Stefan Schwarz

Vor der Wende lag Potsdam, obschon ja doch in Hörweite zur Grenze, ziemlich weitab vom Schuß. Eben im Windschatten Westberlins, wenn man den neuen Wind mal ernst nahm. Man mußte schon unbedingt quittierbare Dienstreiseaufträge oder sieche Verwandte ersten Grades dort haben, um eine volle Stunde immer an der antifaschistischen Wand lang rund um das west-alliierte Sondergebilde in die angegammelte Bezirkshauptstadt zu fahren.

In Potsdam wurden keine Karrieren gemacht, höchstens beendet. Hinzu kam, daß bis in die frühen Neunziger der Russe in Potsdam stand, der zuvor bei der Schlacht um Berlin der befohlenen Eile wegen gewaltige Breschen ins Garnisonsstädtchen gemörsert hatte. In die Breschen baute man riesige Plattenbauten, und wenn das Nichteinhalten der Traufhöhe überhaupt einmal von der bloßen Ordnungswidrigkeit zum todesstrafwürdigen Verbrechen mutierte, dann in Potsdam. Dort schielen Zwanziggeschosser auf die zweistöckige Schopenhauerstraße und auf die Hegelallee herab. Ein Mißverhältnis, das soziologisch durchschlägt, seit Potsdam nicht mehr im Mauerschatten herumkümmert, sondern die welterbegeadelte Preußenparkstadt vor den Toren Großberlins geworden ist.

Wie gesagt: Früher war in Potsdam tote Hose, und das ist eigentlich auch heute noch so. Nur ist jetzt in Potsdam tote Designerhose. Der Joop!-Laden in der Ebertstraße hat dichtgemacht. Wer heute in Potsdam eine Joop!-Hose haben will, muß sie olle Wolle Joop! schon selbst vom Hintern reißen, wenn der hier mal wieder mit seinem Spitz (!) Gassi geht.

Das nachwendische Potsdam ist ein Menetekel. Die gescheiterte Mondäne. Nirgendwo anders leben so viele Millionäre unter so bedrückenden Bedingungen. Seit einem Dutzend Jahren versuchen die dicken Brieftaschen die Stadt zwischen den Schlössern und Gärten mit Flair vollzupumpen, und immer geht's schief. Das liegt daran, daß sich die Pfeffersäcke der Medienwirtschaft von der grandiosen fritzischen Kulisse haben blenden lassen und dabei schlichtweg übersahen, daß Potsdam bereits bewohnt war, als sie ihre Villen am Neuen Garten kauften, und zwar von den Plattenbaupotsdamern. Seitdem aber entstehen in der neuen Großbourgeoisie Potsdams, die hier abends zum Weichbildanbeten auf die Balkone und Veranden tritt, immer wieder mühsam erstickte Pogromgelüste gegen die mufflige und fast schon vorsätzlich unglamouröse Urbevölkerung.

Klar geht die Aura flöten, wenn der grundstückseigene Blick über den Heiligen See auf das im Zwielicht verschummernde Marmorpalais von hörbar betrunkenen Leihbootproleten durchplanscht wird, die schockweise kreischende Mandys über Bord schmeißen. Kein Wunder, daß Günther Jauch immer so viel arbeitet, anstatt mit seiner Freundin im Kaschmirpullover auf dem Teakholzsteg auszuchillen. Selbst auf der Brandenburger Straße, die als »Boulevard« vom Holländerviertel zum Luisenplatz vor die Tore von Sanssouci führt, konnte sich nicht mal ein Buchladen, geschweige denn ein richtiges Kaufhaus halten. Gebrauchtsockenverkäufer und Nippesbuden säumen die Straße, die dem Begriff »Fußgängerzone« einen kaltekriegshaften, ja sogar seuchenschutzmäßigen Nachhall verleiht.

Der Konflikt zwischen den Plattenbaupotsdamern, die auch nicht mit Waffengewalt zum Kauf nur einer einzigen Alessi-Klobürste zu bewegen sind, und den wohl kaufkraftmäßig über-, aber zahlenmäßig hoffnungslos unterlegenen Villenpotsdamern nahm vor ein paar Jahren endlich schismatische Ausmaße an, als sich die Neureichen schlichtweg weigerten, den städtischen Weihnachtsmarkt mit seinem Tütenglühwein und seinen asiatischen Plastiknußknackern als solchen anzuerkennen. Statt dessen wurde in einer Nebenstraße ein bourgeoiser Gegenweihnachtsmarkt errichtet, wo am Eingang erkennungshalber Austern und sogenannte Eßkastanien gereicht wurden, die der prollige Plattenbaupotsdamer nicht mal als Mutprobe in den Mund nehmen würde.

Viel ist geschehen seither, um den »Geist von Potsdam« (was freilich in dem ehemals preußischen Garnisonsstandort einen Widerspruch in sich darstellt) zu reanimieren. Der glücksverwöhnte Günther Jauch hat das Fortuna-Portal auf eigene Kosten wieder aufbauen lassen, und das Stadtschloß gegenüber soll folgen – und selbst die durch Hindenburg/Hitler bis in den Erdmantel entweihte Garnisonskirche. Die Großkopferten hoffen, dem Pöbel auf diese Weise qua architektonischer Einhegung etwas mehr Sitte und Lebensart aufzäumen zu können.

Dem ganzen disneyhaften Wiederaufgebaue preußischer Herrlichkeiten liegt aber leider ein Mißverständnis zugrunde. Die preußische Lebensweise ist bis zurück zum Altfritzen grundmufflig und jedem bonvivantmäßigen Frohnaturell abhold. Tatsächlich ist es nämlich cool, die lauluftige Wunderschönheit der Welterbeperle Potsdam allzeit schlurfend abzutun, anstatt sich vor Rokokostuckereien mit Kaviar zu bekleckern. Aber dös werden die Millionäre aus Bayern und dem Rheinland nie begreifen.

Blick in die östliche Ebene

Von Hermann Kant

Ein vaterlandsloser Geselle kann ich schon deshalb nicht sein, weil in meinem mählich dünneren Fell kein Platz für weitere Brandzeichen ist. »Honeckers Kettenhund« und auch »Kettenhund der Stasi«, »stalinistischer Büttel«, »Bauernleger« und »Poeten-Würger« hat man mich genannt, von Zärtlichkeiten wie »Meister der Konspiration« und »Informellem Martin Hari« einmal abgesehen. Was fügte es diesem Liebeswerben hinzu, wenn ich sagte, daß ich kein Parzellenbewußtsein habe und ein Bluthund ohne Bodenhaftung sei? Und wie unpatriotisch wenig es mich rühre, an welchem Standort der Vogel singt und in welchen Zweigen er wohnet? Welcherart Erschwerung könnte es noch geben, verriete ich, daß mir Heimat nur als ein Wort mit Strohdach gilt?

Doch ist es nicht nur nicht so, sondern abgebraucht, wie ich bin, kann ich ein wenig Heimat ganz gut gebrauchen. Auch mag ich Strohdächer und meine Hütte unter einem solchen. Zudem fänden sich Schreiben, aus denen ich vorsorglich bekennerisch zitieren will, ehe mich die hessische Fledermaus zu allem auch noch als bodenständig ausmacht.

Für einen Reiseführer, der dem Bundesland Mecklenburg-Vorpommern zwecks seines Aufblühens mehr Reisende zuführen soll, habe ich gegen wenig Geld und aus viel Überzeugung geschrieben: Die Leute, die dort wohnen, sind so unterschiedlich wie Leute überall, und sie haben wie die ihre Gemeinsamkeiten. Wer ihre Bedächtigkeit als Trägheit mißversteht, begeht eine Dummheit. Wer ihre Sprechpausen als Denkpausen deutet, bringt sich in Schwierigkeiten. Wer Gefährten braucht, sollte sich dort umtun; wer sich Feinde machen muß, unterläßt es hier besser. Ich habe in Prälank bei Neustrelitz ein paar Bücher geschrieben. Die Nachbarn dieser Jahre gönne ich nur meinen besten Freunden; sie nahmen mich wahr und haben mich nie bei der Arbeit gestört. Ich habe in Greifswald die Universität betreten, Neuland in damals neuestem Land, und die Geschichte, die ich daraus machte, las man in allen deutschen Ländern und Bezirken. Manchmal, wenn ich besonders norddeutsch auf mir bestehe, denke ich, man liest sie noch. Hamburg ist meine Stadt auf der Welt, aber in Mecklenburg und in Vorpommern, dort, wo es Hiddensee und Usedom und Rügen heißt, hat es mir manchmal nur am Mut gefehlt, den Jubel über das, was ich sah, unter die Leute zu schreien. Auf den Ruhner Bergen der Blick in die östliche Ebene, die Buchenwälder vor Schwerin, im Winter die Haffbrücke am Weg nach Usedom, im Sommer der Darß bei Prerow und der Sand von Prerow, der Himmel zur See hin, wie er bei Jarmen beginnt, die Hügel um Hohenzieritz und die Höhe bei Wanzka, die hohen Ränder der Friedländer Wiese, der Tollensesee, die Buchten der Müritz, das Nebelland um Ückermünde, mein fast verlorenes Prälank, ach – Hamburg ist meine Stadt, doch das alles gäbe ich gegen Hamburg nicht her.

Einmal in so lokalpatriotischem Schwunge, fuhr ich a.a.O. fort, es gebe auf der Karte von Mecklenburg-Vorpommern erstaunlich viele Punkte, die zugleich Merkpunkte meiner Lebenskarte seien: In Parchim scheiterte ich so an der Mittelschule, wie es in den schlimmsten Schulgeschichten steht. In Parchim erlernte ich einen guten Beruf, nach dem ich mich nicht nur heute und gestern sehnte. In Schwerin erwarb ich hinter der Schelfkirche zur Elektrikerpraxis einige Elektrikertheorie. Im Rostocker Lazarett lag mein Vater auf den Tod, und seine Krankheit trug den Doppelnamen Deutsche Wehrmacht & Krieg. In Rostock sah ich (beim Buchbasar) alle Jahre wieder Leute nach Büchern rennen, als gelte es Goldclaims abzustecken. In Bützow saß der zweite Mann meiner Mutter, kaum hatte er Sachsenhausen hinter sich, zu Unrecht ein. In Greifswald ... aber das sagte ich schon öfter. In Lubmin begann ich, als der Ortsname noch kein Atomwort war, jenes Buch, in dem ich es besonders heftig sagte. Auf Hiddensee war ich Heimleiter in Käthe Kruses Haus. In Neuburg an der Elde hat erste Liebe angefangen. Bei Usedom wohnt mein ältester Freund. In Prerow erlebte ich den letzten Sommer der DDR und wußte bald, wie sehr mein Winter kommen würde.

Wie winterhaft er sich benehmen würde, wußte ich freilich nicht. Doch wurde ich auf kommende Läufte eingestimmt, als mehrere Rezensenten empfahlen, meinen Lobpreis aus der Drucksache zu kippen, da ich erkennbar ein Verrückter sei. In diesem Falle kam der Bescheid von rechts, doch heftiger pflegt es von links zu kommen, wenn man bei »Heimat« nicht gleich zum Hohne neigt. Selbstredend rührt diese Gepflogenheit von der Erfahrung her, daß ins fremde Gras vor allem jene beißen, denen im Vaterland kein Halm gehört.

Nach dem Vorrecht meiner Altersklasse will ich zwischen Vorsängern und Verächtern von Heimat zu vermitteln suchen, indem ich gerafft berichte, wieviel weite Welt sich zutrug an meinem Tisch unterm Strohdach eines Sommer- und inzwischen auch Winterhauses, das an einer Dorfstraße steht, die Dorfstraße heißt. Einen Aufsatz schrieb ich hier, den Frau Lea Rosh von *Kennzeichen D* (was wohl Deutschland meint) in vier Teile schnitt, so daß sich das Ganze ins Gegenteil verkehrte. Mit Angela Davis saß ich unterm hiesigen Stroh beisammen, als sie Vizepräsidentschaftskandidatin der Vereinigten Staaten von Amerika war und dazu Gründe wußte, die sich bis zu meinen Genossen von der Hamburger PDS herumgesprochen zu haben scheinen. An meiner Tafel bewog mich ein fernmündlicher Günter Grass, in beinahe allererster Gemeinsamkeit, den uns gemeinsamen nationalen Verlag vorm niederländischen Konzern zu retten. Von diesem Platze brach ich nach Polen auf, und als ich wiederkam, war die mir Vermählte zu einem Sachsen übergelaufen, der etwas später, ob an den Folgen oder nicht, in Lima verstarb. Radio Kanada rief aus Toronto in Prälank an und bewog mich, seinen kanadischen Hörern live in unerhörtem Englisch von deutschen Zuständen zu berichten. Kaum hatte ich aufgelegt, war die nordkoreanische Botschaft dran, die von meinen Erfahrungen bei der deutschen Vereinigung zu profitieren trachtete. Mit Erich Honecker wechselte ich etwas früher am selben Apparat ein letztes Wort, bevor er via Liebenthal, Beelitz, Moskau und Moabit nach Westen ausreiste, um unweit von Lima für immer zu verstummen. Als sei es mit der Welt, die mich in Prälank derart gehaltvoll umstellte, nicht genug gewesen, schickte gestern das Jenseits ein Botenpaar. Ein Buch hätten sie dabei, sagten die beiden Zeugen Jehovas, aus dem ich alles erfahren könne, was ich schon immer über den Sinn des Lebens habe wissen wollen. Ich wurde sie mit der Auskunft los, den hätten wir im Parteilehrjahr mehrmals durchgenommen.

Klar, Freunde, braucht auch der linke Mensch ein Stückchen heimatlichen Bodens. Und sei es nur, damit er, derart archimedisch mit festem Standpunkt ausgestattet, bei zwingender Gelegenheit in den einen oder anderen nationalen oder internationalen Hintern treten kann.

Fahren Sie bloß nicht nach Pullach

Von Barbara Häusler

Zugegeben, die Frage ist berechtigt: Warum sollte man das überhaupt, nach Pullach fahren? Schließlich ist Pullach nur ein südlicher Vorort Münchens, am westlichen Isarhochufer gelegen. Die Antwort lautet: Eben drum! Denn jeder, der auf dieser Seite des Flusses aus der Stadt Richtung Alpenvorland bzw. Berge fährt – und das sind an schönen Wochenenden dann doch etliche Hunderte –, der muß durch Pullach durch. Oder doch bereits verwarnungspflichtig dicht daran vorbei. Und schon an dieser, die eigentliche Örtlichkeit nur tangierenden Ausfallstraße lauert der Pullachsche Ungeist.

Ein erschütterndes Erlebnis an ebendieser Straße – hierzu später mehr – sowie der Umstand, daß vermutlich noch viele Neumünchner in der arglosen Absicht, auch die Ränder ihrer neuen Heimat kennenzulernen, Pullachsches Terrain betreten werden, sind durchaus Anlaß genug für einige aufklärende Worte.

Mag sein, daß in irgendeiner fernen Vergangenheit das Dörfchen einmal einen Reiz besessen hat – heute ist davon nicht mehr das Geringste zu bemerken. Selbst der Ortskern, in dem tatsächlich noch einige ältere Häuser stehen, hat diese unsäglich dezent-volkskundliche Umgestaltung erfahren, die immer mehr um sich greift und offenbar die einzig konsensfähige Möglichkeit ist, das Ursprüngliche zu ertragen. Ein bißchen Lüftlmalerei, der obligatorische Maibaum, ein Biergarten mit apostrophenreicher Speisekarte (so in der Art »Wos Kräftig's g'fällig?«) – fertig ist sie, die neubayrische Idylle. Oder jedenfalls das, was die Pullacher dafür halten.

Doch das eigentliche Grauen beginnt jenseits des Ortskerns und umschließt ihn in mehreren Belagerungsringen: die Pullacher Eigenheimhölle. Um sie richtig deuten zu können, muß man wissen, daß der Nobelvorort Grünwald gleich gegenüber liegt, auf der anderen Seite der Isar. Man ist sogar durch eine Brücke mit ihm verbunden. Und mit den Reichen.

Und den Bedeutsamen. Und den Viertelberühmten. Das ist dann aber auch schon alles. Denn anders als diese auch überregional bekanntgewordene *Derrick*-Mördergegend ist Pullach dann doch entschieden weniger vornehm, genauer und vor allem wahrer: auf eine popeligere Weise popelig als das Münchner Geldghetto. Sind die Geschmacklosigkeiten geschmackloser Reicher in Grünwald doch immerhin aus soziologischen Gründen sehenswert, bleiben die Pullacher Bemühungen, es ihnen nachzutun, blankes Mittelmaß. Denn schlimmer als ein Kleinbürger ohne Geld ist ein Kleinbürger mit ein bißchen Geld. Ersterer schafft es erst gar nicht in den feinen Münchner Süden, sondern treibt in verkappten Kleingartensiedlungen im Osten, Westen oder – ganz arg! – Norden der Stadt sein Unwesen. Der Kleinbürger mit ein bißchen Geld aber wird Pullacher und tut und fühlt fortan wie ein Grünwalder. In Köln nennen sie so was schlicht »schäl Sick« – falsche Seite.

Und so reihen sich denn flächendeckend aneinander: Wüstenrot mit Schnitzbalkon, Schwäbisch Hall mit Panoramafenster hinaus auf den Wendehammer und geraniengeschmückte Carports. Alles schön ordentlich, geharkt, gemäht und gut gekehrt. Und noch eins haben all diese pseudoalpinen Lebensräume gemeinsam: das Trennende. Hecken, Holzwände, Zäune, Mauern – kein Anwesen, das nicht komplett und akkurat eingegattert wäre. Ist doch überall so? Keineswegs! Denn dem Pullacher geht es in erster Linie nicht um Abgrenzung oder Schutz, sondern um Blickdichte. Das machen die drüben in Grünwald nämlich auch so, damit auch ja keiner neidisch werden kann. Die Pullacher Umrechnung dieser Abschottungsformel lautet also durchaus folgerichtig: Je mannshoher die Barrikade, desto neidwürdiger der Besitz. Wobei gelegentlich eine gewisse Ambivalenz, ja geradezu ein Dilemma sichtbar wird: Irgendwie will man seinen Besitzstand ja auch vorführen. Was zur Folge hat, daß auch die Pullacher Abschirmmaßnahmen etwas zutiefst Unentschiedenes und mithin Groteskes haben.

Die Vokabel »Abschirmmaßnahmen« verweist auf einen möglichen weiteren Grund für diese Mauermentalität. Schließlich hat in Pullach seit Jahren auch der Bundesnachrichtendienst BND seinen Sitz. Der hat sich bzw. sein Gelände – ein Riesenareal – jedenfalls mit einer schönen, hohen Mauer umfriedet. Übermannshoch. So ein Ding jeden Tag zu sehen kann labile Gemüter mit ein bißchen Geld schon auf Ideen bringen. Wer indes glauben sollte, all die erwähnten Hecken, Zäune und Mauern verdankten sich ortsansässigen Spionen mit naturgemäß ausgeprägtem Anonymitätsbedürfnis, der irrt gewaltig. Laut einer Zeitungsmeldung leben lediglich fünf Prozent der BND-Mitarbeiter hier. Was nur den Schluß zuläßt, daß noch nicht mal Spitzel in Pullach wohnen wollen. Ist möglicherweise auch das ein Grund für den geplanten Umzug nach Berlin? Hält es der BND in Pullach einfach nicht mehr aus?

Inwieweit die signifikant hohe Rate an Spitzeln und Spionen in irgendeiner Form mentalitätsprägend für die örtliche Bevölkerung war und ist, kann hier nicht abschließend beurteilt werden. Eindeutig deformierend wirkten aber offenbar die Schilder, die alle paar Meter an der BND-Mauer kleben und davor warnen, diese Mauer zu photographieren. Wer es dennoch tut, muß angeblich 10000 DM bezahlen. Warum jemand eine Mauer photographieren wollen sollte, steht hier nicht zur Debatte. Vielleicht ist es aber genau das Bizarre, schwer Nachvollziehbare dieses Verbots, das den einen oder anderen Pullacher nachhaltig durcheinanderbringt. Ausdrücklich gewarnt sei jedenfalls vor einem etwa sechzigjährigen Mann, der mit einer grünen Plastikgießkanne spazierengeht und offenbar auf freiwilliger Basis die Altpapier- und Glascontainer an der eingangs erwähnten Ausfallstraße bewacht.

Dort lauerte er eines Sonntagabends der Autorin dieses Berichts auf, als diese auf der Heimfahrt vier Weinflaschen und eine Tüte Zeitungen entsorgte, die an einem schönen Ausflug ins Alpenvorland hatten teilnehmen dürfen. Sie hatte ihn wegen des Verkehrslärms nicht heranschleichen hören und erschrak zu Tode, als er sie aufforderte, laut vorzulesen, was auf den Containern stehe: »Nur werktags 7 bis 19 Uhr«. Dann hieß er sie »Saupreußin« und »Gesindel«. Da wünschte sie ihm höflich einen schönen Abend und stieg wieder in ihr Auto. Der Mann lief feuerrot an, fuchtelte mit seiner Gießkanne vor der Windschutzscheibe herum und brüllte schließlich: »Ich zeig' Sie an. Das kostet 50000 Mark!«

Das muß doch Euro heißen, dachte sie und fuhr weg von diesem Mann, der aussah, als bekomme er gleich einen Herzinfarkt, und daran wollte sie nicht schuld sein. Wegen vier Weinflaschen!

Niemand sollte diesen Ort betreten. Am besten noch nicht mal aussteigen. Und auf gar keinen Fall versuchen, Zäune oder Hecken zu photographieren.

Rathenow

Der Springbrunnen

Von Rayk Wieland

Zwee Becken oder Schalen, wo famos
Und anmutich in sich det Wasser fingen,
Trug eene Säule mit jewundnen Ringen,
Aus der janz oben die Fomtäne schoß.

Nackichte Nymphen lauschten dem Plingplang,
Drum rum so bunte Lämpchen, die vaschwommen
In dem wie jläsernen Jebilde jlommen.
So stand der Plastiknepp da mittenmang

Beim Händler uffm Markt wie ne Art Wunder,
Exotisch in dem anjehäuften Plunder,
Doch kaum eener valangte nach dem Stück.

Bis jenet Pärchen sich darüba neichte
Und echt Intresse an dem Quatschding zeichte,
Als fehlte ihm nischt mehr zum jroßen Jlück.

Taubenkotze

Von Peter Köhler

Recklinghausen ist überall.
Paul Schabacker

Es gibt einen Ort in Deutschland, da sitzt die ganze Bevölkerung im Knast. Sein Name: Recklinghausen. Und im Knast von Recklinghausen, im Knastknast sozusagen, sitzt sogar das halbe Bauamt ein und verbüßt eine Freiheitsstrafe. Schon ein oberflächlicher Blick auf die Stadt läßt diese Strafe als sehr mild erscheinen. Zur Belohnung für ihre Taten sind etliche städtische Bedienstete bereits bei der örtlichen Bauindustrie untergekommen.

Recklinghausens Stadtbild nimmt den dritten Weltkrieg vorweg. Was wie moderne Kunst anmutet, ist in Wahrheit die Architektur nach 1945. Steingewordene Krankheitserreger dominieren an Straßen, die wie asphaltierte Bremsstreifen in einer löchrigen Unterhose aussehen, die wiederum, genau: Recklinghausen heißt. Und wo wider Willen ein windschiefes Fachwerkklosett aus der guten alten Zeit stehengeblieben ist, wird es links und rechts von mehr als sauriergroßen Betonköteln zerquetscht.

120 000 Einwohner harren hier aus. Ernst gehen sie ihrem Tagwerk nach, dem Vorhandensein. Zu übersehen sind sie denn auch nicht. Die Männer erinnern an stinkige, rappelnde Dieselmotoren, mit dem Unterschied, daß Dieselmotoren auch abgestellt werden können. Die Frauen sehen verseuchten Kiesseen ähnlich. Die Kerle haben Muskeln wie Backsteine und Gesichter wie Schaufelbagger. Ihr Körper gleicht einer Halde Steinkohlebriketts und wird ab dreißig zu einem Klumpen Matsch. Das Schönheitsideal der Frauen orientiert sich an den Gummipuppen von Beate Uhse. Aber auch Dakkel und zerknüllte Plastikbeutel stehen als Vorbilder hoch im Kurs. Da Recklinghausen eine Großstadt ist, pierct sich die trendige Jugend gern ein Bügeleisen durch die Schläfe.

Der hiesige Lieblingssport heißt Fußball, wobei den Ball spielen als Foul gilt. Freitags geht man auf die Trabrennbahn Hillerheide. Die stehen und zugucken, sind die Menschen. Außerdem gibt es einen Tiergarten. Wieder glotzen die Leute die Viecher an, aber die glotzen zurück. Beide sind durch Gitter und Zäune getrennt, damit es nicht zur Inzucht kommt.

Wenn in Recklinghausen jemand denken muß, knirscht es im Kopf. Rutscht jemand aus, legt sich auf die Fresse und bricht sich ein Bein, ist dem Sinn für Humor Genüge getan. Man unterhält sich in der Furzsprache, sofern man dem Gesprächspartner nicht mit Stiefeln ins Gesicht tritt, um sich besser verständlich zu machen. Der Mund wird nur geöffnet, um Essen hinein- oder herauszulassen.

Als Nahrung dient alles, es kann auch schon gegessen worden sein. Arschpüree, Fettpudding, Holzsuppe, Eiterburger, Pupsi Kebab zählen zu den Lieblingsgerichten, dazu serviert man Ketchup auf die Jacke, Majo auf die Hose und Bier in den Kragen. Als Besteck genügen Messer und Gabel, worunter man hierorts die Dinger vorne an den Handballen versteht.

Immerhin hat die Zivilisation inzwischen den Alltag erreicht. Einmal im Monat zieht man frische Unterwäsche an, auch wenn es gar nicht nötig ist. Falls sie vor der Zeit schmutzig ist, trägt man selbstverständlich die saubere Seite innen.

In Recklinghausen ist die Welt noch in Ordnung. Deshalb finden hier normale junge Leute nichts dabei, andere zu töten, und gehen zur Bundeswehr: umbringen, zerstören, kaputtmachen, vernichten – wenn's für einen guten Zweck ist! Trotzdem ist das bis jetzt nur bei Auslandseinsätzen möglich, nicht in der Heimatstadt.

Friseure arbeiten in Recklinghausen mit der Häckselmaschine, Ärzte operieren mit Lötkolben und Brecheisen, außer in schweren Fällen. Dann nehmen sie Hammer oder Elektrozange zur Narkose. Nur bei chirurgischen Eingriffen im Kopf kann auf örtliche Betäubung verzichtet werden, weil es keine chirurgischen Eingriffe im Kopf gibt. Gehirntumore beispielsweise sind unbekannt, weil sie ihr Ziel nicht finden.

Unter der Jugend hat sich herumgesprochen, daß man sich durch Besuch einer Gesamtschule am leichtesten der Schulpflicht entziehen kann. Die Schüler vermögen noch beim Abitur nicht Deutsch und Mathematik auseinanderzuhalten. »Rechtschreibung« buchstabieren sie mit Vogel-v, »Duden« trennen sie s-t nach den neuen Regeln. Die bevorzugten Sportarten im Fach Turnen sind Treten, Schlagen und Draufhauen. Französisch gilt als schwul. Mädchen sind mit dreizehn schwanger oder zickig. Auch Hausaufgaben machen gilt als schwul. Ohnehin helfen Eltern ihren Kindern nur bis zur zweiten Klasse. Man ahnt, warum.

Als schwul gelten hier auch Männer, die Schnupfen haben, denn richtige Männer haben Knochenbrüche; Männer, die klassischer Musik lauschen, denn echte Männer hören Hämmern, Schleifen, Sägen, Krachen, Splittern; Männer, die kein Fleisch essen, Bücher lesen, es mit Gummi machen oder sich überhaupt mit Frauen abgeben. Recklinghausen hat auch kein Theater, keine Oper, kein Ballett. Es gibt lediglich die von der Stadt und dem DGB organisierten Ruhrfestspiele, denn Kultur will man hier nicht haben.

Früher haben Bergwerksunglücke manches geregelt, aber der Strukturwandel hat auch Recklinghausen große Schwierigkeiten bereitet. Er mobilisierte indes Erfindungsreichtum und Tatkraft; manch unkonventionelle Geschäftsidee wurde geboren. Den Bergmann Herbert G. zum Beispiel brachte sein Hobby, mit Tauben rummachen, auf einen neuen Weg: Er gründete eine Firma für den Export von Taubenkotze. Damit hatte er eine Marktnische gefunden – und scheiterte dennoch, wahrscheinlich, weil das Produkt nicht hübsch genug verpackt war. Der Verkauf in billigen Klarsichtbeuteln, die oft schon beim Anfassen aufplatzten, gewann nur wenige Interessenten als Dauerkunden. Ein besseres Projekt verfolgte Marion B.: überfahrene Tiere und Kleinkinder im Bilderrahmen über den Kunsthandel anzubieten. Aber wiederum war trotz großer Nachfrage bald ein Problem unlösbar, der Führerscheinentzug ihres Ehemanns. Zudem stellte sich zu spät heraus, daß in Recklinghausen kein Kunsthandel ansässig ist. Auch Karlheinz M. hatte eine pfiffige Idee: Er wollte arbeitslose Bergleute zu Katzenstreu zermahlen. Er hatte indessen nicht bedacht, daß es in Recklinghausen nicht genügend Katzen gibt, weshalb das schöne Unternehmen schon bald Konkurs anmelden mußte – zu spät allerdings für Herbert G.

Was also bleibt? Nichts. Ja, noch weniger: Einer Theorie zufolge entstand das Universum, indem sich das Nichts in eine positive und eine negative Ladung spaltete. Wo die positive Welt geblieben ist, weiß man bis heute nicht. Die negative ist gefunden: Sie liegt in Recklinghausen.

Zwanzig Meter über NN

Von Bruno Langen

Was Hände bauten,
können Hände stürzen.
Friedrich von Schiller

Verklappt zwischen Elbe und Oder, in grieser Gegend und auf grauem Sand, umbrandet von Ostsee, Warnow und sumpfigem Wiesenland, ausgesetzt dem drohenden Gewölk und allerlei fremdem Gevölk, bedrängt von den überwältigenden Schrecken der vier Jahreszeiten und auf ewig den Sturm auswartend, liegt in der Norddeutschen Tiefebene Rostock danieder: das Land flach, die Sprache platt, die Segel gestrichen, alle Rechnungen beglichen.

In diesem Rest von Welt obwalten Bitternis und Schwärze. Gezwungen und gedrungen in der Dreieinigkeit von Dasein, Sosein, Irresein, erfolgt alles nach dem Verhängnis und Verderben ohne Rettung und Ende. Griesgram, Argwohn und Rückgang des Glaubens beherrschen die Seelen der »Meckelnbörger« (Fritz Reuter). Allein, es mangelt ihnen an Glück. Die Freude an Gott ist einer allgemeinen Niedergeschlagenheit, Gereiztheit und Verzweiflung gewichen (endogene Depression). Mit harziger Zähigkeit sickert dunkle Galle durch ihre »hydraulischen« Körper. Und geschlagen ist jeder mit einer Stirn, die tiefe, melancholische Furchen trägt. »Ach, Alles war so traurig. Auch Nichts war da, uns zu erheitern!« (John Brinckman) Glücklicherweise kann man nicht schwärzer als schwarz sehen.

Gerade das Leidvolle aber ist für den Homo melancholicus das Lustvolle. Lebensfreude gewinnt er in direkter Weise aus dem sentimentalen Genuß am existentiellen Überdruß. Seine Seelennot, seine Leibes- und Gemütsplage, überhaupt seine Rück- und Eingezogenheit erklären sich aus der Tiefe eines weisen Pessimismus. Aber »wo viel Weisheit ist, da ist viel Grämens« (Salomo 1,18).

Stadt der Siebensachen: sieben Brücken, sieben Tore, sieben Türme und – so wird schon von alters her berichtet – sieben Studenten. Dabei kann nicht einmal zugegeben werden, daß Rostock schlecht geraten sei – weil es noch viel Widrigeres gibt. Weniger Fitzchen und Spitzchen, mehr Schnirkel und Schniepel. Gotische Manier. Auch sind Straßen gelungen, breit und gerade, und Kirchen von hohem moralischen Rang.

Nichtsdestoweniger, Einwohner fanden, geworfen und von alltäglicher Drangsal beladen, Trost am heimatlichen Ort, wie ihn nur Mutterliebe gewährt. Mögen spätere Generationen mit Ehrfurcht gedenken, daß Menschen litten nach dem strengen Gebot lokalpatriotischer Pflicht!

Eine Rüge

Von Rayk Wieland

Für Anke G.

Rügen ist zu rügen nicht wegen seiner der See schöntuenden Strände und zum Teil noch anmutigen Badeorte, nicht wegen seiner wald- und feldreichen, bisweilen kessen Strichs gezogenen Landschaft und nicht wegen seiner hurtig galoppierenden halburbanen Zersiedlung – zu rügen ist Rügen allein wegen des Inzuchtgrades der ansässigen und untereinander stark sittenwidrig verbundenen Sippschaften, will sagen: wegen des schon Jahrhunderte munter währenden Fortpflanzungsverkehrs im engeren Familienkreise. Der zu beachtlichen Untereinander-Verwandtschaftsverhältnissen weit über die Grenze des übernächsten Dorfes geführt hat. Und zu allerdings beängstigenden psychosozialen Klimaverschiebungen.

Zwar gilt als gesichert, daß die Insel seit jeher ausreichenden Festlandkontakt hatte und zudem seit zirka fünfzig Jahren rund um die Uhr mit frischem Touristenfleisch beliefert wurde. Aber regulativen Einfluß auf die Motive und Modalitäten der Reproduktion der Eingeborenenspezies hatten dergleichen Kontakte kaum, sie schienen im Gegenteil die Bemühungen der Einwohnerschaft hinsichtlich Verhinderung fremder Übergriffe auf einen oder meistens eine der Ihren eher noch zu forcieren. Um wohl, kein Preis war zu hoch, kein Opfer zu schade, partout »die Sache« unter sich ausmachen zu können.

Ihre, der Inselbewohnerinnen und -bewohner Sache meinetwegen. Meine ist es nicht, nicht mehr. Eine Zeitlang war ich freilich, als Insel-Quartalsgast, der Ansicht gewesen, zwischen Thesenvitz, Dreschvitz und Patzig, Lietzow und Stargard, denn da hielt ich mich vorwiegend auf, gewissermaßen auch Ansprüche auf eine womöglich spontan erweiterte menschliche Nähe zu besitzen – aber fehlgedacht. Die Insel wird lückenlos, vierundzwanzig Stunden am Tag überwacht. Wächter rekrutieren sich aus der gesamten Einwohnerschaft, die immer an irgendwelche Ecken stößt, über die sie miteinander verwandt ist. Zunächst wird überall nur Präsenz gezeigt: im Ort hinter Zäunen und Fenstern, auf Dächern, in Wald und Feld von teilweise motorisierten Patrouillen, am Strand von gegenüberliegenden Booten, in Cafés von der zufällig am Nebentisch sitzenden Tante des Schwiegervaters des Mannes der Frau seiner Schwester, an Tankstellen natürlich vom Schwager selber. Die Insel ist recht groß, aber nicht groß genug, dem sie besiedelnden Menschenschlag zu entkommen. Der Präsenzdemonstration folgt die kaum verhüllte und noch verhaltene Drohung: zum einen mittels langsamer und gut besetzter Verfolgungsfahrten per Auto, während man zu Fuß die Dorfstraße entlanghastet, zum anderen auch per Erscheinen des Bürgermeisters, welcher der Bruder des Schwiegervaters ist, in der Wohnung zur vorgeblichen Kontrolle der ordnungsgemäßen Anmeldung oder, zum dritten, durch eine unangemeldete Inspektion der »Hausbrandanlage« (= Öfen) von seiten der vier, fünf Mann zählenden Freiwilligen Feuerwehr des Orts, die reichlich angetrunken und ausgiebiger als nötig heruminspiziert. Den Drohgebärden an schließt sich abends in der Kneipe, wo man unversehens an den Stammtisch gebeten wird, die beiläufige Schilderung des Ausgangs ähnlich gelagerter Vorfälle, wie etwa ein ungelittener Liebhaber in Ralswieck von der mit Heugabeln und Schaufeln gerüsteten Einwohnerschar und deren Hunden nackt aus dem Dorf gejagt wurde oder wie mehrere Autos das Auto eines anderen in Bergen verklemmten, ihn also dort stellten und derb traktierten, oder wie ein wiederum anderer die Tür des Herrenklos in einer Diskothek, nachdem er eingetreten war, nicht mehr zu öffnen vermochte und eine ganze Nacht dort harren mußte, während jenem von diesem unerhört-ungehörig Anvisierten inzwischen ordentlich Bescheid gestoßen wurde.

Solchen detailverliebt und scheelen Blicks vorgetragenen Schilderungen an schloß sich, jedenfalls in meinem Fall, die unverzügliche Abreise und möglichst weiträumige Distanzierung von der Insel, die ich seitdem, das liegt nun fünfzehn

Jahre zurück, nur mehr selten und wenn's denn sein mußte betrat, immer die taxierenden Blicke der mich in unverblümten Augenschein nehmenden Passanten, Fahrgäste, Tankstellenpächter spürend, die mich allesamt wiederzuerkennen schienen. Und ich sie desgleichen. Wen ich aber ganz gewiß niemals mehr erkennen würde, das ist, um es hiermit endlich allen Rüganern? Rügensern? Rügenern? auch schriftlich zu geben, jene Sie – ihr wißt schon, wen ich meine –, deren bereits von üblen Nachstellungen bedrohte körperliche Makellosigkeit halbwegs zu garantieren ich damals von der Insel, die eigene Haut dito glücklich rettend, wenn auch ausnahmsweise nicht bei Nebel, so doch bei hinreichend dunkler Nacht floh.

Standardstadt aus Stein

Von Michael Tetzlaff

An diesem Verlust werden die Rüsselsheimer wohl noch lange zu knabbern haben. Sehr lange. Vielleicht werden sie ihn nie überwinden. Ein Wunder wäre es nicht. Justyna will wieder zurück. Die ausgesprochen ansehnliche junge Frau aus Polen hält es in Rüsselsheim einfach nicht mehr aus. Sie studiert Germanistik in Mainz – und lebt, sofern das so bezeichnet werden kann, in Rüsselsheim. Hier arbeitet sie nebenbei in der Bahnhofsgaststätte und lächelt dabei das bezauberndste Lächeln Polens in den Rüsselsheimer Alltag hinein.

Die Bahnhofsstube ist ein vernünftiger Ort. Hier ist es völlig schnurzpiepe, was einer anhat, wie er aussieht oder wie er redet. Hauptsache, er ist da und fügt sich schlicht in das Gemälde aus vergangenen Zeiten ein. Am Samstagnachmittag kommen auch wir nicht drum herum, mal ein Bier zu bestellen. Sonst fielen wir zu sehr auf. »Zwei Bier bitte«, sage ich dementsprechend zu Justyna. »Große«, setzt Freund Huss drauf. »Wir haben nur Nulldreier«, sagt Justyna mit ihrem wunderschönen Akzent, »die Standardgröße eben.« Sie zeigt die Höhe des Glases horizontal statt vertikal an. Ein Rotzlöffel, wer bei dieser Frau da an etwas anderes denkt.

So hätten wir doch nie mehr diese Kneipe verlassen. Der Anblick einer schönen Frau und ein erträgliches Pils: Was braucht es mehr an einem trüben Samstag, dem ersten Tag des Februars? Aber nein, wir mußten ja hinaus in die graue Rüsselsheimer Welt. »Es ist egal, welchen Weg einer in der Opelstadt geht, er landet immer irgendwo.« Diesem Zitat von Renee Zellweger folgend, landen wir in einer Einkaufsstraße. Schlagartig wird es minus zwölf Grad kalt. Wir müssen dennoch weiter. »Vielleicht rühren die strengen Temperaturen von den vielen Eiscafés her«, sage ich zu Freund Huss. Der nickt vielversprechend und sagt: »Von Architektur im strengen Sinne kann man hier aber auch nicht sprechen.« Jetzt nicke ich. Das geht so noch ein bißchen weiter.

Die Bäume in Rüsselsheim sind viel zu klein für die riesengroßen Pflanzquadrate – oder wie der Fachmann diese Kübel auch nennen würde. Mitten im Weg steht eine Gruppe Katzen aus Stein: vier Stück, fett, groß und unansehnlich. Da bleibt einem nichts anderes übrig, als mit dem Kopf zu schütteln und seine Konsequenzen zu ziehen. Mangels Alternativen ziehen wir die Konsequenz, weiterzugehen. Vorbei an der *Schmucker Stube* zum Beispiel, in der es Civapcici gibt, die Rüsselsheimer Variante der Čevapčići. Gerne klatscht der Rüsselsheimer auch beliebige Prozentzahlen ins Schaufenster, damit jeder Blick auf die Waren dahin ist.

Als ob die Katzen noch nicht Ausbund an Häßlichkeit genug wären, müssen im Brunnen am Friedensplatz lauter Frösche kleben. Schön ist das nicht. So verhält es sich auch mit dem Rest des Friedensplatzes. Da steht rechts ohne jede Existenzberechtigung das *Sehr Textilhaus*. Mit diesem Namen wollten die Rüsselsheimer wohl von dem großen Nichts ablenken, in dem sie leben. Und um noch einen draufzusetzen, bezeichnet sich das *Sehr Textilhaus* in meterhohen Lettern als *tausendsassa*.

Also, ich bräche ja den Stadtrundgang hier ab und kehrte zurück in Justynas Schoß, Verzeihung: in den Schoß der Bahnhofsgaststätte. Aber Herr Huss geht zielstrebig auf die Waldstraße zu. Die beginnt gleich mit der *Allerlei GmbH*, dicht gefolgt vom *Allerlei Shop*, der an den Schaufenstern wirbt: »Die ganze Welt der 1 Euro.« Das verstehen bestimmt nur die größenwahnsinnigen Rüsselsheimer.

Weiter hinten in der Waldstraße ist zu sehen, was die Einheimischen tun, wenn sie genug von ihrem Rüsselsheimer Dasein haben. Sie reißen einfach ihre Häuser ab oder brennen sie nieder und stellen eine Reihe Einkaufswagen daneben. Dann haben sie wieder was zu tun (erst die Einkaufswagen wegbringen, dann das Haus wieder aufbauen) und können vergessen, daß sie in Rüsselsheim leben müssen.

Vorbei an einer Tankstelle mit einem aberwitzigen Namen, dessen Wiedergabe unmöglich ist, hetzen wir in den Stadtpark. Es wird und wird nicht wärmer, so schnell wir auch laufen. Der Boden ist mit den größten Bohnen der Welt übersät. Ein weiteres Indiz für die überbordende Arroganz der Rüsselsheimer. Es reichen keine Bohnensträucher mehr, nein, es müssen Bohnenbäume sein. Der *Ratskeller* macht selbstredend erst um 18 Uhr auf. Ist uns doch egal, ob irgendwelche Auswärtigen vielleicht auch am Nachmittag Hunger oder Durst haben, die können ja auch zu Hause bleiben, denken sich da die Rüsselsheimer und stehen feixend hinter der Gardine.

Herr Huss kann gar nicht genug kriegen und rennt wie ein Wilder durch weitere Einkaufsstraßen. »Jetzt laß uns mal da runtergehen«, sagt er. »Und dann mal da links!« Ich weise ihn auf meine kaum noch vorhandenen Ohren hin, er hat ein Einsehen. In der *Schmucker Stube* sitzen ein paar Männer und starren vor sich hin. Manchmal sagt einer: »So nicht!« Auf dem Klo zeigt ein Aufkleber, von welcher Art der Rüsselsheimer Humor ist: »Ficken, Bumsen, Blasen und auf der Straße rasen«. Immerhin, das Schmucker Bier ist kein ganz schlechtes. Zur Hussschen Freude überträgt ein Sender das Handball-WM-Halbfinale. Der Freund ist nicht mehr ansprechbar.

Tatsache ist wohl, daß der Alkohol in Rüsselsheim schneller wirkt als anderswo in der Republik. Beste Beispiele dafür sind der Wirt der *Schmucker Stube* und meine Wenigkeit. Wir haben Schlagseite. Bei mir spielt das weniger eine Rolle, aber der Gastronom sollte doch seinen Gästen kein leuchtendes Vorbild sein. Oder doch? »Rüsselsheim, oh, Rüsselsheim, wir schrauben uns zwoa Halbe 'nein!« brülle ich in die Gaststube. Der Wirt bringt sofort zwei weitere Biere. So hatte ich das nicht gemeint. Meine Ohren haben mittlerweile die Größe und Temperatur eines frischgebackenen Fladenbrotes und die Farbe sonnengereifter Tomaten.

Als das Handballspiel zu Ende ist, packt Herr Huss sein Zeug zusammen und sagt: »Laß uns in die Bahnhofskneipe gehen!« Der Weg durch die menschenleere Innenstadt ist nun unerträglich lang. »Wahrscheinlich schließen hier die Kneipen um 18 Uhr«, mutmaßt Herr Huss. Mehr als ein Nicken ist bei mir nicht mehr drin. Zu unserer Freude hat die Kneipe noch offen – und auch Justyna ist noch da. Wir treffen auf lauter alte Bekannte und bestellen zwei Bier. »Zum Wohle / sagt der Pole«, sagt Justyna und stellt uns die Gläser vor die Nase.

Nun geht alles sehr flott. »Wir müssen gehen«, sagt Herr Huss. Ich schleppe mich zum Tresen und kaufe noch zwei Dosen Bier. »Da muß ich Ihnen aber zwei Pfandzettel mitgeben«, sagt Justyna. »Brauch' ich nicht. Ich komme hier sowieso nie wieder her«, sage ich zu ihr.

Die dunklen Seiten Europas

Von Christian Jöricke

Auf Grund der Geschichte seiner Stadt und der Nähe zu Frankreich hält sich der Saarbrücker irrtümlich für einen Franzosen. In Wirklichkeit trägt er die Eigenschaften vieler europäischer Völker in sich. Hier einige Beispiele.

Gerade in Fragen der Trink- und Eßkultur glaubt sich der Saarbrücker dem Franzmann verwandt. Dabei gleicht er in diesem Punkt eher dem Engländer. Der Saarbrücker trinkt dünnes Bier und ißt minderwertiges Fleisch. Bei den ersten Sonnenstrahlen des Jahres holt er seinen »Schwenker« – einen dreifüßigen Grill – hervor und läßt darauf Fleischabfälle verbrutzeln. Bei Schneestürmen oder fehlendem Heimgrill vertilgt er kalte, dicke Fleischwurstringe, die er »Lyoner« nennt. Dazu schüttet er sich aus kurzen, bauchigen Flaschen faules Bier in den Kopf, das – und da kommt die latent europäische Ausrichtung wieder durch – genauso heißt wie eine Marke aus Dänemark. »Ein mageres Bier verdient auch eine magere Kritik«, dachte sich daher wohl der Berufspoet Jürgen Roth während der Verkostung ebendieses »Getränks«. »Matt, schmal, nicht der Rede wert«, schrieb er in das gemeinsam mit Herrn Rudolf verfaßte Buch der Bierbücher: *Bier! Das Lexikon* (Leipzig 1997).

Wegen seiner wenig gehaltvollen Ernährung leidet der Saarbrücker an Übergewicht. Das hat Auswirkungen auf sein Sexualleben. Da tut er es dem Belgier gleich. Weil Papa und Mama auf Grund ihrer exorbitanten Fülle das zur geschlechtlichen Vereinigung nötige Maß an gegenseitigem Begehren fehlt, muß der Nachwuchs ran. »Schwätz nit so e Käs«, höre ich jetzt ein paar Einheimische protestieren. »Mir han zwar die Sach mit dem klene Pascal gehat, awer sonscht haschte hier nit meh Sauereien wie annerswo.« Das stimmt. Das liegt aber auch nur daran, daß die meisten Blagen bereits total aus der Naht gelaufen sind und selbst hartgesottenen Päderasten eine gehörige Portion Überwindung abverlangen.

Zur Bevölkerungsvermehrung trägt der Saarbrücker also erfreulicherweise nicht bei. Im Stadtverband Saarbrücken, einem Zusammenschluß aus Landkreis und Stadt, sank die Einwohnerzahl in fünfundzwanzig Jahren von 381845 (Stand 1975) auf unter 350000. Wenn sich diese Entwicklung fortsetzt, wird Saarbrücken im Jahr 2280 nicht mehr existieren. Das ist noch eine lange Zeit. Zudem wehren sich die Einheimischen mit allen Mitteln dagegen. Beispielsweise gestalten sie ihr Straßennetz so, daß Auswärtige selbst mit modernsten Navigationssystemen nur schwer wieder aus der Stadt herausfinden und manche sich schließlich irgendwann völlig entnervt dort niederlassen.

Diese bedauernswerten Existenzen lernen dann die unerträgliche Lebensfreude und Redseligkeit der Saarbrücker kennen, die jener der Österreicher sehr ähnelt. Egal, wo der Saarbrücker auftritt, ob beim Zahnarzt, bei einer Beerdigung oder gar bei einem Spiel des 1. FC Saarbrücken, er ist gut gelaunt. Er ist so penetrant vergnügt, daß einem selbst Quäktaschen wie Verona Feldbusch schwermütig erscheinen. Aber der Saarbrücker hat ja auch allen Grund zum Frohsinn. Kann ja machen, was er will.

Selbst wenn er mal was tut, was er eigentlich nicht darf, braucht er keine ernsten Konsequenzen zu fürchten. Die Rechtsauffassung in Saarbrücken ist vergleichbar mit der in Italien. Wie am Tiber machen's auch an der Saar »die da oben« vor. Anfang der neunziger Jahre sackte Oskar Lafontaine als ehemaliger Oberbürgermeister ein ihm nicht zustehendes Ruhegehalt ein. Wenig später ermittelte die Staatsanwaltschaft in der »Rotlichtaffäre« gegen ihn. Die Vorwürfe lauteten, er hätte Kontakte zur Saarbrücker »Unterwelt« unterhalten und einem Nachtlokal Steuervorteile verschafft. Der Verdacht wurde nie ganz ausgeräumt.

Reinhard Klimmt, ehemaliger saarländischer Ministerpräsident, ehemaliger Präsident des 1. FC Saarbrücken und ehemaliger Bundesverkehrsminister, wurde im Herbst 2000 wegen Beihilfe zur Untreue verurteilt und mußte von seinem Berliner Ministeramt zurücktreten. Mit fast schon Kochschen Aussitzerqualitäten hingegen hält Hajo Hoffmann, der den Bau seines neuen Privathauses nicht nur aus eigener Tasche finanzierte, an seinem Job als Oberbürgermeister fest.

Genauso stur beharrt der gewöhnliche Saarbrücker auf seiner Verbundenheit mit den Franzosen, obwohl beim besten Willen keine Gemeinsamkeiten festzustellen sind. Da der Saarbrücker aber vor Identifikation mit dem Nachbarland fast platzt, hätte ich zum Schluß einen Wunsch: Liebe Franzosen! Nehmt doch bitte wieder das Saarland an euch, und gebt uns Elsaß-Lothringen zurück. Bitte!

»Erlebniscity«

Von Rayk Wieland

Lange Wege, kahle Plätze, aufgelassene Baracken, vergessene Wachtürme, Mauern, Zäune, dazwischen ein paar Rosenbeete, vermooste Rasenflächen und hier und da ein Baum, der die Szenerie nicht wirklich auflockert. Die Gedenkstätte des Konzentrationslagers Sachsenhausen in Oranienburg bei Berlin wirkt nicht gerade einladend. Anstelle einer beschaulichen Grabanlage mit angeschlossenem historischen Abenteuerspielplatz befindet sich ein Ensemble aus grauen Steinen, abgebrochenen Isolatoren, alten Strohsäcken, das mit unscharfen grobkörnigen Photos, umständlichen Zeichnungen, nüchternen Texttafeln und vergammelten Exponaten in Vitrinen garniert ist.

Es handelt sich hier um die Resteverwertung der nationalsozialistischen Hinterlassenschaft, die Deutschland zur politisch-moralischen Profilierung und eigenen Vorteilsnahme betreibt. Denn nicht damit niemand vergesse, was zwischen 1933 und 1945 geschehen ist, sondern um den aktuellen Stand des Vergessens und des Verfalls zu dokumentieren, wurden und werden die ehemaligen Konzentrations- und Vernichtungslager so pflichtbewußt musealisiert.

Bereits während der Anfahrt auf der A 10 ermahnen mich etliche Schilder, den Weg nach Sachsenhausen ja nicht zu verfehlen. Eine Tafel meldet Hunderte von Unfällen, Verletzten und acht Tote, die hier auf der Strecke geblieben sind. Bis zu den Zehntausenden von Leichen, die Sachsenhausen vorzuweisen hat, ist es noch ein weiter Weg. In der Stadt sehe ich dann kaum Hinweise, dafür hängt an jeder Laterne ein Wegweiser zur »T.U.R.M. Erlebniscity Oranienburg«. Die Straße führt vorbei an Tankstellen und Autohäusern, in deren trostloser Phalanx sich ein Brieftaubenzentrum behauptet. Fahrradfahrer schieben um die Ecken, Kleinkinder balancieren ein Eis übers Trottoir, Ampeln schalten auf Rot. Nirgendwo ein Konzentrationslager, denke ich, nirgends auch nur ein klitzekleines KZ, dabei könnte es überall sein.

»Immer den Reisebussen nach!« lautet der Bescheid einer Dame mit Hund, die ich nach dem Weg frage. Das Konzentrationslager ist offensichtlich die einzige Attraktion der Stadt. Die meisten Touristen, 300 000 im Jahr, besuchen Oranienburg allein wegen dieser den Wassertourismus, das Schloß und das Kreismuseum in den Schatten stellenden Sehenswürdigkeit. Auf der offiziellen Homepage präsentiert sich die Stadt sogar selbst als eine Art Lager und einen virtuellen Zählappell der Einwohnerschaft, akkurat aufgestellt nach männlichen und weiblichen Deutschen, männlichen und weiblichen Ausländern, Anfangsbestand, Geburten, Zuzügen, Wegzügen und Sterbefällen. Todesursachen werden nicht vermeldet.

Die Reisebusse fahren lange geradeaus und halten schließlich am *Café Talk*, wo, wie ich später sehe, Schnitzel »Cordon bleu« oder Schweineschnitzel mit Champignons für 6,90 Euro zu haben sind. Das *Café Talk* liegt direkt neben dem Eingang zur Gedenkstätte. Als ich an einem sonnigen Nachmittag eintreffe, stehen Gruppen junger Menschen davor, Schüler und Schülerinnen, die sich langweilen und Mätzchen machen. Es wird gelacht, mit Kienäpfeln geworfen und in Lonsdale-Jacken genestelt. Andere Gruppen kommen plaudernd aus dem Tor und setzen sich auf den Bordstein. Auch im Lager sind fast ausschließlich Gruppen und Grüppchen unterwegs. Einzelne Besucher kommen selten vor. Man könnte denken, die Leute schlössen sich sicherheitshalber zu kleinen Kolonnen zusammen, wenn sie die Vorrichtungen zum Pfahlhängen, die Fundamente der Genickschußanlage, den Erdbunker und die Pathologie passieren. Es ist aber eher das Bedürfnis nach gruppendynamischer Flachserei, das die meisten Schüler den Parcours im Trupp absolvieren läßt.

»Ich schätze mal, hier kam der Transporter von hinten, dann wurden die da so rausgezogen«, erläutert ein aufgeweckter Typ seinen Mitschülern die Skizze der Gaskammer, während er in den mitgebrachten Falafel beißt. »Die waren früher alle kleiner, kommt mir alles so eng vor«, ergänzt er fachlich.

Eine Gruppe junger Mädchen schießt Erinnerungsphotos mit einer Digitalkamera. Die minderwertigen Bilder können gleich an Ort und Stelle, im Erschießungsgraben, gelöscht werden. »An dieser Stelle«, steht auf dem Schild, »wurden Patrioten aus allen europäischen Ländern ermordet.« Die Kamera klickt, es wird getuschelt.

»Was ist *hier* denn?« fragt ein Mädchen im Vorbeigehen.

»*Patrioten* wurden hier ermordet«, antwortet ein anderes.

So flanieren kleine Cliquen von einer Stätte des Grauens zur anderen, vom Appellplatz zum Krematorium, vom Leichenkeller zum zentralen Mahnmal, vor dem ein prächtiger Ahorn ausharrt. Die Sonne scheint, Handys klingeln. Vorm Gedenkstein, den die russische Regierung »für jeden einzelnen der Toten« errichtet hat, hat eine ankommende SMS Vorrang vor der Lektüre der Inschrift.

»Das WC da ist bestimmt 'ne Gaskammer«, kräht ein Zwölfjähriger zu seinen Mitschülern hinüber und zeigt auf das Behinderten-WC-Schild am ehemaligen Kommandantenhaus. Alle lachen, nicken und schlendern weiter. Sie laufen durch die Dauerausstellungen des Neuen Museums, queren die Baracken 38/39, die 1992 durch einen Brandanschlag von Neonazis teilweise zerstört und danach wieder aufgebaut wurden, rennen fast durch die Häftlingsküche und -wäscherei und knipsen dann im Keller der Pathologie das Licht an und aus, um die Mädchen zu erschrecken.

Die größte Schwierigkeit scheint für viele zu sein, daß sie nicht wissen, wie schnell oder wie langsam sie an den Vitrinen mit der mottenzerfressenen Häftlingskleidung, an den mit Zahlen übersäten Chroniken und Schautafeln vorbeigehen sollen. Manche sind zu schnell am Ausgang, warten unschlüssig und gehen dann noch einmal zurück, um den Bericht vom Todesmarsch im Belower Wald zu überfliegen, bis die anderen nachkommen.

»Hier an dem Galgen«, erläutert der Lehrer ein paar Schülern, die vor ihm herlaufen, »sind die Gefangenen aufgehängt worden.« Am Erdbunker dahinter knutschen zwei Teenager. Der Kaugummi wird schnell beiseite geschnippt, weil eine Zigarette angezündet werden muß.

»Ist das das Original?« fragt ein Schüler zurück.

»Ja«, antwortet der Lehrer. Die Galgen, einfache Holzstämme, von denen schräg nach oben Eisenstangen abstehen, werden kurz gemustert.

»Gehen wir danach was essen?« will der Schüler weiter wissen, und der kleine Troß verschwindet im Zellenbau.

Den Raum der Ausstellung »Auschwitz 1940–2000« durchziehen sphärische Klänge, als gäbe es hier einen Tantraworkshop für Tote. Auf dem Fußboden hockt eine junge Frau und schreibt mit ernstem Gesicht die Texte ab, die an den Wänden hängen. »Der Prozeß in den Lagern«, lese ich auf einem, »hört niemals auf, sondern geht immer weiter. Wir müssen uns fragen, welche Rolle wir in diesem ewigen Drama spielen: Sind wir die Opfer, die Opfernden oder die Erfüllungsgehilfen? Welche der Rollen füllt uns aus?«

Die Kontinuität der Vernichtung als Rollenspiel.

Auf dem Weg zum Ausgang komme ich an der kleinen Buchhandlung vorbei, einer muffigen Baracke. Es stinkt nach Katzenpisse. Die Dame hinterm Ladentisch blättert gelangweilt in der Zeitung. Eine Gemüsekiste mit der zu verramschenden Erinnerungsliteratur der ehemaligen Häftlinge ist ausgerechnet auf dem kleinen Ofen deponiert. Der gelbe *ADAC Führer*, der anmahnt, die »Schönheiten des Ruppiner Landes« zu erleben, liegt bei den vorderen Bücherstapeln aus.

Am Ausgang ein Schild: »Massengräber 1945–1950, 1,7 Kilometer«. Ein Stöhnen entringt sich einer Gruppe von Schülern neben mir, die kopfschüttelnd stehenbleiben.

»Nee, dahin gehen wir jetzt aber nicht mehr!«

Ich mache mich aber auf den Weg, immer an der Außenmauer des ehemaligen Konzentrationslagers entlang. Das kleine Backsteingebäude mit Schornstein, das ich bald linker Hand passiere, entpuppt sich allerdings als Kindergarten.

Lärmt nicht so!

Von Kay Sokolowsky

Ostermontag, 21. April, ein blauer Frühlingstag über Hamburg. Dreißig Minuten Fahrt mit der S-Bahn von Dammtor über Tiefstack, Allermöhe, Bergedorf. Eine Landschaft vorm Waggonfenster, flach und eckig wie vom Reißbrett. Aufgeschwemmtes Elbsandland, Krüppelbuchen, schlappes Gras. Dazwischen Gewerbegebiete. Lauter Spannbetonhallen, in denen Dinge produziert werden, die man lieber nie sehen möchte. So soll es sein, wenn man in ein »Naherholungsgebiet« fährt: Der Weg ist gepflastert mit Hinweisen darauf, was Menschen zwingt, sich erholen zu *müssen*.

Endstation Aumühle, mitten im Sachsenwald. Hier wird's jetzt also schön! Vermutlich. Zwanzig Quadratkilometer geschlossenes Baumgelände. Das macht doch was her. Auf dem Papier. In ganz Schleswig-Holstein hält sich nirgendwo mehr Wald an einem Stück auf. Wahrscheinlich aus Platzangst.

In diesen ersten Frühlingstagen hat die Gegend etwas leicht Trostloses. Die Erlen und Eichen beginnen gerade erst auszuschlagen. Es riecht noch grau, nicht grün. Trotzdem sind Kolonnen von Ausflüglern unterwegs. Schließlich scheint die Sonne. Und eine Hauptattraktion hat heute geöffnet: der »VVM Museumsbahn Lokschuppen Aumühle«. Angucken kostet. Aber bitte – wer sich für antike Eisenbahnen und eine Fahrt mit der Draisine interessiert, soll das gefälligst auch bezahlen.

Auf einem breiten, gut geharkten Sandweg zwischen kahlen Eichen und Buchen weiter nach Friedrichsruh. Ein Bach, benannt nach einem Schmerzenslaut, die Au, plappert in begradigtem Bett dösig vor sich hin. Man hat das Gewässer – wie auch alles andere, was hier Natur sein könnte – im Griff. Die Bäume sind in Habt-acht-Haltung erstarrt. Das macht es den Holzfällern leichter. Eine Abteilung Meisen meutert irgendwo, gelegentlich torkelt ein Kohlweißling vorbei.

Mehr Anarchie wird nicht geduldet. Angeblich buddeln ein paar Meilen weiter nördlich Wildschweine planlos im Unterholz. Aber das bleibt Gerücht; die eigentlich interessanten Teile des Areals sind für Unbefugte gesperrt.

Nach zwei Kilometern erreicht die Kolonne das mythische Zentrum des Sachsenwaldes: Friedrichsruh, Alterssitz und Grabstätte des Fürsten und Reichskanzlers Otto von Bismarck. Ein weiträumiger Parkplatz am Waldrand, und es gibt immer noch Leute, die auf solchen Parkplätzen picknicken. Dabei ist der hiesige Dschungel so gut aufgeräumt und generell anständig! Aber hundert Meter die Kühltasche schleppen, das bedeutet schon Arbeit. Und die hat im Naherholungsgebiet nichts zu suchen. Man hat eigentlich auch selbst nichts zu suchen hier, d. h. nichts verloren. Die Eigentümer, Bismarcks Erben, erinnern an jeder Ecke daran. Sie haben den einzigen Weg abgezäunt und eingemauert, querfeldein geht gar nichts.

Worauf es ankommt, wenn man sich in diesem Abschnitt der Welt bewegt, hat Ferdinand Graf von Bismarck 1976 in seinem Grußwort für die Heimatfibel *Aumühle im Sachsenwald* mit der ganzen herablassenden Freundlichkeit seines Hauses aufgeschrieben: »Hier trafen sich preußische Tradition und hanseatischer Unternehmergeist in glücklicher Synthese und verwandelten den westlichen Zipfel des urigen Sachsenwaldes in eine offene, locker bebaute Parklandschaft zwischen Aue und Bille.« Bzw.: Hier wurde einem der gewieftesten Schwindler und eiskältesten Machtmenschen der neueren Geschichte für das blutige Schurkenstück, mittels zweier Kriege eine schreckliche Nation zu synthetisieren, ein sehr fettes Stück Land von seinem Kaiser geschenkt, auf daß niemand aus seiner Familie je wieder geregelter Arbeit nachgehen müsse.

Nachfahr Ferdinand will das nicht vergessen: »Der Sachsenwald war und blieb mit dem Gedanken der Reichsgründung eng verbunden«, und wer sich einbildet, er könne den Wald einfach Wald sein lassen, der sollte besser anderswo ins Gehölz stapfen. Hier ist sowieso kein Zutritt. Denn allein der gußeiserne Kanzler resp. die Früchtchen seiner Lenden dürfen im Waldweben wesen. Und umsonst bekommt man hier gar nichts. Auch nicht den »Garten der Schmetterlinge«. Der kleine Park ist das einzige Stück Natur, das beschritten werden darf im näheren Umkreis. Die Fachwerkgutsgebäude rundherum riegeln den Zugang zum Wald so gründlich ab wie Kasernenmauern.

Denn sogar der Sachsenwald – als ein wie akkurat auch immer ausgerichtetes Ensemble von Bäumen – könnte, mit all seinen schattigen Flecken und undurchsichtigen Wucherungen, dazu verführen, auf eigene Gedanken zu kommen. Und so was lieben Bismarcks nicht. Im – billettpflichtigen – Schmetterlingsgarten jedoch hat Reglement eine Chance: »Liebe Gäste«, knarzt ein großes Schild am schmalen Eingang, »damit sich alle wohl fühlen, haben wir drei Bitten«, die selbstredend Befehle sind. Wer Blumen pflückt, wird gevierteilt, wer seinen Köter nicht anleint, gerädert, wer die Kaninchen füttert, aufs Rad geflochten. Dann fühlt sich zumindest eine wohl, »vielen Dank und viel Spaß, Elisabeth von Bismarck«. Was aber auf der »Insel der Besinnung« abgeht, ahnt man schon beim Blick durch den Zaun. Es ist dies wohl eher ein Eiland der Gesinnung. Entspanntheit sieht anders aus.

Weiter gen Friedrichsruh-City. Nach zweihundert ungemütlichen Schritten vom Parkplatz aus sorgt ein beschrankter Bahnübergang für Entscheidungsnot. Links führt die Straße zu weiteren Gutsgebäuden derer von Bismarck, rechts zum Mausoleum des Riesenstaatsmannes. Aus irgendwie politischem Prinzip also erst mal links.

Friedrichsruh hat den falschen Namen. Friedrichslaut paßte besser. Über die Durchgangsstraße jaulen und orgeln und kreischen Motorräder sonder Zahl Richtung Trittau. Woselbst die Fahrer, wie es sich für Biker gehört, kurz in die Botanik schiffen werden, um sogleich umzukehren. Es ist wirklich nicht schwer, Vernichtungsphantasien zu entwikkeln. Fünf getunte Motorräder hintereinander genügen da schon. Hier sind es in wenigen Minuten zirka fünfzig.

Jetzt sinkt der Schallpegel kurzzeitig auf achtzig Dezibel. Doch nur, weil die Bahnschranke niedergegangen ist. Natürlich stellt in der Wartezeit niemand den Motor ab. Es genügt ja, daß man das zirka bei Erreichen der Volljährigkeit mit dem Kopf getan hat.

Friedrichsruh, darüber klärt das Schild am Ortseingang auf, gehört zur »Gemeinde Aumühle« erstens und damit, zweitens, zum »Kreis Herzogtum Lauenburg«. Die Republik, vor fünfundachtzig Jahren von vaterlandsfernen Unholden erfunden, ist hier noch lange nicht angekommen; dafür sorgen zumal Ferdinand und seine Blase. Der nächste befestigte Ort Richtung Osten heißt übrigens Kröppelshagen. Auch dort muß es sehr schön sein.

Das Bismarck-Museum stellt die abgetragenen Kleider des eisenfressenden Kanzlers aus, seine Hirschfänger und Flinten und Meerschaumpfeifen sowie etliche kopfschmerzerregende Gemälde. Erwachsene zahlen drei Euro, um den Reliquienschrein besichtigen zu dürfen. Will heute allerdings niemand. Bei diesem Bombenwetter schleppt man sich lieber krummgewachsen zwei Minuten Fußweg hügelan ins *Forsthaus Friedrichsruh*.

Die weite Terrasse des Restaurants liegt ungeschützt in der Nachmittagssonne. Daß im Biergarten ein blauer Himmel am schönsten aussieht, wenn er durch Laub oder einen Parasol schimmert, hat sich vielleicht in zivilisierten Territorien, aber noch nicht bis in den Sachsenwald herumgesprochen. Tapfer schwitzen die Ausflügler in Bier und Bohnenkaffee hinein und verziehen kaum das Gesicht, als die nächste 1000-ccm-Sturmabteilung den Fuß des Hügelchens brüllend passiert. Im Naherholungsgebiet erholt man sich, weil das so vorgeschrieben ist.

Zurück zum Bahnübergang, einen anderen Hügel hoch. Oben wuchtet eine neoromanische Scheußlichkeit, darin die Gebeine des eisenhaltigen Kanzlers umweltfreundlich versiegelt liegen. Wer das Mausoleum von innen ertragen will, muß zwei Euro erlegen. Denn auch für die Grabpflege von Fürsten haben gefälligst die Untertanen aufzukommen. »Obgleich viele der Ideale«, nörgelt Ferdinand G. v. B. im Heimatbuch, »welche die damalige Generation beflügelten, heute Vergangenheit sind, bleiben Aumühle und Friedrichsruh nicht nur geographisch, sondern auch geschichtlich verbunden.« Dafür sorgen Zäune, Mauern und Eintrittspreise. Neben dem Eingang zum Grabkirchengarten steht ein Schild und darauf ein Gedicht: »Und kommen nach Dreitausend

Jahren / Fremde hier des Weges gefahren / Und sehen, geborgen vorm Licht der Sonnen, / Den Waldgrund in Epheu tief eingesponnen / Und staunen der Schönheit und jauchzen froh / So gebietet einer: *Lärmt nicht so! – / Hier unten liegt Bismarck irgendwo.*«

Das hat leider tatsächlich Theodor Fontane hingereimt, 1898, und dafür soll er noch in dreitausend Jahren eins hinter die Löffel kriegen. Zumal da ja kein Aas auf des Dichters Anordnung hört: Die tief in den Hügel geschnittene Straße ist voll mit Bikern, Bikern, Bikern; es rumpelt und dröhnt wie in einer Kanonenfabrik. Was Otto von Pißmarck zweifellos gut gefallen hätte. Da kann Fontane schleimen, wie er mag.

Auf der anderen Seite des zerschnittenen Hügels ragt eine weitere Scheußlichkeit. Die überlebensgroße Skulptur zeigt einen stolz erigierten Hirsch, der von Wölfen angegriffen wird, den einen jedoch bereits in den Staub getreten, den anderen zur Flucht mit eingezogenem Schweif gezwungen hat. Was der Scheiß bedeuten soll, klärt die Inschrift: »Dem Fürsten von Bismarck / das / dankbare Anhalt / 1. April 1895«. Mit einem Hirsch verglichen zu werden, gilt den meisten als Beleidigung. Insofern geht die Angelegenheit in Ordnung. Aber wen oder was bedeuten die Wölfe? In diesem ausgeleckten Industriegruselwald findet man doch in dreitausend Jahren keinen!

Statt dessen läuft man sich einen. Der Weg zurück nach Aumühle wurde an den Rand einer (bei Bikern ungeheuer beliebten) Bundesstraße montiert. Das Waldstück nebenan hat den Charme eines Todesstreifens. Nicht mal der hastige Zitronenfalter, der plötzlich aus der Böschung auftaucht, findet irgendwo ein Durchkommen. Er hat offenbar den falschen Stammbaum.

»Wir, die wir hier wohnen«, diktiert F. Graf von B. in die Heimatbroschüre, »haben vielleicht etwas stärker als andere die Höhen und Tiefen unserer geschichtlichen Entwicklung empfunden.« Mit den Tiefen meint er zweifellos die paar Tage ungefähr 1918, an denen aufgehetztes Gesocks es wagte, seinem Stamme den Nutznieß an zwanzig Quadratkilometern Mischwald anzufechten. Inzwischen ist man aber wieder auf der Höhe und benennt eine Seitenstraße kurzerhand nach einer Gegend, die einem längst gehören würde, hätte man bloß auf die Junker im Generalstab gehört und nicht auf diesen hergelaufenen Österreicher: Krim.

Ist denn alles unerträglich in dieser motorradfahrerverheerten Gegend? Nein, nicht alles. Wenigstens das *Hotel Waldesruh am See* in Aumühle hat was. Zum Beispiel den See (der aber eher ein Teich ist). Und aufgespannte Sonnenschirme. Allerdings hat es keine Ruh – regelmäßig kreischt ein Bike vorbei. Dafür wird ein Pils serviert, das sich halbwegs trinken läßt. Mit geschlossener Nase. Kostet auch nur zwo Euro fünfundneunzig. Wären nicht die Leute, die hier sitzen, man könnte eventuell leutselig werden.

Gegenüber droht ein Denkmal. Angucken kostet ausnahmsweise nichts. Das Bildnis zeigt ein Ensemble aus drei menschenähnlichen Figuren. Links steht ein Neger in Hiwi-Uniform mit einem Hinterlader in der Linken, den er auf den Boden gestemmt hat. Die Rechte weist nach vorne. Rechts hockt ein anderer Neger, halbnackt, aber mit Turban. Er achtet gut auf einen Tuchballen, den er *unbedingt* gegen eine Glasperlenkette eintauschen möchte. Die Szene beherrscht zentral ein mächtiger Weißer mit Tropenhelm und kurzen Hosen. Er hält die rechte Hand schattenspendend an die Krempe, die linke ballt sich honigmelonengroß um ein deutsches Qualitätsgewehr. Drei unförmige Touristinnen watscheln heran, eine versucht zu entziffern, was das vorsichtshalber nicht entschmutzte Epitaph verkündet, scheitert aber: »Kann ich nicht lesen, ist altdeutsch.«

Die verwitterten Buchstaben sind zwar mitnichten Fraktur, sondern lateinisch, aber sonst hat sie recht. »Deutsch Ost-Afrika 1914–1918« steht auf dem Sockel. Daß es heute dort nicht so aussieht wie zum Beispiel an den Rändern des Sachsenwaldes, ist dem Grafen Ferdinand und seinen loyalen Spießträgern zweifellos ein Tort und eine »Tiefe unserer geschichtlichen Entwicklung«. Also bleibt der imperialistische Betongußdreck einfach stehen, bis, vielleicht, in dreitausend Jahren ein paar Bulldozer gefahren kommen, um unter großer, dem Lokus angemessener Lärmentwicklung die Pein einzuebnen.

Dreißig Minuten lang rumpelt die S-Bahn zurück über Bergedorf, Allermöhe, Tiefstack zum Dammtor. Das Frühlingshimmelblau über Hamburg trübt sich violett ein.

Morgen wieder arbeiten zu müssen ist kein schöner Gedanke, doch seit heute immerhin mit Sinn versehen: Zur Belohnung winkt auch am nächsten Wochenende der Besuch eines Naherholungsgebiets! Es müssen aber wirklich nicht der Sachsenwald und Friedrichsruh sein. Eher eventuell die Harburger Berge. In der Umgebung von Neuengamme möglicherweise.

Allerlei Kleinvieh

Von Peter Wawerzinek

Das Dorf, wie es war, gibt es nicht mehr. Die genossenschaftlichen Stallungen sind leergefegt. Der Güllegestank ist gewichen, die Natur hat sich gemäß europäischer Normierung gut erholt. Die Eichen reichen bis zum Himmelszelt, die Kraniche schreien aus dürren Hälsen die ungezügelte Freude über die Reduzierung der Umweltschäden. Der Umgehungsverkehr ist angeschwollen. Autos jagen wie Düsenjäger an den Verdutzten vorbei. In der Kneipe sitzen die Leute lange überm Bier. Es lohnt sich nicht einmal mehr, so richtig gegen den Staat zu schimpfen. Die meisten sind arbeitslos und kassieren Stütze. Die Wirtin spricht nur gut vom gesponserten Bier. Der *Kultur- & Tanzsaal* ist verwaist. Manchmal kommen Jugendliche um den übermächtigen Billardtisch zusammen. Die Gesprächsthemen sind erschöpft. Man muß keine Kontakte mehr knüpfen, keinen LPG-Vorsitzenden mehr kennen, keine Westknete mehr besitzen.

Der Pfarrer ist auf Pferdezucht umgestiegen. Die Koppeln werden erweitert. Den Tieren geht es gut. Die Häuser werden ausgebaut. Woher die Leute die Gelder haben, weiß man einfach nicht. Der Bürgermeister fährt Jeep und wartet am Bürgertisch im besten Lokal des Ortes auf Fragesteller. Der kurzgeschorene Rasen verdrängt das niedliche Chaos der geliebten Vorzeigegärten. Was man neu baut, muß West versprühen. Überall und unübersehbar Ballkörbe, wo immer sie nicht hinpassen.

Die Natur unser Pfand für die Zukunft, schwätzen die Verunsicherten und wollen einen Naturpark vor dem Haus. Ehemalige Schweinezüchter setzen sich für einen Golfplatz ein, exakt dort, wo sie früher Familiensonntag feierten. Die schwarzen Bekanntmachungskästen bleiben unbeachtet. Ein Flugplatz soll nahebei gebaut werden, die Investmentgruppe stellt sich vor. Ob Fleischerei, ob Bäcker, die neuen

Läden sehen wie Kosmetiksalons aus. Man hat immerzu das Gefühl, mit DerNächstebitte aufgerufen zu werden. In den Schulen suchen sich die Schüler durch Markentracht zu überbieten. Die Mädchen träumen davon, Miß Waldbad zu sein. Wer einmal draußen ist, fällt ständig weiter ab. Die Lehrer sind nur noch am höheren Alter zu erkennen. Von der gefürchteten Respektsperson ist die alberne Liberalität geblieben.

Das Dorfkino ist abgespult, an seiner Stelle ein Italiener oder Grieche eingezogen. Überhaupt die Küche, ein frecher gleicher Mus, irgendwie auf landestypisch gepanschte Kost. Die alten Scheunen schwinden, blamable Hütten wurden plattgemacht und weggeschoben, schützendes Gestrüpp wurde abgefackelt. Zeichen der Lauer auf Besserung oder der schleichenden Agonie das unübersehbare Schüsselheer der Satelliten. Das Quasseln von im Sinne der Region und darüber, daß die Natur ein Pfand aller ist, dieses freche Schönreden des sterbenden Dorfes am Rande der Zukunft wurde dem beschaulichen Dösen geopfert.

Eher rechts gesittet findet sich die Jugend am *Kaufcenter* nahe dem Parkplatz der Tankstelle ein. Die jungen Leute stromern nicht mehr so ausgiebig hinter den Schuppen, um den Teich, im nahen Wäldchen oder ganz hinten bei der Maschinenfabrik in mannshohen Maisfeldern, im Sperrgebiet.

Die alten großen Gebäude erhalten vorzeitlichen Glanz zurück. Das neue Rathaus ist schlicht, sieht nützlich aus und wird von ortsfremden Leuten betrieben. Vom ausposaunten Boom der Wandlungsära ist der Hall aller Angeberei geblieben. Die Konflikte nehmen unterderhand zu. Die Verstörungen treten nicht offen ans Licht. Der störrische Osten ist nicht so spielend zu verweltlichen. Das Oben ist undurchsichtiger geworden, die neue Diktatur wirkt bunter. Die grauen Plattenbauten sind von Designercharme umhüllt. Es wird aufgeräumt, verschoben, provisorisch renoviert und von einer Zukunft gesprochen, die sich niemand wünscht. Totgedachte Namen erstehen wieder auf. Alter Spuk erhält seine angestammten Güter zum Verfallspreis zurück. Mit den Gespenstern nimmt die Furcht vor altem Geist ungebeten Platz im Dorf.

Mein Dorf, das ein stolzes Dorf ist, hat selbstverständlich einen Dorfkonsum. Der Dorfkonsum wird von der dicklichen Marie in unnachahmlicher Langsamkeit fit gehalten. Regelmäßig holen sich die dorfbekannten Alkoholiker ihre tägliche Ölung. Im Dorfkonsum gibt es vom Paar Gummistiefel bis zum Brötchenpaar für die Mikrowelle beinahe alles. Der Rest ist eine Reise in die Stadt wert. Kutte, der die besten Kerzenständer schmieden konnte, ist wie Manne, der die schärfste Kreissäge im Dorf hatte, nicht gefragt. So wie Jochen, der verrückte Tüftler, dessen knatternde Zugmaschine das halbe Dorf zum Lachen brachte, nichts mehr zu tun hat. Ernas Hühner legen immer noch die größten Eier, der verschrobene Humpelkalle könnte, wenn man ihn bitten täte, wie kein zweiter Akkordeon spielen, daß es beim Fest nicht an Übermut mangelt.

Die von außerhalb werden mißmutig beäugt und gelinde geduldet. Die Städter mögen gute Menschen sein, andere Menschen sind sie sowieso. In der Stadt gibt es große Banken und Verbrechen, Luxuswiesen und Banditentum, Solarien und Schurkereien von unvorstellbarer Dimension. Die heutige Zeit kennt andere Engpässe, müßte seelischen Mangel ausgleichen. Nirgends wird Waschpulver knapp. Solidarische Pakete werden in Länder verbracht, wo der Krieg andere Wunden riß. Der Bauer stirbt neben seinem Vieh, sagt er, und die Bäuerin klagt, man soll den Schwächeren helfen. Das Gebot bleibt ein Gebot. Man kann geräucherten Aal mampfen, roten Sekt süffeln und Schokolade brechen. Dann muß wieder gespart werden und wird an später gedacht, an Reichtum vielleicht und eher wohl an persönliches Glück, vor allem ans Durchkommen vor der tödlichen Zeit. Man ist von den lästigen Erntefesten, die Leute aus anderen Dörfern anlockten, regelrecht befreit. Die lustigen Kettenkarussells drehen sich anderwärts.

Es wird nicht mehr andauernd von Kampfgruppe und Bereitschaft zur Verteidigung geschwafelt. Es wird vom Euro und von der Zukunft getönt. Was es an menschlichen Freuden im Dorf nicht gibt, wird auf Mallorca Wirklichkeit. Wer das nötige Geld hat, fährt in Urlaub. Einmal rund um die Welt. Es lohnt sich zu leben, wie Fleiß sich lohnt. Es kann einfach nicht mehr mit Mangelwaren Politik gemacht werden. Es fahren keine Panzer auf. »Die Straße der Besten«, wer benutzt die noch? Völlig unmöglich, daß eine Hand regelmäßig die andere wäscht, um an einen Kasten Radeberger ranzukommen. Die Feuerwehr fährt schmuckere Gerätschaft. Das Dorf ist durch die Werbung bunter geworden. Die Werbung wird regelmäßig ausgetauscht. Das Dorf bleibt, was es war, ein Fleck in der Landschaft.

Ernstzunehmende Freizeitgestaltung wird Fußball sein. Kinder geben sich mehr denn je dem ewigen Korbballspiel hin. Durch die Straßen patrouilliert kein Dorfbulle mehr. Früher konnte sich so einer im allgemeinen mischwarmer Beliebtheit erfreuen und angesichts seiner Macht Dorfrüpel in die Schranken weisen. Oder er bekam einen Sack über den Kopf und die flinke Faust selbst zu spüren. Auch das ist endlich vorbei. Jeder darf eine große Lippe riskieren. Wer Lust verspürt, wird ehrenamtlich Dorfbulle spielen, seine Aktivitäten darauf richten, Kindern und Jugendlichen aufzulauern, um irgend etwas an deren Rädern zu beanstanden. Vielleicht gibt es noch den Rentnertreff, die einheimischen Stopfzirkel, Frauensportgruppen und Männergesangsvereine. Kultur sollte nirgends Nahrungsmittel sein, besser Trüffel. Sicher werden Maifeierlichkeiten nicht mehr so ernst und bündig abgehalten. Die Dorfbevölkerung wird sich ohne staatlichen Zwang nun weniger zielgerichtet eine Stunde an einem Tage in der Kneipe zum Maibocktrinken einfinden.

Die kleinen Dörfer sind evtl. nicht mehr so intensiv von Kleinstbetrieben umflort. Betriebe, in denen die tausend Geringfügigkeiten des täglichen Lebens hergestellt werden, sind bestimmt längst verschwunden. Die Kirche hat sich nicht weiterentwickeln können. Es wird gemunkelt, was einer an Geld im Sparstrumpf hat. Es heißt wie eh und je von speziellen Typen, sie wären scharfe Hunde, nicht unbedingt mehr rote Parteiheinis, aber Hundertfünfzigprozentige, zumindest ewige Durchkommer und Halsabschneider. Es gibt Machenschaften und düstere Typen, denen man besser aus dem Wege geht, will man nicht plötzlich in kriminelle Delikte und dubiose Geschäfte verwickelt sein.

Der Staatssicherheitsdienst ist nirgends das Thema. Niemand fragt einen, worin er verwickelt war. Es ist so egal geworden, welche höhere Hand über ihn wachte. Das Leben gewährt solcherlei Vermutungen keinen Atem. Was früher war, wird leise beweint oder übersinnlich besprochen. Was an möglichen Erklärungen nötig geworden, dient manchem als belachte kleine Floskel, die nicht abgestritten werden kann. Es werden nicht über alles und jeden, daß die Heide wackelt, Kübel böser Hetze ausgeschüttet. Es wird sich seltener ernsthaft geschlagen und vertragen. Es wird sich beäugt und beneidet, während das Viehzeug auf der Weide weidet, die Frauen tratschend im Weg stehen. Es gilt momentan herauszufinden, von welchem Hersteller die neue Waschmaschine ist. Die Dorfschönen stolpern mit bulligen Hunden herum, und freche Bengels johlen ihnen wie früher nach. Sie haben keine Ahnung, was einmal jedes Wochenende Tanz hieß. Diskoklänge und Colawodka machen die Runde. Nicht mal alle Vögel sind da, und trotzdem kommt es zu kernigdeutschen Sprüchen und Fremdenfeindlichkeit. Wer sich zu den üblichen Rempeleien um die Mädchen bekennt oder wünscht, daß die Veranstaltung in eine zünftige Saalschlacht mündet, stört durch Befremdlichkeit. Wer sich einen neuen Wagen gekauft hat, wird sich für einen Zeitraum daran erfreuen dürfen, zum Gegenstand des dörflichen Klatsches erkoren zu sein. Mehr ist auf dem Dorf nicht drin.

Manchmal wird die dörfliche Ruhe durch Streit und Liebeskrawall gestört. Irgendeiner verprügelt immer seine Frau oder fährt im Suff das Motorrad gegen den Baum. Die Jugendlichen hängen neben dem Jugendtreff, sie sind laut, sie nölen und fläzen rum und sichern sich solchermaßen allezeit gleichbleibende Aufmerksamkeit der Dorfgemeinschaft.

Die Männer gehen, wo sie es sich leisten können, weniger regelmäßig, dementsprechend motivierter in die aufgemotzten Dorfkneipen, in denen es seit Gedenken niemals so recht voll wird. Vorbei die Ära, da jeder jeden kannte und alles mit allen besprochen wurde. Fremde werden heute auf rettendes Unternehmertum hin beäugt. In der Kneipe wird nicht ungestüm und sinnlos getrunken. Es wird um Glück gespielt, es stören Fiepgeräusche der Glücksautomaten, die kalte Gemütlichkeit. Es wird verbissener gewürfelt, von Sport und Spiel geredet und extra lange Skat geklopft. Über alledem zucken farbige Fernseher. Manchmal ist Bundesliga, ein Klub der Region schlägt sich achtbar.

Die arbeitende Landbevölkerung kennt keine Ruhe zum endlosen Gespräch und hat das wundervolle Zeittotschlagen verlernt. Die Leute sind mit Garantie für immer und bis zum ältesten Tag so unendlich fanatisch am Vorgarten-auf-Vordermann-Bringen-und-Halten. Die hohen Hecken sind abgeschnitten. In den Kleingärten werden im heimlichen Wettstreit Riesentomaten, Kohlrabis oder Kürbisse gezogen. Die größten geben samt dem strahlenden Lachen ihrer Züchter photographische Kunde in der Ortszeitung. Man hält wieder allerlei Kleinvieh. Nie gesehene Schweinesorten, Rindviecher, Milchschafe, Wollziegen tauchen auf. Schlachten gehört wieder zum Hochzeitmachen.

Vereinzeltes Vieh steht herum. Seltsame Ruhe herrscht im Dorf. Schuld sind die Treuhand und die Europäische Norm. Dörfer im Osten, denen es gutgeht, sind so selten wie Oasen in der Wüste. Es geht dem Dorf gut, das heißt, das östliche Dorf stirbt langsamer als gedacht. Man darf über alles reden und kann nichts wirklich verändern. Man hofft auf Ausflügler und Touristen.

Offenes Gedicht

Von Jürgen Roth

Tja, Stuttgart,
Du Grämliche, Du Graue:
Dein Brot ist das härteste
Dein Käse verschimmelt
Dein Bier ist das schäbigste
Dein Herz, für wen schlägt Dein Daimler-Herz eigentlich?

Stuttgart,
Du Beklemmende:
Deine den Berg hinaufkraxelnde B27
Richtung Degerloch
Deine notorischen Fußballclubs
Dein Stammheim
Dein Zuffenhausen
Dein Bürgermeister, der lange Rommel hieß
Deine kunterbunte Staatsgalerie
Deine miserablen Philosophen
Die elenden Hunde:
Stuttgart, Du
Bist
Beklagenswert.

Stuttgart,
Du Nervensäge, Du mörderischer
Moloch, Du schwäbisches Rabaukennest, Du
Pietistisch verseuchte Grube:
Deine Einkaufszone ist wohl die prächtigste
Die teuerste, noch vor der Kö, der Zeil;
Dem Ku'damm;
Deine öffentliche Gelder verprassende und gierig
verschlingende und verschwendende
Und sackweise zum offenen Fenster hinausschüttende
Gammelarchitektur –

Stuttgart, Du bist ein
Jammertal.

Stuttgart, Du
Aufgespieltes, rotzfreches Saukaff,
Deine Fußgängerbrücken sind vom Erlesensten
Deine Straßenführung
Dein Mikroklima
Deine aufgetakelten Würfelhäuser
Deine baden-württembergischen Fensterläden
Deine sturheilen Bewohner
Allesallesamt, Stuttgart, bedrückend, schwer, wüst und wuchernd,
Brummend, bräsig, breit und widerlich.

Stuttgart,
Du vollkommene Stadtkatastrophe
Du einzigartig' Muffkist
Welches Glühen der Felder und Wälder westlich von Erfurt
Welch weite Ebenen zwischen Uffenheim und Ochsenfurt –
Was für eine Vernagelt- und Verbohrtheit aber
In Deiner dampfenden und röhrenden
Stuttgarter Senke
Welch mutlose und niedergedrückte Personenschar lebt da
Auch sahen wir eine müde Haselmaus und
Den Grünspecht resigniert die Sache schau'n.

Stuttgart, – warum?
Warum, Stuttgart, bist Du
Die dümmste Stadt der Welt?

Die Insel: Fragmente

Von Kay Sokolowsky

1

Dieses möwenscheißweiße Zementensemble abreißen, abhacken, abfackeln, abbröckeln – diese geldbeutelschneidenden Hotels, Pensionen, Restaurants, Souvenirshops abdecken, abdrücken, abfucken – dieses schmierlappige Promenadengesocks abseifen, abmeiern, abräumen – diese mückenverseuchten Dünen und Haffs abschmirgeln, abschwemmen, abspülen – diese zystenförmige Insel abledern, abdampfen, abtragen – diesen Albtraum aus Naturkorruption und Reetdachdreck abklatschen, abbrechen, abkanzeln – dieses Westerland, diese Zumutung, dieses Sylt abservieren – ab dafür, ab damit, ab jetzt, ab, ab, ab: Das sollte dir, Nordsee, dir, Äquinoktialsturm, dir, Blanker Hans, doch wirklich nicht so schwerfallen! Wie lange wollt ihr euch den freien Weg durch die Nordsee noch nehmen, euch von den Betontetraedern bei Wenningstedt verarschen lassen, was, zur Hölle, muß denn bloß geschehen, damit ihr endlich

2

Urlaubsorte wachsen nicht vergnügt und planlos wie der wilde Klee aus dem Boden. Urlaubsorte werden erfunden. So wie auch der Urlaub mal erfunden ward, um den Menschen weiszumachen, es gäbe eine Flucht aus der verwalteten Welt, einen Weg aus dem Leben, das nicht mehr lebt. Das ganze Elend des bürgerlichen Zeitalters wird manifest in den Paradiesen, die es sich genehmigt. Einer gerät in ein präindustrielles Gebiet, staunt über all die Atavismen dort, die halbwegs zügellose Landschaft und die dem Bann der Natur verfallenen Einwohner, fühlt sich »ganz kannibalisch wohl als wie fünfhundert Säuen« (Goethe), und zurück in der Zivilisation, beginnt er sofort mit Propaganda für das »unberührte«, »unbekannte«, »unentdeckte«, »unvergleichliche« Idyll, das er sich aber nur eingebildet hat. Ein paar Jahre später nämlich hat sich der Bürger auch diese Gegend unterworfen und treibt ihr alles aus, was dem phantasierten Elysium nicht zu Gesicht steht. Alles, nur nicht sich selbst. Wer auf der Insel Sylt und speziell in ihrem Zentralbezirk Westerland wohl sich fühlt, der hält es auch sehr gut mit den Millionen Hungernden des Planeten und der Atombombe aus, mit den Terms of trade und

3

Westerland, c/o Erdhölle. Sinnloses, zielloses, lustloses Hin- und Herstapfen. Wie dick Menschen werden können! Und wie schnell die Sonne weiße Speckhaut in kotfarbenes Leder verwandelt! Das Krabbenbrötchen schmeckt nach Ascorbinsäure, das Bier wie schon mal getrunken, und über allem wabert ein warmer Schweißgeruch, schwach getönt mit Lichtschutzfaktor acht. Die Frauen haben entweder literschwere Melkbeutel oder Push-up-BHs. Es könnte ja Gunther Sachs vorbeikommen. Vorbei latschen aber nur drittklassige Hamburger Schauspieler, deren Namen nicht mal meine Mutter kennt, und die kennt alle. Die Männer tragen ihr Geld in Gold um den Stierhals, an den fetten Handgelenken, in den Haifischgebissen. Aus der rechten Tasche der arschknappen Bermudashorts hängt der Porsche-Schlüsselanhänger. Schließlich will was klargemacht werden. Sind genug desperate Ladenmiezen hier unterwegs. Und seit Viagra geht wieder einiges! Abends aber doch nur Brüllsaufen im *Crazy Island Club*. Eine Cessna rasenmäht durch den dunstigen Sommerhimmel gen Westen. Dicke Kinder, dumm wie Brot, zeigen nach oben und schreien: »Fluchzeug! Fluchzeug!« Die Zeit ist da. Ohne Hast ziehe ich den Reißverschluß der schwarzen Sporttasche auf. Der Stahl der beiden Uzis kühlt meine Hände. Dann bricht auf der Kurpromenade ein Inferno aus spritzendem Hirn und splitternden Knochen aus, ein panisches Geschrei, das bald in wimmernde Laute des Todes

4

Warum man aber Sylt und speziell Westerland meiden muß, hat der selbsternannte »Trendforscher« und ausgewiesene Profischwafler Matthias Horx 1989 für *Merian* aufgekritzelt: »Diese merkwürdige Hybrid-Insel ist in Wahrheit keine Insel, sondern ein Vor- und Außenposten der Bundesrepublik.« Bzw., mit Robert Musil zu reden: Man fährt nicht nach Westerland. Da ist schon der Horx. Allerdings – macht man es sich vielleicht zu einfach, wenn man nur die Touristen sieht? Und nicht auch die Brecher am Roten Kliff betrachtet, die Dünen der Westerheide oder das

Titten, Duttn, Möpse

Von Christian Y. Schmidt

Trier also. Puuh, da kommt man ins Schwitzen. O nein, beileibe nicht, weil es am Erscheinungsbild dieser Stadt (huhu) etwas auszusetzen gäbe. So sehen »Moselstädtchen« eben aus! Tipptopp! Sondern wegen der ... nun ja, also, ich weiß nicht, ob das wirklich okay ist, wenn ich ... Aber jetzt, wo ich schon angefangen habe, ist es auch egal, außerdem muß es einmal gesagt werden, einer muß an diesem einen letzten großen Tabu rühren, in Ordnung, mach' ich, werd' ich ja für bezahlt, alles klar, also, aufpassen, jetzt kommt's ...: wegen der Brüste!

Brüste, exactement! In Trier nämlich gibt's die absolut größten Brüste, die gigantischsten Möpse oder – wie man anderswo zu sagen pflegt – die megalomansten Duttn der Welt. Warum, weiß keiner! Das ist einfach noch nicht untersucht, die Wissenschaft hat da jahrhundertelang weggeschaut, sich lieber mit Nuklearphysik und ähnlichem Rotz beschäftigt, statt hier in Trier mal in ganz großem Stil in die Feldforschung einzusteigen.

Dabei hätten z. B. die Herren Historiker wahrlich genug Zeit gehabt, dem erwähnten Phänomen nachzugehen – schließlich ist Trier die älteste Stadt auf deutschem Boden. Seit den Zeiten Diokletians, also seit zirka 283 n. Chr., war »dat Kaff« (kölsch für Trier) immerhin die Hauptstadt Galliens, und das aus einem einzigen Grund, nämlich weil's der römische Kaiser gerne mollig hatte: »Laßt große Brüste um mich sein«, sagte Diokletian wohl mehr als einmal zu seinem damaligen Trierer Regierungspräsidenten Obelix o. s. ä. Aber ist dieses Zitat auch überliefert? Eben nicht! Und das nur, weil dazu kein Geschichtswissenschaftler die nötige Traute hatte.

Statt dessen gefiel sich dieses Gesocks in zweideutigen Anspielungen. So heißt es in einer Beschreibung aus dem Jahr 1820: »Diese alte, in der Geschichte so merkwürdige Stadt liegt in einem sehr schönen Thale [...], und man sieht manches schöne Gebäude.« Thale! Gebäude! Alles klar! Und der ubiquitäre Theodor Mommsen schrieb über Trier: »das Rom des Nordens«. Rom!!! Wenn schon, dann doch wohl eher »Brüstel des Ostens«.

Telegraphierte nicht der berühmteste Sohn Triers, ein gewisser Karl Marx, am 8. März 1821 (nicht von ungefähr wird an diesem Datum noch heute der Internationale Frauentag gefeiert) an Friedrich Engels: »Muß diesen Pfuhl [marxistisch-leninistisch für Trier; C. Y. S.] schleunigst verlassen. Befürchte ansonsten, ob der hier endemischen Busenmassen vorzeitig zu erblinden«? Ganz gewiß nicht! Oder glaubt jemand im Ernst, daß der knapp dreijährige Marx bereits Telegramme verschickte, geschweige denn an Engels, den er damals noch nicht mal vom Hörensagen kannte? Aber hätt' ja sein können.

Man schaue sich nur im *Café Bley* am Marktplatz um. Wenn man kann. Denn schon an der Eingangstür wird der auswärtige Besucher von grotesk anmutenden Riesenbrüsten gestoppt, die nur mühsam von enormen Walfischrippen-BHs in Schach gehalten werden. Die Besitzerinnen und Besitzer der Mammutglocken sind hinter diesen kaum auszumachen, aber eifrig damit beschäftigt, unter Zuhilfenahme von sehr, sehr langen Löffeln ihren »Pünderich« (triersch für Brust) mit Kuchen, süßen Fettaschen und vergorener Sahne zu mästen.

Besitzerinnen und Besitzer, sehr wohl! Denn ganz anders als anderswo auf diesem Erdball legen in Trier auch die Männer wert darauf, ordentlich »Holz vor der Hütten« zu haben. So kann zum Erzbischof des Bistums Trier nur geweiht werden, wer eine Oberweite von mindestens 120 vorzuweisen hat. Ist der neue Bischof endlich gewählt, schallt's durch die Gassen des Tittenbabels freudig: »Habemus papillam!« Die eifrigsten Katholiken der Stadt aber rollen sodann voller Übermut auf ihren ureigenen Brüsten den Kreuzweg am Petriberg hinab der Mosel entgegen. Ein manchen Fremden befremdender Brauch. Oder einfach nur: eine Riesensauerei!

Kaum weniger seltsam geht's auf der alljährlich stattfindenden »Zuckerwasserkirmes« im Stadtteil Pfalzel zu, die ausschließlich im Zeichen der weiblichen Brust steht. Höhepunkt dieser mehr als zweifelhaften Veranstaltung ist ein sog. Wet-T-Shirt-Contest, bei dem die Oberkörper der anwesenden Damen so lange mit »Zuckerwasser« (deutsch für Moselwein) übergossen werden, bis feststeht, welche sich des größten »Hunsrücks« (Erklärung erübrigt sich wohl) im Mosel-Saar-Ruwer-Gebiet rühmen darf. Frauen mit zu kleinen Brüsten allerdings haben das Nachsehen. Noch bis zur Zeit des Wiener Kongresses wurden sie unter allgemeinem Hallo in der Mosel ersäuft. Heute schickt man sie mit einem Kanister (»Poorz«) ins nahe gelegene Luxemburg – Trinkbenzin »für alle« holen!

Das Trinkbenzin indes, auch »Viez« genannt, soll nun die wahre Ursache für die gargantuesken Oberweiten der Einheimischen sein. Das behauptet jedenfalls der Volksmund, der hier am »Großglockner« (falsch für Hunsrück und Eifel) ausgesprochen großmäulig und ungewaschen ist. Eben darum schütten die Trierer Mütter bereits ihren Neugeborenen diese Brühe in den Schlund, da können die kleinen Arschgeigen noch so plärren und krakeelen. Werden die Bälger schulpflichtig, tragen sie schon recht ansehnliche Duddln mit sich herum, wenn auch zunächst nur im Ranzen auf dem Rücken. Im Klassenraum jedoch herrscht Brustumschnallpflicht – das ist es, was der gemeine Trierer unter Pädagogik versteht. Schöne Zustände.

Zustände wie im alten Rom des Nordens eben, da muß der Autor dem »ollen« Mommsen doch recht geben. Auch wenn der Doofmann sicher nichts von den höchst erfolgreichen Trierer Tittenzuchtversuchen ahnte, ja wohl nicht mal wußte. Geschweige denn von den anderen Schweinereien, die in dieser Stadt sonst noch an der Tagesordnung sind. *Trierischer Volksfreund* heißt das Lokalblatt – eine Tageszeitung, die sich mit schmierigen Lettern auch schon mal an Minderjährige ranmacht. Alle Jubeljahre wird in Trier »der heilige Rock« ausgestellt – und was tun die Trierer? Na, druntergucken, was sonst! Biewer heißt ein Stadtteil – warum nicht gleich Arschel, Muschier oder Konz? Ach, das ist der Name des Nachbarortes? Sehn Se! Und wollen Sie vielleicht wissen, was die Bezeichnung »Porta Nigra« wirklich bedeutet? Nee? Ich auch nicht, mir ist schon ganz schummrig.

Deshalb nur doch dieser eine Tip: Beginnen in Trier »die Glocken« zu läuten – Gas geben und abhauen! Tun Sie's nicht, dann aber, mein lieber Herr Gesangsverein – gute Nacht!

Weg damit!

Von Jürgen Roth

Ah ja. Tübingen, Tübingen wär' da noch. Tübingen, dies wunderliche Dorf am Neckar.

Ende der neunzehnhundertachtziger Jahre schrieb ich ein sogenanntes »Gedicht« (ich wußte's nicht besser). Das Poem schmückten die kargen Zeilen: »Vor zwei Tagen noch / lag ein See im Aichtal. / Grün-wiehernd.« (Vgl. *proposition* Nr. 3, Juni 1989)

Freundlicheres läßt sich bei bestem Willen und Gewissen über Tübingen und die Tübingen umschließenden landschaftlichen Einrichtungen nicht sagen.

Tübingen? Ein diffizil und knifflig verstörtes Studentenstädtchen, in dem, Tübingens Ruf, Enklave hochgestochener Wissenschaft zu sein (Empirische Ethnologie, Studium generale), hundstreu folgend, schwäbische Studiosi, jene – –

neinneinnein: Man kann und will sie sehr bald nicht mehr reden hören: Bäckersfrauen, die einem übers Maul fahren, Meßingenieure, die mißliebige studentische Aushilfsarbeitskräfte vor der ersten Brotzeit entlassen, neurotische Jazzkneipeninhaber. Wer nach Abschluß des Grundstudiums noch immer hier verweile, mahnte warnend menetekelnd der Professor Schröder schon bei meinem Dienstantritt (Mediävistik etc.), sei verratzt. Verkommen wie der gesamte berühmte verhärmte literaturwissenschaftliche Lehrkörper am Brechtbau.

Man will erst recht gar nicht recht zurückdenken an den Sauladen; an die wochenends verwaiste, an Vorlesungstagen mit heillosem Gesocks vollgestellte Studiermeile, die Wilhelmstraße. An den miserablen *Studentenkeller* und Tübingens warzige, verhockte Stammtische, ans philosophische Seminar, die Burse, und an den windigen Hölderlinturm; an Stocherkähne und an hundertfünfzig Burschenschaften, kompanienweise Drecksäcke, die auf einem Hügel namens Österberg gerechterweise verwesen.

Tübingen ist Marter. Pausenlos reinkloppen müßte man; wäre man nicht längst und lange weg. Waldhäuser-Ost hieß eines der vielen Studentenwohnheime, hoch droben, der Schwäbischen Alb zugewandt. Braun verkleidet drei Hochhäuser. Selbst in der Legebatterie ließen sie einem keine Ruhe, diese Biochemiker, Biochemiker, Biochemiker, diese Türen unangemeldet spaltenden Biochemiker.

Und Uhland, Schelling, Bloch und Küng und Walter-Jens. Was da über die Jahrhunderte und verstärkt ab 1970 an Geist zusammengerafft wurde, reicht locker aus, damit Tübingen endlich abträte. Doch zäh wie der Tübinger Gesinnungsschlamm währt Tübingens Existenz als rücksichtslos alle Vernunft und Lebensart verschlingende Überflüssigkeit und dauerhafter Ruin.

Gern aber denke ich zurück an den unheimlich starken *McDonald's* am Lustnauer Tor. Gern auch an eine wunderschöne Frau, die sich genötigt sah, das schlimme Stuttgart-Tübinger Bier in einer der vielen schlimmen Tübinger Kneipen zu servieren.

Ich hoffe, sie ist mittlerweile andernorts untergekommen.

Vom armen H. T.

Von Horst Tomayer

Ich bin Heimatvertriebener. Meine Heimat war das seiner Stubenfliege und des endogenen Grüns seiner Höhn wegen weit über seine Grenzen hinaus bekannte Sudetenland

Tschörtschill, Rusewelt, Stalin und der Tscheche der freche haben sie mir genommen

Ich war acht Jahre alt

Da wurde ich ohne örtliche Betäubung heimatentmannt

Heimatlos bin ich aufgewachsen in der Fremde, in Bayern, einem mich fremder als Katastrofien oder Kataklysmanien dünkenden Land

In meinen sudetendeutschen Hals wurde eine fremde Sprache eingepflanzt

Und im Schlitz der sommers wie winters kurzen Hose spürte der junge Heimatvertriebene beim abendlichen Einholen der karitativen Klostersuppe (im zerbeulten Alukrüglein) ein ums andere Mal

Eines schwäbelnden Franziskanerordensbruders zärtlich zupackende Hand

Schmerzvoller als der Hieb einer Brennessel übers lidentblößte Augäpferl war der Verlust der Heimat für mich

Doch dann, ich näherte mich meines Seyns sechstem Jahrzehnt

Gelangs mir endlich, von der Heimat loszulassen

Nach der von Leonore Leyn von Leyenfels entwickelten Methode

Wie man sie bei Scheidung und verwandten schwarzen Fällen mittlerweile kennt und gern verwendt

Heute, Donnerstag, glaub ich, hamma, kann ich bei Ruhepuls 29 sagen

Heimat ist für mich nicht mehr das wassima war

Heimat ist für mich nicht mehr der Urwurstkessel

Oder der Hochaltar

Ich sehe die Heimatsache neuerdings gelassener
Heimat ist für mich in erster Linie ein mir im Schritt threuer Schatz
Heimat sind ferner mir entgegenkommende Leberwerte
Und ein bei der Zeitschrift *konkret* sicherer Listenplatz

Heimat ist ein autonomes Appartement
Heimat ist ein Sitzplatz in der Bahn
Heimat ist ein McDrink In
Wo man anschreiben lassen kann

Heimat ist die Gewißheit der Rente
Heimat = AOK
Heimat ist zu gleichen Theilen
Disziplin und Allotria

Heimat ist ein gutes Auto
Heimat ist ein schnelles Buch
Heimat ist ein Komplott aus
a) Segen und b) Fluch

Heimat ist die preiswerte Ostblockhure
Heimat ist der Nahverkehrsverbund
Heimat ist die per pedes Zone
Heimat ist Kindermund

Heimat ist der Ärport Frankfort
Heimat ist der Rübezahl
Heimat ist der Mehrwertstandort
Und sein Vertheidigungsfall

Heimat ist Futtern wie bei Muttern
Heimat ist das BGB
Heimat sind Erich Kästners köstliche
Den Klassenunterschied durch Herzenswärme auftauende
3 Männer im Schnee

Heimat ist der Juckreiz
Und die hiesige Religion
Heimat ist maßgeschneiderte
Billiglohnlandkonfektion

Heimat ist das Konto
Bei der Deutschen Bank
Und steht es kredit statt debet
Dann aber Heimatdank

Heimat ist der Zweitregisterhafen
Heimat ist das Heimatfest
Heimat ist die Hauptstadt
Vom Mount Everest

Heimat ist der letzte Schnaufer
Und der erste Zungenkuß
Heimat ist Sankt Arschlochhausen
Wo man, wenn man nach Dorfdeppenstedt will, an der Karl Marx Linde scharf abbiegen muß

Heimat ist ein Elektrokachelofen
Im videobewehrten Schloß
Wo man ohne goldenen Schlüssel
Schomma kurz eima draußen bleiben moß

Heimat ist Mutti Erde
In Hamburg Beim Schlump und Wildenroth
Wo ich wahrscheinlich ruhe
Ab dritten Tag nach meinem Dood

Heimat sind die über der Heimat aufgeschichteten Sterne
Round about Mitternacht
Heimat ist eine Taugenichtsin
Ohne eine anständige Besatzungsmacht

Was will Worms?

Von Jürgen Roth

Ich weiß es nicht. Worms scheint zerrissen, im Innersten gespalten. Welchem Denkmal räumt man, stadtpsychologisch gesehen, den Vorzug ein – dem Hagendenkmal oder dem Siegfriedbrunnen? Oder zuletzt dem völlig wahnsinnigen Ludwigobelisken an der Kirche St. Martin? Sofern nicht doch das steinerne Standbild »Infanterieregiment Prinz Carl Nr. 118 und seinen Feldformationen«, zehn Meter weiter Richtung Siegfriedstraße, die Oberhand gewinnen und die Zukunft weisen sollte?

Das Bahnhofsbistro bevölkern Männer mit Pelzmützen. Es herrscht sibirische Kälte. Aus zwei Luken an der Decke ergießen sich Kühlwasserkatarakte über die Gäste. Die Klimaanlage ist explodiert. Eine Bombenstimmung.

Was hält Worms zusammen?

Die Bahn unternimmt wenig, Worms ernst zu nehmen und gebührlich anzufahren. Rechtsrheinisch, aus dem Norden kommend, bremst der Zug abrupt und verweilt, es ist nicht zu begreifen, in Goddelau-Erfelden nahezu zwanzig Minuten. Eine brave Stille. Hinter uns liegen Groß-Gerau und Gernsheim. Das Land flach und unansehnlich wie überall im Rheingraben. Dünne dampfende Schornsteine tauchen am breiten Fluß auf. Der Haltepunkt Worms-Brücke wird passiert. Schlottrig zieht allerhand Gebäudeschrott vorbei.

Kaum traut sich die Lok herein. Sie ruckelt und ruckt ganz unsympathisch. Widerwillig steigen vier, fünf Menschen aus. Sie machen keinen guten Eindruck. Weiter geht es nicht. Die Gleise enden in Worms.

Was umtreibt Worms?

Man sammelt eifrig und sehr öffentlich Altpapier. Innerhalb weniger Minuten brausen mehrere Kombis auf den verluderten Bahnhofsvorplatz. Die Entladung von Zeitungsbündeln und Kartons erfolgt geschickt. Dann wieder retour. Die

Bushäuschen erwarten ihren Einsturz. Ein Hund bricht zusammen.

Worunter leidet Worms? Woran?

Am Ortsteil Pfiffligheim? Am jahrhundertelangen Fehlen der gerade in Installation begriffenen »Neigetechnik«? Unter der Last der Tradition, dem Reichtum der Überlieferung, der Ambivalenz des Nibelungenliedes? Oder führt der Kiosk zu wenig Pornos?

Worms ist, wie der späte Heiner Müller anläßlich seines Finalstückes *Germania Tod in Berlin* dekretierte, »eine deutsche Wirklichkeit«, ja »der deutscheste aller deutschen Stoffe«, der Deutschland-GAU im Wonnegau. Worms sei, orakeln die Vorsteher des per Pkw durch den Brückenturm am deutschen Strom erreichbaren Mythosmolochs, womöglich gar die älteste aller deutschen Städte. Die Broschüre *Siegfrieds Grab – hic tumulus gigantis* des »Künstlers« Eichfelder (Worms 1998), eine Streitschrift zwecks »Anregung zur Rekonstruktion der sagenhaftesten Wormser Sehenswürdigkeit« (Untertitel), spricht – und spricht für Worms stolze Bürger –: »Worms ist der sagenhafte Schauplatz großer Heldenepen und gilt mit seiner mehr als 7000jährigen Geschichte als älteste Stadt Deutschlands.« Denn Gott, Roland und Siegfried schufen Deutschland lange vor Zweitkaiserreichsgründer Bismarck und Drittreichsverweser Hitler. »Mit dieser Ansicht gehen wir weit über die Stadtgründungen (civitas) der römischen Epoche hinaus und lassen die Kulturgeschichte unseres Raumes bereits vor der Zeitenwende beginnen« – ein winziger Trick, den neben Hindenburg, Schäuble und Hitler auch Göring beherrschte, der Stalingrad das Worms Rußlands nannte, als er am 30. Januar 1943 im Ehrensaal des Reichsluftfahrtministeriums die Schlacht gegen den verjudeten Bolschewik zum Nachvollzug des Kampfes der Nibelungen in Hunnenkönig Etzels Halle erklärte; i. S. des deutschen Dichters Felix Dahn: »Brach Etzels Haus in Glut zusammen, als er die Nibelungen zwang, / So soll Europa stehn in Flammen bei der Germanen Untergang!« (1859)

Ist Worms dement? Durch eigenen Entschluß, dem Führer nacheifernd, den urbanen Exitus zu exekutieren (Stadtsanierung)?

Nein; bloß evtl. angeblich der Nibelungenhof, Entstehungsort und Hort des heroischsten deutschen Epos und damit Resultat einer Hunderte von Jahren währenden geistigen Verstörung. Das Nibelungenlied als Nationalepopöe hat es nie gegeben; die dürftige Textvorlage, um 1200 entstanden, war bereits Interpretation unzähliger (mündlicher) Deutungen und Kontaminationen eines nunmehr für jeden Leser sichtbar heterogenen Stoffes. Der Wirrwarr der Siegfriedsaga wurde bearbeitet, bis jedem Romantiker und Volkskulturschwätzer, jedem auf dt. Tugenden versonnenen Biedermeierseppl bis hin zum Vormärz (Herwegh, Wagner) und den Deutschnationalen – als bürgerlich-aristokratischen Eliten des Hohenzollernreiches – die jeweilige Version zupaß kam.

Einen verbindlichen deutschen Urtext, *das* Dokument der »Vorzeitkunde«, zu kreieren, dazu bedurfte es gehöriger Infamie und konstruktiver Impertinenz. Zwei Lesarten gewannen an Einfluß: Zum einen galt der Drachentöter und Kriemhilderlöser Siegfried als strahlend naiver Heros, den Hagen, der sinistre Unhold, feige und erbärmlich wegholzt. Andererseits, jetzt legt die Erzählung ihren Schwerpunkt auf den Untergang der Burgunden, triumphiert Hagen noch im Todeskampf, während der Hortforderung, über die Rächerin Kriemhild und deren barbarischen zweiten Mann Etzel – sein Wirken sei ein »Trost der Nibelungen«, Kriemhild eine »Teufelin«.

Und was macht Worms? Es stellt einen Siegfriedbrunnen und ein Hagendenkmal hin.

Und eins für Luther, den Narren, der Worms, die fälschlich wegen ihrer günstigen Verkehrslage und ihrer deliziösen Lebensmittel (Wonnegau) erstmals 1495 erwählte Reichstagsstadt, 1521 in die weltweiten Schlagzeilen brachte, weil er trotz turbulenter Quartiersrangeleien – »aber die in Großveranstaltungen erfahrenen Wormser brachten alles bald in das rechte Lot« (Dr. Fritz Reuter: *Reichstagsstadt Worms – Ein historischer Rundgang*, Hamm/Rheinhessen o. J.) – die Gelegenheit ergriff, am 18. April im Bischofshof (heute ebenso dem Erdboden gleichgemacht wie Luthers Quartier, der Johanniterhof, an der gründlich versauten Einkaufshauptstraße Kämmerer) vor Kaiser Karl V. den Widerruf zu verweigern und auszurufen: »Hier stehe ich, ich kann nicht anders, ich bin dumm geboren, Gott helfe mir! Amen!«

Luther war durch die Martinspforte – erhalten ist »eine verkleinerte optische Erinnerung« (Reuter), gedreht um 180 Grad und augenblicklich ein Möbelgeschäft – »auf seinem Rollwägelchen« (Reuter) gekommen, am 8. Mai mit der Reichsacht belegt und anschließend unter Geleit seines Herrn Kurfürst Friedrich des Weisen von Sachsen, der einen Überfall fingierte, zur Wartburg verschifft worden. 1869 streicht er den verdienten Lohn ein und erhält ein eigenes »Weltdenkmal der Reformation« (Ernst Rietschel), ein begehbares Monstrum, das u. a. die Vorreformatoren Jan Hus und Hieronymus Savonarola und drei Frauengestalten zeigt: die Bekennende Augsburg, die Protestierende Speyer und die Trauernde Magdeburg.

Auf daß die Triplizität, die Trinität nun stehe: »Nibelungen-Dom- und Lutherstadt Worms am Rhein« (Krapohl-Verlag Grevenbroich, Schloß Hülchrath, Karte Nr. 0 68).

Wir vermissen, die Quadratur des Wahns zu runden, die Flennende Worms. Panflöten durchdringen klirrende Luft. Gedrückt schleicht Worms über die Wilhelm-Leuschner-Straße, das Shoppingparadies der »Nibelungenstadt« (a. a. O., Karte Nr. 0 14). Eine nie gesehene architektonische Verheerung regiert die Optik. Fürwahr, Magdeburg, dessen Zerstörung im Dreißigjährigen Krieg die erwähnte Skulptur versinnbildlicht, ist ein Dreck dagegen. Die Lederstadt Worms liegt in Agonie. Irgendwer schaffte 1945ff. mehrere Tonnen Beton und Lkw-Ladungen Stein und Gebälk herzu, und jeder durfte zugreifen und tun und machen, wie ihm die Maurerhand gewachsen. Suchen künftige Stadtplaner nach dem Inbegriff urbaner Mißbildung, ihr Weg ist ihnen vorgezeichnet. Alles verhutzelt und verschlissen und nahezu unbewohnbar. Roher Übermut zeugte die schlimmsten Beleuchtungseinrichtungen. Jedes Haus neidet dem nächsten seinen Stil. Man zerbröselt um die Wette. Rasender Verfall, Zerfall und bedrückende Zermürbung. Bochum sähe keine Schnitte. Ärgstes Bukarest im Handtaschenformat. Zur gnädig gewährten Judengasse hin dominiert ein fürchterliches Durcheinander: Plattenbau, Semihochhaus und Waschbeton. Worms, die gedankenloseste aller Mixturen aus Weiler und Vorstadt, Spritzbeton, fünfziger Jahren und Achtziger-Jahre-Mehrzweckboutiquengalerienbunkern, deprimiert obendrein durch ein Umland, das schäbiger und verschandelter nicht sein könnte.

Wie tickt Worms?

Im Grunde nicht mehr ganz sauber, gleich der gesamten Nibelungen-Mythographie, dem wohl gewaltigsten Lügengebäude der neuzeitlichen Kulturgeschichtsschreibung. »Konstruierende Rezeption« nennt das Joachim Heinzle (*Die Nibelungen*, Frankfurt/Main 1991); resp. »haarsträubenden Unsinn«. »Nach Belieben« exegierte man isolierte Szenen des konfusen Stückes. Die bekanntesten Ergebnisse deutscher Irrsinnsphilologie sind die von Reichskanzler von Bülow am 29. März 1909 aus der Taufe gehobene »Nibelungentreue« zwischen »Preußen-Deutschland« und Österreich-Ungarn (»Worin diese eigentlich besteht, ist freilich nicht leicht zu sagen«, so Heinzle, Hagen von Tronje und sein Waffenbruder Volker von Alzey jedenfalls kämpften demnach stolz und stark Seit' an Seit' mit dem heiteren Sangesmann, dem Österreicher, wider das Slawenpack; später ging die Tendenz wieder mehr gen Siegfried, so daß Herwegh den »Bismarck-Siegfried« preisen durfte) und die »Dolchstoßlegende«: »Wie Siegfried unter dem hinterlistigen Speerwurf des grimmen Hagen, so stürzte unsere ermattete Front; vergebens hatte sie versucht, aus dem versiegenden Quell der heimatlichen Kraft neues Leben zu trinken.« (Paul von Hindenburg, im Felde unbesiegt) Jetzt also die Sau: Hagen (= Novemberrevolutionäre).

Und Worms? Wohin driftet Worms?

Seine Ursprünge sind sagenhaft, vornehmlich beeindruckt »die Nibelungentradition des Ortes« (J. A. Schmoll genannt Eisenwerth: *Der Wormser Nibelungen-Wandbildzyklus von Karl Schmoll von Eisenwerth*, in: Heinzle, a. a. O.). Freie Reichsstadt und Bischofsstadt in der Kaiserpfalz, »Residenz des untergegangenen Burgunderreiches«: Das alles bedeutet Last und Verantwortung. »Denn [...] hier herrschte im 5. Jahrhundert König Gunther, [...] hier begann die Tragödie mit Kriemhild und Brünhild, mit Siegfried und Hagen [...], hier gab es dunkle Erinnerungen, und der Habsburger Kaiser Friedrich III. (1415–1493) ließ bei einem Wormsaufenthalt nach dem legendären Grab Siegfrieds suchen« – was heute Wormsens hellsten Artisten, obigen Eichfelder, zu seinem fabulösen »Projekt« animiert, zur Rekonstruktion des Hügelgrabes (Tumulus). Denn Worms kennt das »Lied des hürnen Seyfried«, meint Eichfelder, ein lokalrheinisches Histörchen mit hinreichenden Hinweisen auf spezifisch wormsensische Menhirenaktivitäten, sprich: die Errichtung »hoher Steine« (Megalithikum) i. S. einer matriarchalen »Großsteinkultur«. Im Rahmen solcher »rituellen Landschaften« (Prof. Lüning) erhält der Nibelungenstoff neues Gewicht: »Siegfrieds Grab wäre demnach eine rein jungsteinzeitliche Anlage. Der Tumulus muß dabei nicht notwendigerweise einen Dolmen in seinem Inneren geborgen haben; ein rudimentäres Steinkistengrab mit großem Anteil an Trokkenmauerwerk ist auf Grund potentieller Analogien weitaus wahrscheinlicher.« Erdrückende Beweise, gewiß. Friedrich III. fand Knochen, »angeblich größer als die eines normalen Menschen«, vielleicht eines Ochsen oder Mastbullen, man weiß es nicht (vgl. *Acta Wormatiensia*). 1632 »bestätigt ein gelehrter Reisender die Lokalität des Tumulus« mutmaßlich auf dem Terrain des Nonnenklosters Maria Münster (Johanniskirchhof). Sein Name: unbekannt. Zum Schrecken der Heutigen zerstörte infolge des Pfälzischen Erbfolgekriegs der nachmalige Erzfeind 1689 ganz Worms, somit fiel auch die herrliche spätgotische Münze samt steinernen Kaiserbildern und Fresken und Siegfriedverherrlichungswerken von Nicolaus Nivergalt – eine Tafel an der Stadtbücherei Markt Ecke Hagenstraße erinnert: »Hier ist der Mittelpunkt der Stadt / Hier stand der erste Bürgerhof / ›Das schönste Haus der Erde‹«, dem Erdboden siegfriedeisch gleichgemacht. Gong.

Tja, der davorgebockte Siegfriedbrunnen führt kein Wasser mehr und ist sorgfältig vermüllt.

Von Sensation zu Sensation surft Worms. Die Zukunft gewinnen, die Vergangenheit verstehen. Der Mäzen Cornelius W. Freiherr Heyl zu Herrnsheim spendierte erst die 1900 auf der Pariser Weltausstellung präsentierte und in zweihundert Exemplaren gedruckte Nibelungenlied-Prachtausgabe des

Joseph Sattler (*Die Nibelunge*, eine rechte mythenschwere Virilitätsglorifizierung mit deutlichem Wehreinschlag), dann orderte er den Wandbildzyklus, nachdem wegen der mißlichen »urbanistischen Situation« (J. A. Schmoll usf.) diverse Siegfriedbrunnenvorschläge den stürzenden Bach runtergegangen waren, als »eine Art Nibelungen-Denkmal«, stilistisch, nämlich romanisierend dem Kaiserdom St. Peter angepaßt (woselbst dieser Tage – nebst Kindertagesstätte – eine »Domjugend Worms« randaliert). 1913 ging's los, das Cornelianeum vollzupflastern. Schmolls »Bildprogramm« aktualisierte sechs Szenen aus den 39 Aventiuren des Nibelungenliedes. Seine »Bildfelder« lehnten sich, ein vorkriegerisches Crossover, christlicher Ikonographie an (Beweinung Christi) und beerbten Ferdinand Hodlers Monumentalmalerei (vgl. dessen Trumm »Auszug der Jenenser Studenten in den Freiheitskrieg 1813«). Plastisch, kräftig, bärbezwingend brummend: Nibelheim at its best. Nicht realisiert ward das vorgesehene Metzelplateau »Der Nibelungen Tod«, weil »wehrpolitisch« kaum zu vertreten. Gleichwohl leistete Schmoll – richtungweisend seine Nationalkunst auch fürs Leipziger »Völkerschlachtdenkmal« – laut J. A. Schmoll immerhin dies: »Die Antizipation der ›deutschen‹ Helmform trug wohl dazu bei, das Wormser Bild der Schildwacht [Volker und Hagen in Etzels Hoflager] besonders bekannt werden zu lassen, indem man darin auch eine symbolische Darstellung für die ›Wacht am Rhein‹ – und an der Donau – erkennen wollte.« Folglich druckten 1914 der *Kunstwart* und 1917/18 die *Zeitung der 10. Armee Schmolls* »Sinnbilder des Wehrwillens«. 1945 wurde Worms der Schädel und mit ihm seine Nibelungenkunst zu Recht weggebombt.

Daran nagt Worms heute noch.

Woran hakt es in Worms?

Sozialabgaben fehlen. Die Müllabfuhr arbeitet schlecht. Das Straßenbauamt ist verwaist. Alle Aktivitäten und Kräfte werden im Grünbauamt gebündelt und verschleudert, denn »Herr Grün (Leiter des Grünflächenamts der Stadt Worms)« (*Siegfrieds Grab* [...]) schuftet für Eichfelders Siegfriedgruft und die Wiederherstellung panzerkettenzerfurchter Parkflächen. Nachlässig wegelagern Strauch- und Baumpflanzungen an Adenauer- und Lutherring entlang der spätmittelalterlich-virtuellen Stadtbefestigung. Einen Neger läßt man gewähren.

Dabei glänzte Worms ehedem als Hort deutscher Zucht und deutschen Männerbündlertums (i. S. Ernst Kriecks), ideell zumal. Hagen war entdeckt worden, der unbeirrt willensstarke und hingebungsvolle Fighter wider Zeiten, »wo Welschthum und Franzosenthum uns mit Hohn zum Kampf auf Leben und Tod herausfordern« (Friedrich Hebbel). Die permanente Frontkämpferstadt vereinigte synthetisch-synkretistisch Germanologie mit Hitler, Luther (Individualverantwortlichkeit) und faustisch immer strebend bemühtem Schöpfertum. Und zwar am Rhein, klar, der Nibelungen und »Deines volkes hort« (Stefan George), lebensgrüner Widerpart des morbid-rationalistischen Römertums.

Von dessen Gemäuern steht auch nicht mehr viel. Siegfried, der kindlich schlichte »Sonnenheld« (ein Wormser Heimatforscher; vgl. Klaus von See: *Das Nibelungenlied – ein Nationalepos?*, in: Heinzle, a. a. O.), räumte ab. Der Wahnsinn gießt sich daher in Beton. Doch hält er nicht. Neuere Geschäfte, *Corso* etwa, kollabieren. Kubenskulpturen aus rotem, gelbem und grünem Plastik eskortieren flanierende Einkäufer. *Quick Schuh* steht vor der Schließung.

Keine Ahnung, was Worms wirklich ist. Aber was will es denn?

Einst, 1495, war Worms Ort des »Ehrenreichstages« unter Maximilian I. Späterhin übertraf man sogar Speyer und Mainz (acht Ausrichtungen!). Sechzig Türme zählte die selige Gemeinde. Der Ewige Landfriede und das Reichskammergericht wurden »an der Schwelle zur Neuzeit« (Dr. Reuter) beschlossen etc. Und dann riß der »Faden der Moderne« (U. Beck).

Wie geht es Worms?

Linksrheinisch retour, Richtung Norden durch Weinwüsteneien, gilt das Zugticket nicht mehr. Der Schaffner läßt Gnade vor Recht ergehen. »Aus Worms ist schwer wegkommen«, gibt er zu. In Mainz übernimmt eine neue Crew – nunmehr konsequent besoffen und an Billetts vollständig uninteressiert.

Das hat Stil.

Unangenehme Erinnerungen

Von Michael Rudolf

Zwickau ist gewiß kein spezieller Platz. Zwickau erfüllt vielmehr alles, was Sie sich von einer Stadt nicht erhoffen. Drei Exempel sollen das belegen.

1) Um das Maß der Ungeheuerlichkeiten meiner Aufzucht voll zu machen, wurde ein auf ein halbes Jahr befristeter Aufenthalt bei meiner Mutter beschlossen. Irgendein Großstiefonkelschwager hatte einen Postkartenverlag oder so ähnlich in Zwickau, und die Mutter siedelte in unmittelbarer Nähe der Trabantmetropole. Waren nun mütterliche Liebe und Sehnsucht die Ausgangspunkte der Überlegungen, oder hatte deren stark angeheiratteter Mann L. nur den verzehrenden Wunsch nach einer größeren und trockenen Wohnung, die er sich unter Vorweisung eines sechsjährigen Kindes leichter von den Behörden der Wohnraumlenkung zu erstehen versprach? Ich erfuhr es sogleich in täglichen Martern von nicht alltäglichem Ausmaß.

Ich beobachtete, wie er sein Weib schurigelte, mit dem er bereits kräftig am Mutterkuchen für ein Halbgeschwisterlein gebacken hatte, währenddessen ich wie ein Packesel alles aus den Kramläden zu holen und die Eßwaren einzukaufen hatte. L. hing ich wie Rotz am Ärmel, und seine Hand fühlte ich kalt wie die Sonne hinter den Wolken. Trotzdem war ein Wohnsitzwechsel zurück nach Hause so schnell nicht zu bewerkstelligen, und ich mußte das ganze zweite Halbjahr der ersten Klasse in einem nahe Zwickau gelegenen Häuserkollektiv verbringen.

Dieses zur Stadt ausgewachsene Bergarbeiterdorf am Rand des Erzgebirges mochte den Sonnenschein nur dem Namen nach kennen. Ein kleines Ostruhrgebiet mit kilometerlangen Reihenhaussiedlungen aus der Zeit um die Jahrhundertwende war's überdies. Wie sich da zurechtfinden? Mir gebrach es noch am sicheren Wissen um Buchstabe und Zahl, und regelmäßig verirrte ich mich bei der Ankunft, was mir viel hysterisch Geschimpftes einbrachte.

Widerlich schien es überall da zu sein, wo die Luft den Boden berührte. Selbst die Kinder, die in den mit zagen Hälmchen und verstrahltem Pioniergehölz bewachsenen Halden wühlten, waren ins Fleisch gekommene Nichtslinge und entrieten der herkömmlichen Urteilsbildung. Dafür wurden sie mir in der Fernsehsendung *Mach mit, mach's nach, mach's besser!* zum Abschuß mit Medizinbällen freigegeben. Der jämmerlichen Sinnestäuschung, die von ihnen als Leben hingenommen wurde, waren Bach, Baum und Wald fremd, was den Rest Wohlbefinden dazu bewegte, mich unverzüglich zu verlassen. Meine Empfindungen wurden Speise heimlichen Grams, Bruder war mir der Geist des Übels. Meine zerbröselnde gesundheitliche Verfassung hat dann doch Anlaß geben können, daß ich wieder nach Hause durfte und man jedwede Umsiedlungsversuche in Zukunft unterließ. Als Andenken habe ich mir eine bunte Blütenlese seelischer Verwerfungen, eine gut fundierte Schlaflosigkeit und jäh aufziehende Konzentrationsschwächen behalten.

2) Am Zwickauer Hauptbahnhof hatte ich als nunmehr Sechzehnjähriger nach einem Konzert der Untergrundcombo FREYGANG, angeregt durch das großzügige Aufgebot an Volkspolizisten, meinem erkenntnistheoretischen Übermut Ausdruck verliehen und in großer Runde die Auffassung vertreten, man möge diesen Menschensegen lieber der Volkswirtschaft in Form fleißiger und gut ausgebildeter Arbeitskräfte zugute kommen lassen. Da wir zwei Stunden Aufenthalt hatten, verfügten wir uns in die nächstbeste Wirtschaft, vertieften diese These im zwanglosen Gespräch und bissen uns vor Begeisterung fast in den Arm. Es gab aber auch das Zwickauer Bier, im Volksmund ZB 72 und ZB 92 (für Zwickauer Bier und die in Pfennig angegebenen Preise von Hell und Pils) geheißen, zwei Erzeugnisse, die die Totalität der Lebensmittelkonsumenten allhier ihre ganze Wut auf die Häupter der städtischen Brauer versammeln ließen. Doch der Himmel fügte es, daß o. g. nächstbeste Wirtschaft Wernesgrüner führte. Nämlicher fügte es auch, daß, als wir nach vertaner Zeit schlingernd dem gewünschten Bahn-

steig zustrebten, hektisch heranpreschende Volkspolizisten mich vom Freundeskreis zu separieren und nach meiner zwei Stunden zuvor vertretenen Ansicht peinlich zu examinieren wußten. Es war nicht die rechte Zeit, nach Gemeinsamkeiten mit ihnen zu forschen, als sie meine Haare aufs Bahnsteigpflaster herabzogen, ohne selbst in die Knie zu gehen. Länger wurden die Haare davon freilich auch nicht. Übel zerzaust, war ich bereit, ihnen in ihren noch so gewagten Auffassungen zu folgen. Ob ich das Eigentumsrecht über den Lumpenhaufen um meinen blöden Arsch ausübte, der ad exemplum ein Einkaufsnetz oder auch Teil einer Pferdedecke sein könne, war eine gezielt gestellte Frage. Und ihre nicht minder gezielten Reiß- und Rupfbewegungen an meiner Oberbekleidung vollbrachten es, daß die beiden vorher unzutreffenden Bezeichnungen in ihr Recht traten. Auch sonst ließen sie sich zu argumentativ wenig untermauerter Härte und Heftigkeit hinreißen, daß ich fast einen Kasten Bier lang brauchte, um meiner Verblüffung Herr zu werden.

Ja, und 3) habe ich vergessen.

Mal ehrlich, hätten Sie geglaubt, daß dieser Text jetzt ein so unvermutetes Ende nimmt?

Autorinnen und Autoren

F. W. Bernstein, geb. 1938, war Professor an der Hochschule der Künste in Berlin und lebt ebendort im Ruhestand. Letzte Buchveröffentlichung: *Kunst & Kikeriki – Gewählte Texte und Lobreden* (Lüneburg 2004).

Klaus Bittermann, geb. 1952, lebt als Verleger und Autor in Berlin. Letzte Buchveröffentlichung (als Hg.): *Perlen & Trüffel – Eine kleine Reise durch 25 Jahre Verlagsgeschichte* (Berlin 2004).

Björn Blaschke, geb. 1967, lebt und schreibt.

Simone Burdach, geb. 1966, lebt und arbeitet auf absehbare Zeit im verborgenen.

Peter O. Chotjewitz, geb. 1934, lebt als Schriftsteller in Stuttgart.

Ludger Claßen, geb. 1953, lebt in Essen und ist geschäftsführend in der Sinnbranche tätig.

Rudi Deuble, geb. 1952, lebt in Frankfurt/Main.

Susanne Fischer, geb. 1960 in Hamburg, lebt in einem kleinen Dorf im Landkreis Celle. Geschäftsführerin der Arno Schmidt Stiftung. Letzte Buchveröffentlichungen: *Anderswo* (Frankfurt/Main 2002) und *Unter Weibern* (Frankfurt/Main 2003), beide bei Suhrkamp. Ihr Roman *Die Platzanweiserin* erscheint in diesem Herbst im Eichborn Verlag.

Barbara Häusler, geb. 1958, lebt als freie Journalistin, Lektorin und Übersetzerin in München. Letzte Buchveröffentlichung (als Hg.): *Sterne gibt's wie Sand am Meer – Gedichte und Geschichten von Sehnsucht und Gestirnen* (Düsseldorf 2004).

Eckhard Henscheid, geb. 1941 in Mimbach-Mausdorf. Seit Frühjahr 2003 erscheint bei Zweitausendeins sukzessive eine auf zirka fünfzehn Einzelbände geplante Werkausgabe. Bislang liegen drei Bände Romane, zwei Bände Erzählungen, ein Band Polemiken und ein Band mit musikalischen Schriften vor.

Christian Jöricke, geb. 1976, lebt in Trier.

Barbara Kalender, geb. 1958, lebt in Augsburg; siehe Jörg Schröder.

Hermann Kant, geb. 1926, lebt als Schriftsteller in Prälank. Sitzt an seinem 13. Buch.

Peter Köhler, geb. 1957, lebt in Göttingen. Letzte Buchveröffentlichung: *Hier lacht der Leser – Lauter gute Witze* (Leipzig 2004).

Bruno Langen, geb. 1960, lebt in Leipzig. Diverse Tätigkeiten.

Christof Meueler, geb. 1968, lebt in Berlin und leitet das Feuilleton der *jungen Welt*.

Rainer Moritz, geb. 1958, war von 1995 bis 1998 Programmchef des Reclam Verlags Leipzig und ist Leiter des Literaturhauses Hamburg. Letzte Buchveröffentlichungen: *Mit Proust durch Paris* (Frankfurt/Main 2004) und *Und das Meer singt sein Lied* (Hamburg 2004).

Mark Obert, geb. 1965, ist Redakteur bei der *Frankfurter Rundschau*.

Carsten Otte, geb. 1972, ist Redakteur beim SWR und lebt in Baden-Baden und Berlin. Letzte Buchveröffentlichung: *Schweineöde* (Frankfurt/Main 2004).

Katharina Rehse, geb. 1969, lebt im Odenwald, ja sogar in Fürth.

Michael Ringel, geb. 1961, ist Redakteur der *taz*-Wahrheitseite und lebt in Berlin. Letzte Buchveröffentlichung: *Ringels Randnotizen – Das listenreiche Buch der Wahrheit* (Frankfurt/Main 2005).

Jürgen Roth, geb. 1968, lebt in Frankfurt/Main. Letzte Buchveröffentlichung: *Die Birke – Abhandlungen über die Flora, die Fauna, das Wetter, die Menschen draußen im Lande und die ganze sonstige Natur* (Göttingen 2005).

Thomas Roth, geb. 1971, ist Historiker und lebt in Bonn.

Harry Rowohlt, geb. 1945, lebt als Übersetzer (95 Bücher, 3 Theaterstücke und 1 Film), Zeit-Kolumnist (»Pooh's Corner«) und Vortragskünstler in Hamburg.

Michael Rudolf, geb. 1961, ist berühmter Holger-Sudau-Biograph. Sehr wichtige Buchveröffentlichung: *Morgenbillich – Die Wahrheit über Holger Sudau* (Münster 2003).

Michael Sailer, geb. 1963, lebt als Autor in München. Letzte Buchveröffentlichung: *Einladung zur Enthirnung – Belästigungen 61–100* (München 2003). Im Frühjahr erscheint im Hannibal Verlag (zus. mit Jürgen Roth): *Deep Purple – Die Geschichte einer Band.*

Rolandt Saß, Zivildienst, Studium, längere Auslandsaufenthalte, lebt und arbeitet in Bonn bei Koblenz.

Thomas Schaefer, geb. 1959, lebt als Lektor und Autor in Göttingen. Letzte Buchveröffentlichung: *Lucky Strike – Die Werbung* (Göttingen 2004).

Harald Schamkowski, geb. 1965, Abitur, Wehrdienst, abgebrochenes Maschinenbaustudium, Hobbys: der deutsche Gegenwartsroman und Modellschiffbau.

Simone Schmid, geb. 1941, aufgewachsen in Grafrath, geheiratet in Grafrath, nie weggezogen aus Grafrath. Arbeiten für die *Süddeutsche Zeitung*, *konkret* und den Rundfunk. Gedichtband *kreuz & gwehr.*

Christian Y. Schmidt, geb. 1956, hat den Titel des Buches ernst genommen und lebt heute in Battambang, Singapur und Peking. Er ist *nicht* Herausgeber der *FAZ* und beabsichtigt auch *nicht*, dies zu werden.

Lissy Schmidt, geb. 1966, lebt und arbeitet in der Nähe von Großschwabhausen.

Oliver Maria Schmitt, geb. 1966, war langjähriger Chefredakteur der *Titanic*, schreibt Musicals und Bücher, derzeit am mehrbändigen Punkromanprojekt *Anarchoshnitzel*.

Hans-Christian Schmitz, geb. 1971, lebt in Bonn. Mitherausgeber von www.korrespondenz.biz.

Jörg Schröder, geb. 1938, lebt in Augsburg und ist Verleger des MÄRZ Verlages, dessen Archiv im Jahr 1987 das Deutsche Literaturarchiv in Marbach a. N. übernahm. Seit 1990 erscheinen viermal jährlich die Folgen von *Schröder erzählt*. Jörg Schröder erzählt Barbara Kalender, die Tonbandabschrift wird anschließend von beiden redigiert. Informationen zu *Schröder erzählt* jederzeit gern: MÄRZ Desktop VERLAG, Rosenaustraße 70, 86152 Augsburg, Tel.: 0821/15 25 95; Mobil: 0170/772 88 47; Fax: 0821/34 98 908; E-Mail: maerz-verlag@t-online.de.

Björn Schroth, geb. 1970, wohnt in Frankfurt/Main.

Stefan Schwarz, geb. 1965, lebt in Leipzig und ist u. a. Autor einer monatlichen Kolumne in der Zeitschrift *Das Magazin*. Letzte Buchveröffentlichung: *War das jetzt schon Sex? – Frauen, Familien und andere Desaster* (Berlin 2002).

Kay Sokolowsky, geb. 1963, lebt als Autor in Hamburg. Letzte Buchveröffentlichung: *Michael Moore – Filmemacher. Volksheld. Staatsfeind* (Hamburg 2005).

Dieter Steinmann, geb. 1950, lebt in Pirmasens, organisiert Kunst- und Literaturausstellungen und arbeitet als Herausgeber von Ausstellungskatalogen.

Hartwig Suhrbier, geb. 1942, arbeitet als Rundfunkredakteur in Köln. Edierte u. a.: *Friedrich der Große: Das Buch Blaubart – Eine Satire* (Frankfurt/Main 1987).

Michael Tetzlaff, geb. 1973, lebt als Autor in Frankfurt/Main. Letzte Buchveröffentlichung: *Ostblöckchen – Neues aus der Zone* (Frankfurt/Main 2004).

Fritz Tietz, geb. 1958, lebt in der Nähe von Hamburg-Harburg. Letzte Buchveröffentlichung: *Zwischen Gourmet-Station und Suppenhaarmuseum* (Berlin 2003).

Horst Tomayer, geb. 1938, ist Dichter und TV-Seriendarsteller.

Peter Wawerzinek, geb. 1954, lebt als freier Autor in Berlin. Letzte Buchveröffentlichung: *Café Komplott* (Berlin 1998).

Rayk Wieland lebt als Heimatforscher verzaubert in einem auf der Landkarte Mecklenburgs nicht verzeichneten Dorf. Letzte Veröffentlichung: *»Zur Unterschätzung Asiens«*, in: André Thiele (Hg.): In den Trümmern ohne Gnade (Berlin 2003).

Willi Winkler ist so alt wie »Sweet Little Sixteen«, kommt aus dem tiefsten Bayern und lebt deshalb in Hamburg. Letzte Buchveröffentlichungen: *Kino* (München 2002), *Mick Jagger und die Rolling Stones – Fünf Leben* (Reinbek 2002) und *Die Geschichte der RAF* (Berlin 2005).

Elke Wittich, geb. 1959, ist Journalistin und lebt in Berlin.

Tom Wolf, geb. 1964, lebt als Autor in Berlin. Letzte Buchveröffentlichung: *Silbergrau – Blutige Spiele* (Berlin 2004).

Hans Zippert, geb. 1957, lebt als freier Autor in Oberursel. Letzte Buchveröffentlichung: *So funktioniert Deutschland* (München 2004).

Dietrich zur Nedden, geb. 1961, lebt als freier Autor in Hannover.